gli SPILLI

fissano le idee

Le altre collane pubblicate da Alpha Test sono:

la nuova MATURITÀ — Agili volumi di informazione e di preparazione al nuovo esame di Stato.

ORIENTAMENTO — Guide aggiornate per la scelta degli studi post-diploma e per l'inserimento nel mondo del lavoro.

ORIENTAMENTO STRUMENTI DIDATTICI — Guide per l'aggiornamento e l'attività didattica di insegnanti, orientatori e psicologi sui temi dell'orientamento e dei test a risposta multipla come nuova metodologia di valutazione.

TestUniversitari — Manuali ed eserciziari specifici per la preparazione ai test di ammissione alle singole facoltà universitarie.

collana TestMilitari — Manuali ed eserciziari dedicati a chi deve sostenere prove selettive nell'ambito militare.

collana TestProfessionali — Volumi specifici destinati a coloro che, per accedere all'impiego o alla professione desiderata, devono superare una o più prove di selezione a test.

Passepartout — Volumi monodisciplinari utili per la preparazione ai test di concorsi pubblici, selezioni aziendali, concorsi dell'Unione Europea, concorsi militari, ammissione all'università e ai master.

Dopo la laurea — Guide aggiornate con informazioni a tutto campo utili per inserirsi con soddisfazione nel mondo del lavoro. Ogni volume è dedicato specificamente agli sbocchi occupazionali delle diverse aree di studio.

IN INTERNET — Una collana tascabile rivolta agli utenti italiani di Internet per imparare a utilizzare la rete in modo autonomo e creativo con riferimento a specifici argomenti o interessi: turismo, meteo, finanza personale, shopping, sport, musica, cinema, vino e molto altro... tutto *on line*.

collana meteo — Collana curata dal colonnello Mario Giuliacci, responsabile del Centro Epson Meteo, realizzata in collaborazione con professionisti del settore e composta da volumi di meteorologia che coniugano l'approccio divulgativo con il rigore scientifico.

IL TUO FUTURO *in* TASCA — Guide tascabili che presentano le professioni di maggior interesse suddivise per settori (editoria, turismo, economia, sociale, ambiente ecc.) e la strada da percorrere dopo la scuola superiore per svolgere tali professioni.

INTERNET & professioni — Guida all'uso della rete per scopi professionali (insegnanti, professionista della finanza, del diritto ecc.). Ciascun volume, tramite percorsi guidati, seleziona e presenta i siti di maggiore interesse e affidabilità.

LEGGI LEGGERE — Volumi specificamente destinati a insegnare come tutelare i propri diritti di consumatori, lavoratori e cittadini.

Glossario di Diritto

Edizioni
Alpha Test

Via Mercalli 14, 20122 Milano (Italy)
Tel. 02 5845 98 0 – fax 02 5832 22 20
Indirizzo internet: www.alphatest.it
e-mail: servizi@alphatest.it

Distribuito da Hoepli S.p.A.
Via G. Mameli 13, 20129 Milano

ISBN 88-483-0273-4

Ristampa:
3 2 1 0 2002 2003 2004 2005

Progetto grafico, composizione e impaginazione: Alpha Test S.r.l., Milano
Copertina di Andrea Morando e Katia Lerario

Stampato da Arti Grafiche Franco Battaia S.r.l., Zibido San Giacomo (MI)
per conto di Alpha Test S.r.l.
nel luglio 2002

a mia madre

INTRODUZIONE

Gli spilli fissano le idee. Con questo slogan Alpha Test mette a disposizione degli studenti una nuova collana di libri tascabili, utili per lo studio e il ripasso delle principali materie di studio della scuola superiore e dei primi anni di università. Con oltre 50 titoli pubblicati, la collana offre strumenti di preparazione sintetici dedicati sia alle discipline scientifiche (Matematica, Fisica, Biologia, Chimica, Geometria, Scienze della Terra ecc.) sia a quelle umanistiche (Filosofia, Latino, Letteratura italiana, Storia, Storia dell'arte, Tedesco ecc).

Accanto ai volumi finalizzati al ripasso sintetico dei programmi di studio, Alpha Test pubblica nella collana gli Spilli una serie di Glossari.

L'utilità per gli studenti è evidente: molte materie sono ricche di concetti e termini nuovi, il cui significato deve sempre essere a compiutamente padroneggiato per poter affrontare con facilità e rapidità ogni momento di studio e ogni prova di verifica, a scuola come in università.

Ogni volume raccoglie, in ordine alfabetico, centinaia di voci, spiegandone il significato con la chiarezza e l'essenzialità che contraddistingue l'intera collana degli Spilli. A **fissare le idee** contribuiscono **numerose illustrazioni**, **schemi** e **tabelle**, oltre ai continui **rimandi** che collegano tra loro le diverse voci presentate nel volume e che consentono al lettore di inquadrarle correttamente nel programma di studio.

Tali caratteristiche fanno dei Glossari uno strumento di preparazione complementare rispetto agli altri Spilli, consentendo allo studente di consultare e chiarire specifici termini o concetti per trovare con facilità una risposta esauriente, racchiusa in un'unica voce.

L'utilizzo dei **due colori**, di una grafica particolarmente accurata e di un linguaggio chiaro ed essenziale rendono lo studio estremamente piacevole oltre che efficace.

Realizzata con la collaborazione di insegnanti, professionisti e docenti universitari, la collana è frutto dell'esperienza più che decennale maturata nei settori dell'orientamento e della formazione da Alpha Test, da sempre attenta alle esigenze degli studenti e ai cambiamenti che interessano da vicino il mondo della scuola, dell'università e della formazione in genere.

Gli Spilli — GLOSSARIO DI DIRITTO

Il Glossario di Diritto contiene più di 700 voci, riguardanti le parole chiave e gli istituti principali di Diritto Civile, Diritto Commerciale e Diritto Costituzionale; sono inoltre presenti numerosi riferimenti ai più comuni neologismi mutuati dai settori dell'informatica, dell'economia e della finanza.

Al fine di evidenziare gli aspetti peculiari di ogni istituto, per ciascun lemma vengono presi in esame quattro punti:

- **riferimenti normativi:** puntuali ed aggiornati riferimenti alle fonti legislative e regolamentari;
- **nozione:** definizione dell'istituto;
- **disciplina:** sintetica ma esaustiva esposizione della normativa applicabile;
- **differenze con figure affini:** richiami ad altri istituti, allo scopo di evidenziarne parallelismi o differenze.

L'opera è ricca di **rinvii interni**, puntualmente segnalati con il simbolo (→), che creano una fitta rete di riferimenti tra le diverse voci, facilitando così una visione d'insieme; inoltre, numerose **Tabelle** sintetizzano e schematizzano quanto esposto nel testo.

Il Glossario di Diritto costituisce un comodo e aggiornato strumento di consultazione per risolvere dubbi lessicali derivanti dalla complessità del linguaggio giuridico specialistico ed è pertanto un insostituibile sussidio per lo studente durante tutto il suo corso di studi.

L'autrice, **Cesarina Maria Bellotti**, è Avvocato nel Foro di Busto Arsizio e da tempo si occupa, accanto a tematiche giuslavoristiche e societarie, delle implicazioni giuridiche derivanti dall'uso di Internet e dell'e-commerce. Ha maturato altresì una significativa esperienza didattica in ambito universitario, occupandosi, in particolare, delle problematiche legate al telelavoro.

L'autrice esprime un ringraziamento particolare al dott. **Mario Alberto Catarozzo** per l'accurata rilettura e i preziosi consigli.

Saranno molto gradite e apprezzate le osservazioni dei lettori che possono essere inviate al seguente indirizzo:

Alpha Test S.r.l.
via Mercalli, 14 – 20122 Milano
tel. 025845980 – fax 0258322220
e-mail: servizi@alphatest.it

Al medesimo indirizzo si può richiedere il catalogo completo e gratuito dei libri Alpha Test.

Le informazioni aggiornate sui libri editi da Alpha Test sono disponibili anche su Internet all'indirizzo http://www.alphatest.it.

Legenda

(→)	vai a
all.	allegato
art./artt.	articolo/articoli
c.c.	codice civile
c.p.	codice penale
c.p.c.	codice di procedura civile
Conc.	Concordato tra Stato e Chiesa Cattolica
Cost.	Costituzione
D.Lgs.	decreto legislativo
disp. prel. c.c.	disposizioni preliminari al codice civile
disp. att. c.c.	disposizioni di attuazione del codice civile
D.M.	decreto ministeriale
D.P.R.	decreto del Presidente della Repubblica
es.	esempio
G.U.	Gazzetta Ufficiale
L.	legge
L.Cost.	legge costituzionale
R.D.	regio decreto
R.D.Lgs.	regio decreto legislativo
Reg. Camera	Regolamento della Camera dei Deputati
Reg. Senato	Regolamento del Senato della Repubblica
rif.	riferimenti
ss.	seguenti

A

Abitazione (diritto di): Rif. normativi: artt. 1022-1026 c.c.

Nozione: (→) *diritto reale* di godimento che attribuisce al titolare il diritto di abitare una casa limitatamente ai bisogni propri e della famiglia.

Disciplina: è applicabile la disciplina generale dei (→) *diritti reali*, con la particolarità che, in conseguenza del suo carattere strettamente personale, il diritto non può essere ceduto né assoggettato a sequestro o a esecuzione forzata; si estingue alla morte del titolare.

Differenze con figure affini: il diritto di abitazione si distingue dall'(→) *usufrutto* soltanto sotto il profilo quantitativo, in quanto nel diritto di abitazione la misura del godimento è più ristretta. Il diritto di abitazione si distingue dal contratto di (→) *locazione* in quanto il primo attribuisce al titolare un diritto reale, mentre la locazione crea un diritto di credito tra locatario e conduttore.

Abrogazione della legge: Rif. normativi: art. 75 Cost., art. 15 disp. prel. c.c.

Nozione: cessazione dell'efficacia della norma giuridica o di un atto di valore legislativo, che si realizza mediante:

1. dichiarazione espressa del legislatore;
2. dichiarazione tacita del legislatore il quale emana una nuova disposizione legislativa incompatibile con la precedente o che regola interamente una materia già regolata precedentemente;
3. (→) *referendum* popolare;
4. cause intrinseche, le quali ricorrono quando la legge è emanata soltanto per un certo periodo di tempo o in particolari circostanze (es.: leggi eccezionali).

Abuso: Rif. normativi: artt. 833, 1375, 1388, 1394, 1395 c.c.

Nozione: categoria generale che ricomprende ogni ipotesi in cui il (→) *diritto soggettivo* o il potere cessa di ricevere tutela perché è esercitato oltre i limiti stabiliti dalla legge.

Si distinguono:

- **abuso del diritto di proprietà**, quando il proprietario compie atti di godimento che non hanno altro scopo se non quello di nuocere o recare molestia ad altri. Sono i cd. atti emulativi (→ *emulazione*);
- **abuso nell'esecuzione del contratto:** si verifica quando un contraente esercita verso l'altro diritti, che gli derivano dalla legge o dal contratto, per realizzare uno scopo diverso da quello a cui questi diritti sono preordinati;
- **abuso del potere di rappresentanza:** si verifica quando il rappresentante, pur fornito di (→) *potere di rappresentanza*, fa cattivo uso di esso, agendo per un fine diverso da quello per cui il potere era stato conferito, perseguendo un interesse proprio o di terzi in contrasto con gli interessi del rappresentato.

Accessione: Rif. normativi: art. 934 c.c.

Nozione: modo di acquisto della (→) *proprietà* a titolo originario, in virtù del quale la proprietà della cosa principale si estende alle cose accessorie a essa unite. La fattispecie di maggiore rilevanza e frequenza è quella in cui Tizio (in buona o in mala fede) costruisce un edificio con materiali propri sul terreno di Caio: in questo caso Caio diventa proprietario della costruzione.

Disciplina: il proprietario della cosa principale, che acquista la proprietà della cosa accessoria in virtù dell'accessione, deve pagare una indennità in base ai principi dell'(→) *arricchimento senza causa.* In alternativa può rinunciare all'acquisto costituendo, a favore di chi ha costruito, un diritto di (→) *superficie.*

Accettazione (dell'eredità): Rif. normativi: artt. 470-511 c.c.

Nozione: negozio giuridico con il quale il chiamato acquista l'eredità.

Disciplina: vanno tenute distinte due ipotesi:

- **accettazione pura e semplice**, con cui si verifica la confusione tra il patrimonio del defunto e quello dell'erede, il quale subentra in tutti i rapporti, sia attivi sia passivi, che facevano capo al *de cuius*;
- **accettazione con beneficio d'inventario**, con cui non si produce la confusione tra i patrimoni: l'erede non è tenuto al pagamento dei debiti ereditari e dei legati oltre il valore dei beni a lui pervenuti e i creditori del defunto hanno preferenza sul patrimonio ereditario rispetto ai creditori dell'erede. La dichiarazione di accettazio-

ne con beneficio deve essere ricevuta da notaio e inserita nel registro delle successioni presso il Tribunale, oltre a essere trascritta presso l'Ufficio del Registro. L'accettazione con beneficio deve essere preceduta o seguita, entro un termine tassativo, dall'inventario dei beni del *de cuius.*

Si ha **accettazione presunta** quando l'acquisto dell'eredità avviene automaticamente perché non si è provveduto a uno specifico atto imposto dalla legge (es.: mancato compimento dell'inventario) oppure perché si è tenuto un determinato comportamento (es.: occultamento dei beni ereditari, atti di disposizione ecc.); si parla in questi casi di acquisti *ex lege*, in cui manca o addirittura si va contro la volontà dell'erede di accettare.

Differenze con figure affini: la (→) *separazione dei beni del defunto* può essere chiesta soltanto dai creditori del defunto in quanto tutela i creditori stessi nel caso di erede oberato dai debiti. L'accettazione con beneficio, invece, tutela i creditori dell'erede se il *de cuius* era oberato di debiti, mentre tutela i creditori del defunto se è l'erede a essere oberato di debiti.

Accollo: Rif. normativi: artt. 1273-1976 c.c.

Nozione: contratto tra debitore (*accollato*) e terzo (*accollante*), con il quale quest'ultimo s'impegna a pagare il creditore (*accollatario*). L'ipotesi più frequente si ha nel campo della compravendita immobiliare: l'acquirente paga al costruttore una somma ridotta, ma si accolla il debito che questi ha nei confronti della banca che ha finanziato la costruzione.

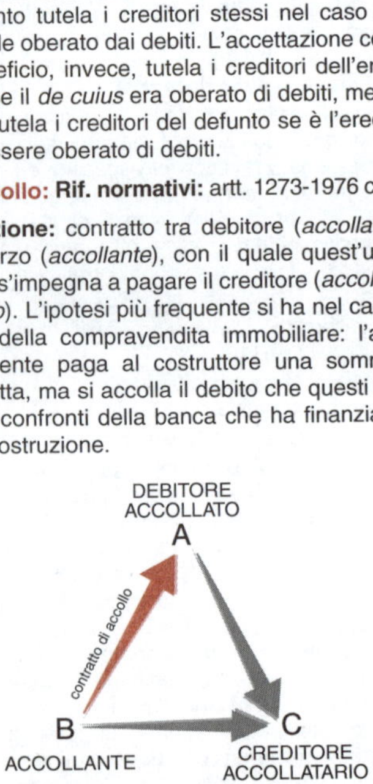

L'accollo è *interno* quando le parti non intendono attribuire nessun diritto al creditore verso l'accollante, che s'impegna soltanto verso l'accollato. L'accollo è *esterno* quando le parti hanno stabilito che l'accollatario possa pretendere direttamente dall'accollante l'adempimento del suo credito: si tratta di un'ipotesi di (→) *contratto a favore di terzo.*

Disciplina: dal momento che per il creditore non è affatto indifferente la persona del debitore (un soggetto può essere solvibile e l'altro no), la sostituzione del soggetto passivo del rapporto obbligatorio per atto tra vivi non è possibile senza la volontà del creditore: se questa manca, il precedente debitore non viene liberato, ma si aggiunge un nuovo soggetto passivo a quello che già c'era (*accollo cumulativo*). Se invece il creditore, con dichiarazione espressa, libera il debitore originario, si ha *accollo liberatorio.*

Differenze con figure affini: (→) *delegazione,* (→) *espromissione* e accollo sono contratti con i quali viene sostituito il soggetto passivo del rapporto. Si distinguono in base ai soggetti tra cui interviene l'accordo: nella delegazione esso avviene tra debitore e terzo, nell'espromissione tra terzo e creditore e nell'accollo tra debitore e terzo.

Accrescimento: Rif. normativi: artt. 674-678 c.c.

Nozione: istituto di diritto successorio che trova applicazione qualora, in caso di chiamata congiuntiva, uno dei chiamati non possa o non voglia accettare e non ricorrano le condizioni per farsi luogo alla (→) *rappresentazione.*

Disciplina: la quota devoluta al chiamato che non abbia potuto o voluto accettare si devolve a favore degli altri beneficiari della chiamata congiuntiva, la cui quota, pertanto, si accresce.

Differenze con figure affini: se ricorrono gli estremi per la (→) *rappresentazione* i discendenti subentrano al chiamato nel diritto di accettare il lascito, mentre nel caso di accrescimento la quota devoluta al chiamato si devolve, senza necessità di accettazione, a favore degli altri beneficiati.

Acquisto (del diritto soggettivo):

(→ tabella seguente)

<table>
<tr><th colspan="3">Titolo d'acquisto del diritto soggettivo</th></tr>
<tr><td rowspan="2">A titolo originario
il diritto soggettivo sorge a favore di una persona senza che le sia trasmesso da alcuno, nelle seguenti ipotesi:
• usucapione
• occupazione
• invenzione
• accessione
• unione
• specificazione</td><td colspan="2">A titolo derivativo
il diritto si trasmette da una persona all'altra (dante causa ⇒ avente causa) con le seguenti caratteristiche:
• il nuovo titolare non può vantare un diritto di portata più ampia di quello che spettava al precedente titolare
• l'acquisto del diritto da parte del nuovo titolare dipende dall'effettiva esistenza del diritto del precedente titolare
Successione
• inter vivos: avviene per atto tra vivi
• mortis causa: presuppone la morte di una persona fisica</td></tr>
<tr><td>A titolo universale
l'avente causa subentra in tutti i rapporti facenti capo a un'altra persona:
• successione mortis causa;
• fusione di società</td><td>A titolo particolare
l'avente causa subentra soltanto in un determinato rapporto</td></tr>
</table>

Adempimento: Rif. normativi: artt. 1176-1200 c.c.

Nozione: è il principale modo di estinzione dell'(→) *obbligazione* e consiste nell'esatta realizzazione della prestazione dovuta.

Disciplina: nell'adempiere l'obbligazione il debitore deve usare la "diligenza del buon padre di famiglia", ossia deve agire con l'attenzione, la prudenza e la perizia dell'uomo medio. Le parti possono convenire aggravamenti o attenuazioni della diligenza richiesta, ma è nullo il patto con cui si esonera il debitore da responsabilità per dolo o colpa grave (1229 c.c.).

La prestazione deve essere eseguita per intero: il creditore può rifiutare un adempimento parziale, anche se la prestazione è divisibile (1181 c.c.) e il debitore non può liberarsi eseguendo una prestazione diversa, anche se di valore uguale o superiore a quella dovuta.

Il debitore deve eseguire il pagamento nelle mani:

- del creditore (che abbia la capacità legale di ricevere);
- della persona indicata dal creditore stesso (delegatario);
- di chi, in buona fede, appariva creditore in base a circostanze univoche (cd. creditore apparente, 1189 c.c.). Se il debitore paga a chi non era legittimato a ricevere l'adempimento, non si libera dall'obbligazione, a meno che il creditore non ratifichi il pagamento o non ne abbia approfittato (1188, 2°comma c.c.).

Le **obbligazioni di fare** e quelle **di dare** cose fungibili diverse dal denaro si adempiono al domicilio del debitore. Le **obbligazioni pecuniarie** si adempiono, invece, al domicilio del creditore. L'**obbligazione di consegnare** una cosa certa e determinata deve essere adempiuta nel luogo in cui si trovava la cosa quando l'obbligazione è sorta (1182 c.c.).

Adozione: Rif. normativi: artt. 291-314 c.c., L. 184/83, L. 476/98, L.149/01.

Disciplina: la disciplina contenuta nel codice civile è ormai applicabile soltanto all'adozione di persone maggiori d'età, in quanto l'adozione di minori è disciplinata dalle leggi speciali. Presupposti per procedere all'adozione di un minore sono:

1. il minore deve essere in stato di abbandono e il Tribunale dei Minori deve averne dichiarato lo stato di adottabilità;
2. i coniugi richiedenti devono essere uniti in matrimonio da almeno 3 anni.

Verificata la sussistenza dei presupposti, il Tribunale dispone l'affidamento preadottivo e trascorso un anno decide, con decreto, se fare luogo all'adozione. Con l'adozione, il minore acquista lo stato di figlio legittimo e cessano i rapporti con la famiglia d'origine (salvo i divieti matrimoniali).

Differenze con figure affini: non bisogna confondere l'affidamento preadottivo di cui sopra (una sorta di periodo di prova per i genitori adottanti) con l'(→) *affidamento dei minori*, con il quale i minori temporaneamente privi di un ambiente famigliare idoneo sono affidati a una famiglia (o anche a una persona singola) che deve provvedere al suo mantenimento e deve altresì agevolare i rapporti con la famiglia d'origine, al fine di favorirne il reinserimento.

Affidamento (tutela dell'): Nozione: istituto posto a fondamento di istituti giuridici e soluzioni giurisprudenziali che tutelano il ragionevole affidamento suscitato nei terzi da una situazione apparentemente corrispondente a quella reale.

In particolare, se la dichiarazione diverge dall'interno volere, ma colui a cui essa è destinata non era in grado di conoscere la divergenza, il negozio è valido; è invece invalido se il destinatario sapeva o era in grado di accorgersi che la dichiarazione non corrispondeva all'interno volere del dichiarante.

Inoltre, la tutela dell'affidamento costituisce la *ratio* della disciplina degli acquisti dall'(→) *erede* apparente, del pagamento al creditore apparente, dell'opponibilità della (→) *simulazione*.

Affidamento dei minori: Rif. normativi: L. 184/83.

Nozione: istituto del diritto di famiglia al quale si ricorre quando il minore sia privo di un ambiente familiare idoneo.

Disciplina: la situazione che legittima l'affidamento deve essere temporanea e non duratura (altrimenti il Tribunale dei Minori dichiara d'ufficio lo stato di adottabilità).

L'affidatario deve provvedere al mantenimento, all'educazione e all'istruzione del minore e deve agevolare i rapporti con la famiglia d'origine, al fine di favorirne il reinserimento.

Al termine del periodo per il quale l'affidamento è stato disposto, si rende possibile il ritorno del minore presso la famiglia d'origine o deve avviarsi la procedura di (→) *adozione*.

Affitto: Rif. normativi: artt. 1615-1627 c.c.

Nozione: contratto di (→) *locazione* avente a oggetto il godimento di una cosa produttiva.

Disciplina: l'affittuario deve curare la gestione della cosa in conformità alla destinazione economica e può prendere iniziative atte ad aumentarne il reddito. Il locatore ha diritto a controllare, anche con accesso ai luoghi, se l'affittuario osserva gli obblighi che gli incombono. L'affittuario non può subaffittare la cosa senza il consenso del locatore.

Differenze con figure affini: l'affitto è un caso particolare della locazione, dalla quale si distingue per l'oggetto, che nell'affitto è esclusivamente una cosa produttiva, mobile o immobile.

Affrancazione: Rif. normativi: art. 971 c.c.

Nozione: diritto potestativo che conferisce all'enfiteuta (→ *enfiteusi*) il potere di acquistare la proprietà del fondo, mediante il pagamento di una somma di denaro pari a quindici volte l'ammontare del canone.

Agente di cambio: Rif. normativi: artt. 1705, 2082 c.c., L. 1/9191, D.Lgs. 58/98.

Nozione: colui che, accanto alle imprese di investimento, opera come intermediario fra quanti, risparmiatori o speculatori, intendono acquistare o vendere valori negoziati in (→) *borsa*.

Disciplina: in seguito all'istituzione delle (→) *SIM* non sono più banditi concorsi per l'attività di agente di cambio, ed è stato disposto lo scioglimento degli Ordini professionali degli agenti di cambio, eccetto quelli di Roma e Milano.

Agente di commercio: Rif. normativi: L. 204/85, D.M. 21-8-1985, D.Lgs. 303/91, D.Lgs. 65/99.

Nozione: soggetto che, in virtù di un contratto di (→) *agenzia*, viene stabilmente incaricato da una o più imprese di promuovere la conclusione di contratti in una zona determinata, nell'interesse del preponente e in continuativa coordinazione con l'attività di quest'ultimo.

Disciplina: all'agente può essere conferito anche il potere di rappresentanza, in modo da consentirgli di concludere contratti in nome e per conto del preponente: in questo caso viene denominato (→) *rappresentante di commercio*.

Gli agenti e i rappresentanti di commercio sono imprenditori commerciali, ausiliari autonomi dell'impresa preponente, alla quale non sono legati da particolari vincoli di subordinazione. Essi devono essere iscritti in un apposito ruolo pubblico, istituito presso ciascuna Camera di Commercio.

Agenzia (contratto di): Rif. normativi: artt. 1742-1753 c.c., D.Lgs. 303/91 e 65/99.

Nozione: contratto con cui una parte assume stabilmente l'incarico di promuovere per conto dell'altra la conclusione di contratti in una zona determinata.

Disciplina: l'agente si limita a raccogliere ordinazioni e a trasmetterle al preponente, il quale è libero di accettarle o meno. L'attività viene retribuita con una provvigione sugli affari conclusi per effetto del suo intervento. Salvo patto contrario, le parti sono reciprocamente vincolate all'esclusiva. La recente normativa ha introdotto ulteriori strumenti di tutela dell'agente, che normalmente è la parte debole del rapporto.

Differenze con figure affini: l'agente organizza la propria attività in modo autonomo e a proprio rischio e ciò lo distingue dal lavoratore subordinato. L'agenzia si distingue dalla (→) *mediazione* sia perché il mediatore non può essere legato a nessuna delle parti da rapporti di collaborazione, sia perché il mediatore pone in relazione le parti in modo occasionale, mentre l'agente ha un rapporto stabile con il preponente. L'agenzia si distingue dal (→) *mandato* perché l'agente non stipula contratti ma si limita a favorirne la stipulazione.

Alea: Nozione: rischio inerente a ogni operazione negoziale, relativo alle variazioni di costi e valori delle prestazioni. L'alea, in quanto **rischio giuridicamente rilevante**, non va confuso con il **rischio di fatto**. Un esempio del primo tipo è rappresentato dall'alea presente nel contratto di assicurazione, dove l'assunzione del rischio da parte dell'assicuratore giustifica il pagamento del premio assicurativo da parte dell'assicurato, mentre un esempio del secondo tipo può essere rappresentato dall'acquisto di un'opera d'arte: senza inoltrarsi in elaborazioni dottrinali, in questo caso l'acquirente si assume il rischio che anni dopo l'acquisto la critica d'arte possa stabilire la non autenticità dell'opera.

Disciplina: quando non supera i limiti della normalità, l'alea ricade su ciascuno dei contraenti. Se però il superamento dei limiti dell'alea normale rende la prestazione eccessivamente onerosa, la parte che è tenuta a sopportarla può invocare il rimedio della *risoluzione per* (→) *eccessiva onerosità*.

Nei **contratti aleatori** (es.: contratto di assicurazione, rendita), l'entità delle reciproche prestazioni dipende da fattori casuali. In questo caso, l'alea è assunta come causa del negozio. Ne consegue che in essi è precluso il rimedio della risoluzione per eccessiva onerosità, sempreché quest'ultima rientri nel rischio assunto dalla parte.

Alienazione (divieto di): (→) *inalienabilità.*

Alimenti: Rif. normativi: artt. 433-448 c.c.

Nozione: obbligazione avente a oggetto il soddisfacimento dei bisogni essenziali di una persona.

Disciplina: presupposti per il sorgere dell'obbligazione legale agli alimenti sono:

1. lo stato di bisogno del creditore che si trovi nell'impossibilità di provvedere al proprio mantenimento;
2. l'esistenza di una delle persone obbligate (coniuge, figli, nipoti, genitori o donatario). La misura degli alimenti è proporzionata ai bisogni dell'alimentando e alle condizioni economiche di chi deve soddisfarlo.

Le prestazioni alimentari possono avvenire:

1. con il versamento di un assegno anticipato;
2. accogliendo e mantenendo in casa l'alimentando.

Differenze con figure affini: le prestazioni alimentari si distinguono dal (→) *mantenimento* perché quest'ultimo è commisurato al tenore di vita dell'obbligato, prescindendo dal bisogno del beneficiario. Inoltre il mantenimento deve assicurare al beneficiario un tenore di vita adeguato alle sostanze e al reddito dell'obbligato, mentre gli alimenti comprendono soltanto il necessario.

Alluvione: **Rif. normativi:** art. 941 c.c.

Nozione: forma di acquisto della proprietà a titolo originario derivante dall'(→) *accessione* di immobile a immobile. Per alluvione si intende l'insensibile e progressivo incremento portato dalle acque a un fondo; il proprietario del fondo acquista la proprietà di tali incrementi di terreno.

Differenze con figure affini: (→) *avulsione.*

Amministratore (di condominio): **Rif. normativi:** artt. 1129-1133 c.c.

Nozione: organo esecutivo del (→) *condominio.*

Disciplina: all'amministratore competono:

1. l'esecuzione delle deliberazioni dell'assemblea;
2. la cura dell'osservanza del regolamento di condominio;
3. la disciplina dell'uso delle cose comuni;
4. la riscossione dei contributi e l'erogazione delle spese occorrenti per la manutenzione ordinaria delle parti comuni dell'edificio e per l'esercizio dei servizi comuni;
5. il compimento degli atti conservativi dei diritti sulle parti comuni dell'edificio;
6. la rappresentanza (anche processuale) dei partecipanti al condominio, per cui può agire in giudizio nei limiti delle attribuzioni sopra elencate o dei maggiori poteri conferitigli dal (→) *regolamento di condominio* o dall'(→) *assemblea,* ed essere convenuto per qualunque azione concernente le parti comuni dell'edificio.

L'amministratore dura in carica un anno e può essere revocato dall'assemblea in ogni tempo e per qualsiasi ragione. Alla fine di ciascun anno l'amministratore deve rendere il conto della sua gestione.

L'amministratore può essere revocato dall'autorità giudiziaria, su ricorso di ciascun condomino:

- quando omette di dare tempestivo avviso all'assemblea delle azioni giudiziarie proposte nei confronti del condominio;
- se per due anni non ha reso il conto della gestione;
- se vi sono fondati sospetti di gravi irregolarità.

Amministratore (di società): **Nozione:** persona alla quale è affidata la gestione della società e alla quale è attribuito il relativo potere di rappresentanza.

Disciplina: l'amministrazione di una società può essere affidata a una persona sola (amministratore unico) o a un organo collegiale (consiglio di amministrazione), che può a sua volta delegare determinate attribuzioni a uno o più dei suoi membri (amministratori delegati). Gli amministratori sono nominati dall'assemblea e possono da questa essere revocati. La responsabilità civile degli amministratori per la violazione (dolosa o colposa) dei loro doveri assume un triplice aspetto:

- responsabilità verso la società (soltanto l'assemblea può promuovere la relativa azione di responsabilità);
- responsabilità verso i creditori sociali (se gli amministratori hanno a tal punto menomato il patrimonio sociale da renderlo incapiente);
- responsabilità verso il socio (quando è il singolo socio a essere danneggiato direttamente).

Amministrazione controllata: **Rif. normativi:** artt. 187-193 R.D. 267/42, L. 391/78.

Nozione: (→) *procedura concorsuale* di tipo conservativo che consente all'imprenditore in temporanea difficoltà di prevenire l'insolvenza, e quindi la dichiarazione di (→) *fallimento*, sempre che esistano comprovate possibilità di risanare l'impresa.

Disciplina: l'amministrazione controllata consiste in una dilazione che i creditori concedono all'imprenditore per l'estinzione integrale dei debiti nel tempo massimo di due anni, mentre l'impresa continua a essere gestita dal debitore sotto il controllo di un commissario e la direzione del Giudice. Nel frattempo, il patrimonio dell'imprenditore non può essere aggredito dalle azioni esecutive dei singoli creditori.

Presupposti e condizioni di ammissibilità dell'amministrazione controllata sono:

1. la qualità di imprenditore commerciale del debitore;
2. una temporanea difficoltà di adempiere le proprie obbligazioni;
3. la reversibilità di tale situazione (e non, pertanto, uno stato irreversibile d'insolvenza);
4. la sussistenza di comprovate (e non incerte o improbabili) possibilità di risanare l'impresa.

La domanda di amministrazione controllata può essere proposta soltanto dall'imprenditore; competente a pronunciarsi su di essa è il Tribunale del luogo dove l'impresa ha la sua sede principale.

La procedura d'amministrazione controllata si chiude alla scadenza del termine. Può anche concludersi in anticipo se il debitore dimostra di essere in grado di fare fronte ai suoi debiti. Qualora, invece, trascorso il termine massimo, il debitore non sia in grado di adempiere si verificherà o la conversione dell'amministrazione controllata in (→) *concordato preventivo* o la sua conversione in (→) *fallimento*.

Amministrazione straordinaria delle grandi imprese in crisi: Rif. normativi: L. 95/79, D.Lgs. 270/99.

Nozione: (→) *procedura concorsuale* di tipo conservativo, finalizzata alla continuazione dell'impresa attraverso l'attuazione di un piano di risanamento, per salvaguardarne tutti i residui valori tecnici, commerciali, produttivi e occupazionali.

Disciplina: possono accedere all'amministrazione straordinaria le imprese che abbiano:

1. un numero di dipendenti superiore ai 200;
2. un'esposizione debitoria pari o superiore ai 2/3 dell'attivo lordo e ai 2/3 dei ricavi provenienti dalle vendite o dalle prestazioni dell'ultimo esercizio;
3. concrete prospettive di recupero dell'equilibrio economico delle attività, in base alla valutazione del commissario giudiziale e del Ministro dell'Industria.

Gli organi preposti – oltre al Tribunale fallimentare che accerta l'insolvenza, nomina il commissario giudiziale e dispone la definitiva ammissione all'amministrazione straordinaria – sono:

- il **commissario giudiziale**, a cui spetta il compito di predisporre una relazione contenente la descrizione delle cause d'insolvenza e la valutazione sull'esistenza o meno delle possibilità di risanamento;
- il **commissario straordinario**, a cui spetta la concreta gestione dell'impresa e l'amministrazione dei beni dell'imprenditore insolvente e dei soci illimitatamente responsabili. Peraltro, per gli atti di maggiore importanza, il commissario straordinario necessita dell'autorizzazione del Ministro dell'Industria;
- il **comitato di sorveglianza**, composto da tre o cinque membri, fra cui anche uno o due creditori chirografari, con funzioni consultive sull'operato del commissario straordinario.

L'amministrazione straordinaria può realizzarsi attraverso due procedure:

- un programma di rivalutazione e successiva cessione dei complessi aziendali, di durata non superiore a un anno;
- un programma di ristrutturazione economica e finanziaria, di durata non superiore a due anni.

Spetta al Tribunale fallimentare valutare se, al termine del periodo concesso, siano stati raggiunti gli obiettivi di risanamento prefissati, valutazione che può essere fatta anche prima della scadenza, qualora il Tribunale ritenga gli obiettivi non più raggiungibili. In tal caso, il Tribunale revoca l'amministrazione straordinaria e dichiara il (→) *fallimento* dell'impresa.

Ammortamento dei titoli di credito: Rif. normativi: artt. 2006, 2016-2020, 2027 c.c., artt. 89-93 R.D. 1669/33, artt. 69-74, 100, 105 R.D.1736/33.

Nozione: procedura che il possessore di un (→) *titolo di credito* all'ordine o nominativo può esperire nel caso in cui il titolo sia stato distrutto, rubato o smarrito.

Disciplina: il procedimento è volto a privare il titolo di credito della sua efficacia e a consentire l'esercizio del diritto indipendentemente dal possesso del titolo.

Il procedimento si compone di due fasi:

- la prima fase, necessaria, si conclude con il decreto di ammortamento pronunciato dall'autorità giudiziaria competente; tale decreto deve essere notificato al debitore e pubblicato sulla Gazzetta Ufficiale;
- la seconda fase, meramente eventuale, inizia qualora vi sia opposizione del detentore del titolo e importa l'accertamento, in contraddittorio tra ricorrente e debitore, circa la spettanza del diritto sul titolo.

Se, nel termine di legge, nessuna opposizione viene proposta, il decreto acquista efficacia di cosa giudicata e colui che ha ottenuto l'ammortamento può esigere il pagamento o un duplicato del titolo, qualora questo sia in bianco o non sia ancora scaduto.

L'ammortamento non è ammesso per i titoli al portatore: il legittimo possessore di questi ultimi, qualora li abbia perduti per smarrimento o sottrazione, può denunciare detti eventi all'emittente del titolo, dandone la prova, e avrà diritto alla prestazione soltanto dopo che sia decorso il termine di prescrizione del titolo stesso.

Differenze con figure affini: (→) *smarrimento.*

Analogia: Rif. normativi: artt. 12, 14 disp. prel. c.c.

Nozione: procedimento che, in assenza di una norma che disciplini espressamente una determinata fattispecie, consente di ricavare tale disciplina da disposizioni che regolano casi simili o materie analoghe.

Si distinguono due tipologie di procedimento analogico:

- **analogia legis**, quando il giudice estende la regola *iuris* di una norma a un caso simile a quello specificamente considerato dalla norma stessa;
- **analogia iuris**, quando il giudice, non trovando una norma che disciplini casi simili o materie analoghe, ricorre ai principi fondamentali dell'ordinamento giuridico per dare una soluzione al caso controverso.

Disciplina: il ricorso all'analogia è ammissibile se sussiste:

1. un rapporto di affinità tra le due fattispecie;
2. identità di *ratio*, nel senso che la giustificazione della soluzione data al caso disciplinato è tale da poter essere estesa anche alla fattispecie non disciplinata. L'analogia non è consentita né per le leggi penali, né per quelle che fanno eccezione a regole generali o altre leggi.

Differenze con figure affini: il divieto dell'analogia nell'applicazione delle leggi penali ed eccezionali non vale per l'interpretazione estensiva (→ *interpretazione della legge*), la quale si limita ad adeguare la portata letterale della norma all'effettiva volontà legislativa.

Anatocismo: Rif. normativi: art. 1283 c.c.

Nozione: diritto a percepire (→) *interessi* su altri interessi già scaduti.

Disciplina: l'anatocismo, in linea di massima, è vietato; gli interessi scaduti possono essere capitalizzati e produrre a loro volta nuovi interessi soltanto se si tratta di interessi già scaduti da almeno sei mesi e intervenga o una convenzione in tal senso o una domanda giudiziale rivolta a ottenere il pagamento sia degli interessi scaduti sia degli interessi sugli interessi dovuti.

Annullabilità: Rif. normativi: artt. 1426-1446 c.c.

Nozione: forma di invalidità del negozio, derivante da un vizio intrinseco del negozio per:

- (→) *incapacità* del soggetto;
- (→) *vizio della volontà*;
- (→) *conflitto di interessi.*

Disciplina: il negozio annullabile produce tutti gli effetti a cui era diretto (cd. efficacia interinale), ma questi effetti vengono meno se viene proposta e accolta l'azione di annullamento, che è azione costitutiva. L'annullamento del negozio ha effetto retroattivo: si considera come se il negozio non avesse mai prodotto alcun effetto, con la conseguenza che le prestazioni già eseguite devono essere restituite. Eccezione: se l'annullamento è avvenuto per (→) *incapacità*, l'incapace è tenuto a restituire la prestazione soltanto nei limiti in cui essa è stata rivolta a suo vantaggio. La legittimazione a chiedere l'annullamento dell'atto spetta soltanto alla parte nel cui interesse l'invalidità è prevista dalla legge e non può essere rilevata d'ufficio. L'azione è soggetta a prescrizione quinquennale, mentre la corrispondente eccezione è imprescrittibile, quindi può essere proposta in ogni tempo. L'annullabilità è sanabile mediante:

- la prescrizione dell'azione;
- un negozio unilaterale di convalida dell'atto.

Differenze con figure affini: (→) *nullità.*

Annullamento del matrimonio: (→) *matrimonio.*

Anticresi: Rif. normativi: artt. 1960-1964 c.c.

Nozione: contratto con cui il debitore (o un terzo) s'impegna a consegnare un immobile al creditore, a garanzia del credito.

Disciplina: in virtù del contratto di anticresi il possesso del fondo passa al creditore, il quale ne percepisce i frutti, imputandoli prima agli interessi e poi al capitale. Al contratto di anticresi non può essere apposto un (→) *patto commissorio* e cioè l'accordo per cui, in caso di mancato pagamento del credito, la proprietà della cosa passa al creditore.

Differenze con figure affini: l'anticresi è, al pari della (→) *fideiussione* e del (→) *contratto autonomo di garanzia,* un contratto con il quale le parti mirano a costituire una garanzia del credito. Dall'anticresi deve tenersi distinta l'(→) *ipoteca* la quale è un (→) *diritto reale* che attribuisce al creditore ipotecario la prelazione rispetto ai creditori chirografari. L'ipoteca inoltre non richiede il passaggio del possesso del fondo al creditore, passaggio che invece è essenziale nell'anticresi.

Appalto: Rif. normativi: artt. 1655-1677 c.c.

Nozione: contratto con il quale una parte (appaltatore) assume, con organizzazione di mezzi necessari e con gestione a proprio rischio, il compimento di un'opera o lo svolgimento di un servizio verso un corrispettivo.

Disciplina: quando l'opera è conclusa, il committente ha diritto di verificarla prima di riceverne la consegna. L'appaltatore è tenuto alla garanzia per le difformità e i vizi dell'opera: il committente può chiedere la risoluzione del contratto soltanto se i vizi sono tali da rendere l'opera del tutto inadatta alla sua destinazione, altrimenti può chiedere o che i difetti siano eliminati a spese dell'appaltatore, o che il prezzo sia proporzionalmente diminuito. L'azione per la garanzia è assoggettata a una prescrizione biennale, ma i vizi devono essere denunciati all'appaltatore entro il termine di 60 giorni.

Differenze con figure affini: (→ tabella seguente).

Appalto	Lavoro subordinato	Lavoro autonomo	Vendita di cosa futura
Oggetto: • compimento di un'opera • svolgimento di un servizio	Oggetto: • prestazione di energie lavorative	Oggetto: • compimento di un'opera • svolgimento di un servizio	
Obbligazione di risultato		Obbligazione di mezzi	
L'appaltatore organizza i mezzi necessari e assume la gestione a proprio rischio (di solito è imprenditore)		Una persona si obbliga a compiere, verso un corrispettivo, un'opera o un servizio con lavoro prevalentemente proprio	
La creazione del prodotto esige una speciale attività del produttore in quanto il prodotto rappresenta un *quid novi* rispetto alla normale serie produttiva			Il contratto ha per oggetto un prodotto da costruire in conformità a un modello consueto alla ordinaria produzione
È prevalente l'obbligazione di "fare"			È prevalente l'obbligo di "dare"

Apposizione di termini (azione per l'):

Rif. normativi: art. 951 c.c.

Nozione: azione con cui ciascuno dei proprietari limitrofi può chiedere, quando sia certo il confine dei fondi, che siano apposti o ripristinati, a spese comuni, i segni materiali e tangibili di tale confine, che mancano o sono divenuti irriconoscibili.

Disciplina: legittimati attivamente sono i due proprietari confinanti, l'enfiteuta, il superficiario e l'usufruttuario. Legittimato passivo è il proprietario confinante.

Differenze con figure affini: sono *azioni a difesa della proprietà*:

- **azioni petitorie**:
  - azione di (→) *rivendicazione*;
  - azione (→) *negatoria*;
  - azione di (→) *regolamento dei confini*;
  - azione per l'apposizione di termini;
  - azione (→) *confessoria*.

Sono *azioni a difesa del possesso*:

- **azioni possessorie**:
  - azione di (→) *reintegrazione*;
  - azione di (→) *manutenzione.*
- **azioni di nunciazione**:
  - (→) *denuncia di nuova opera*;
  - (→) *denuncia di danno temuto.*

Arricchimento senza causa: **Rif. normativi:** artt. 2041, 2042 c.c.

Nozione: è lo spostamento patrimoniale non giustificato giuridicamente, che comporta l'arricchimento patrimoniale di una parte a scapito dell'altra; poiché tale arricchimento non si è verificato in conseguenza di fatti illeciti, va tenuto distinto dall'istituto della responsabilità per danni disciplinato dagli artt. 2043 ss. del c.c.

Disciplina: l'ordinamento giuridico non può consentire che una persona riceva un vantaggio dal danno arrecato ad altri, senza che vi sia una causa (cd. titolo) che giustifichi lo spostamento patrimoniale da un soggetto a un altro. Ha pertanto previsto come rimedio generale l'azione d'ingiustificato arricchimento: essa ha carattere sussidiario, nel senso che è proponibile quando il danneggiato non può esperire altra azione per rimuovere il pregiudizio.
Presupposti dell'azione sono:

1. l'arricchimento di una persona;
2. la diminuzione patrimoniale dell'altra;
3. il nesso causale tra arricchimento e diminuzione;
4. la mancanza di una causa giustificatrice.

Chi si è arricchito senza giusta causa è tenuto, nei limiti dell'arricchimento, a indennizzare l'altra parte della correlativa diminuzione patrimoniale.

Differenze con figure affini: l'arricchimento senza causa è un'obbligazione nascente dalla legge, insieme con la (→) *gestione di affari altrui* e la (→) *ripetizione dell'indebito.*

Aspettativa: **Nozione:** situazione giuridica soggettiva attiva, che si verifica quando l'acquisto di un diritto deriva dal concorso di più elementi successivi (cd. fattispecie a formazione progressiva) e di questi alcuni si sono verificati e altri no.

Disciplina: l'aspettativa è un interesse preliminare del soggetto, tutelato in via provvisoria e strumentale, come mezzo al fine di assicurare la possibilità del sorgere del diritto (effetti prodromici della fattispecie).

Differenze con figure affini: le situazioni giuridiche soggettive attive sono: (→) *diritto soggettivo,* (→) *potestà,* (→) *facoltà,* aspettativa e (→) *status.*

Asse ereditario: **Nozione:** complesso dei beni, già appartenenti al (→) *de cuius,* che ricadono nella successione *mortis causa.* Un sinonimo è rappresentato dall'espressione *massa ereditaria.*

Assegno: **Rif. normativi:** R.D. 1736/33, L. 386/90.

Nozione: si deve distinguere tra:

- **assegno bancario**: (→) *titolo di credito* avente la struttura della (→) *delegazione passiva di pagamento.* Contiene, infatti, l'ordine di pagamento di una somma determinata rivolto dal sottoscrittore (traente) a un terzo (banca) a favore del portatore legittimo del documento (trattario);

- **assegno circolare**: (→) *titolo di credito* all'ordine emesso da una banca per somme che siano presso di essa disponibili al momento dell'emissione, e pagabile a vista.

Disciplina: l'assegno bancario è un titolo all'ordine e si trasferisce quindi per mezzo della girata, ma se è emesso "al portatore" può essere trasferito anche mediante semplice consegna. A esso può essere apposta la clausola "non trasferibile" che comporta il pagamento dell'assegno al solo prenditore, senza possibilità di girarlo, se non a un banchiere per l'incasso. L'assegno è pagabile a vista e non può avere una scadenza futura.

Differenze con figure affini: a differenza dell'assegno che è strumento di pagamento, la (→) *cambiale* è strumento di credito, mirando, generalmente, a dilazionare un adempimento.

Assegno alimentare: (→) *alimenti.*

Assemblea (di condominio): Rif. normativi: artt. 1105-1109, 1135-1137 c.c.

Nozione: organo collegiale che ha la funzione di amministrare i beni comuni.

Disciplina: l'assemblea delibera a maggioranza assoluta dei partecipanti, computata in base alle quote di partecipazione, che nel condominio sono calcolate in millesimi; vi sono delibere per le quali vengono richieste maggioranze qualificate o, addirittura, l'unanimità.

Assemblea (di società): Nozione: organo deliberativo interno della società, nel quale si forma la volontà della società stessa.

Disciplina: l'**assemblea ordinaria** deve essere convocata almeno una volta all'anno e delibera relativamente agli argomenti indicati dall'art. 2364 c.c.:

- approvazione del bilancio;
- nomina degli (→) *amministratori*;
- gestione ordinaria della società.

L'**assemblea straordinaria** delibera relativamente:

- alle modifiche dell'atto costitutivo;
- all'emissione di obbligazioni e alla nomina dei liquidatori.

L'assemblea è convocata dagli amministratori e in prima convocazione è regolarmente costituita con la presenza di almeno la metà del capitale sociale. In seconda convocazione l'assemblea è validamente costituita qualunque sia la parte di capitale rappresentata. È ammessa la rappresentanza nell'esercizio del voto, ma è discusso in quali limiti sia lecito il cd. (→) *patto di sindacato* con il quale più azionisti conferiscono a uno di essi il potere di votare secondo il parere della maggioranza degli aderenti al patto. Le deliberazioni sono invalide:

a) per impossibilità o illiceità dell'oggetto;

b) per contrarietà alla legge o all'atto costitutivo.

Assenza: Rif. normativi: artt. 49-57 c.c.

Nozione: viene dichiarata dal Tribunale con sentenza quando sono trascorsi almeno due anni dal giorno a cui risale l'ultima notizia della persona (→) *scomparsa.*

Disciplina: il Tribunale ordina l'apertura del testamento e gli eredi sono immessi nel possesso temporaneo dei beni, ma non ne diventano titolari e non hanno il relativo potere di disposizione. La dichiarazione di assenza non scioglie il matrimonio dell'assente.

Differenze con figure affini: dopo 10 anni dalla scomparsa della persona può essere chiesta la (→) *dichiarazione di morte presunta.*

Assicurazione: Rif. normativi: artt. 1882-1932 c.c., L. 990/69, L. 57/01.

Nozione: contratto con il quale l'assicuratore, verso il pagamento di una somma (premio), si obbliga, entro i limiti convenuti:

- a rivalere l'assicurato del danno a lui prodotto da un sinistro: **assicurazione contro i danni**;
- a pagare un capitale o una rendita al verificarsi di un evento attinente alla vita umana: **assicurazione sulla vita**;
- a risarcire a terzi il danno che dovrebbe essere risarcito dall'assicurato: **assicurazione contro la responsabilità civile**.

Disciplina: causa del contratto di assicurazione è il trasferimento di un rischio dalla sfera dell'assicurato a quella dell'assicuratore. L'inesistenza del rischio è causa di nullità del contratto, la sua cessazione dà luogo allo scioglimento del contratto mentre la sua inesatta conoscenza da parte dell'assicuratore (per dolo o colpa grave dell'assicurato) costituisce causa d'annullamento del contratto. Nell'assicurazione contro i danni vigono due principi fondamentali:

- *principio indennitario*: l'indennizzo non può mai superare l'importo del danno subito dall'assicurato;
- *surrogazione reale*: l'assicuratore che ha pagato l'indennità può esercitare le azioni che spettano all'assicurato contro i terzi responsabili del danno.

(→) *Causa* del contratto di assicurazione è il trasferimento di un'alea dalla sfera degli assicurati a quella dell'assicuratore.

Associazione: Rif. normativi: artt. 18-20, 39, 49 Cost.

Nozione: organizzazione collettiva privata che persegue uno scopo comune di natura ideale e comunque diverso dall'esercizio di un'attività economica.

Disciplina: in Italia la libertà di associazione è garantita dalla Costituzione (art. 18 Cost.). L'associazione nasce per effetto di un accordo (atto costitutivo) tra persone che decidono di associarsi e stabiliscono le regole di funzionamento dell'associazione (statuto). Nell'ambito delle associazioni rientrano i sindacati e i partiti politici. Le associazioni possono chiedere di essere riconosciute con decreto del Presidente della Repubblica. I sindacati e i partiti politici hanno ritenuto di non chiedere il riconoscimento, al fine di tutelare la propria autonomia. Il **riconoscimento** conferisce all'associazione la (→) *personalità giuridica* e la conseguente (→) *autonomia patrimoniale perfetta*. In mancanza di riconoscimento coloro, che hanno agito in nome e per conto dell'associazione rispondono delle obbligazioni dell'associazione.

Differenze con figure affini: le (→) *società* si distinguono dalle associazioni in quanto le prime sono caratterizzate dallo scopo di lucro.

Associazione (libertà di): Rif. normativi: art. 18 Cost.

Nozione: libertà strumentale, in quanto indispensabile per favorire lo sviluppo della persona umana e la sua partecipazione alla vita economica, politica e sociale del Paese.

La Costituzione, dopo aver garantito in linea generale la libertà di associazione, riconosce tale libertà nei campi: politico (49 Cost.), sindacale (39 Cost.), religioso (19 Cost.).

Differenze con figure affini: la libertà di (→) *riunione* differisce dalla libertà di associazione, in quanto la riunione rappresenta un modo di associarsi solo temporaneo.

Atto di disposizione del proprio corpo:

Rif. normativi: art. 5 c.c., L. 458/67, L. 592/67, L. 107/90, L. 483/99.

Nozione: atti che hanno a oggetto il diritto all'integrità fisica, diritto irrinunziabile e indisponibile, salvo che gli atti di disposizione siano compatibili col rispetto della dignità umana.

Disciplina: sono vietati dalla legge quando comportano una diminuzione permanente dell'integrità fisica o quando sono contrari alla legge, all'ordine pubblico e al buon costume.

Sono leciti gli atti di disposizione aventi a oggetto il trapianto del rene, la raccolta, conservazione e distribuzione del sangue umano, la donazione del midollo osseo, la disposizione di parti di fegato.

Differenze con figure affini: (→) *trapianti di organi.*

Atto giuridico : (→ tabella seguente).

FATTI GIURIDICI

Fatti che concorrono a costituire, modificare ed estinguere rapporti giuridici

Fatti Naturali | **Atti giuridici**

Atti giuridici in senso stretto

I loro effetti giuridici non dipendono dalla volontà dell'agente ma sono disposti dall'ordinamento senza riguardo all'intenzione di colui che li pone in essere (es.: intimazione ad adempiere)

Negozi giuridici

Manifestazioni di volontà con le quali i privati provvedono a regolare da sé i propri interessi e alle quali l'ordinamento ricollega effetti giuridici conformi al risultato voluto

Unilaterali

Il negozio si perfeziona con la dichiarazione di una sola parte (testamento)

Produttivi di effetti reali
- testamento
- concessione di ipoteca
- rinuncia alla quota del fondo comune

Produttivi di effetti obbligatori
- procura
- remissione del credito
- promessa unilaterale

Bilaterali

Il negozio si perfeziona con l'incontro delle manifestazioni di volontà dei contraenti (accordo)

Contratto sinallagmatico

Contratti a titolo oneroso

Contratto con obbligazioni a carico di una sola parte

Contratti a titolo gratuito

Atto illecito: (→) *illecito.*

Atto pubblico: Rif. normativi: artt. 2699-2701 c.c.

Nozione: documento redatto, con le richieste formalità, da un notaio o da altro pubblico ufficiale autorizzato ad attribuirgli pubblica fede nel luogo dove l'atto è formato.

Disciplina: l'atto pubblico fa piena prova, fino a **querela di falso**, della provenienza del documento dal pubblico ufficiale che lo ha formato e delle dichiarazioni e dei fatti che questi attesta essere avvenuti in sua presenza o da lui stesso compiuti.

Tale efficacia probatoria non si estende, tuttavia, al contenuto sostanziale delle dichiarazioni delle parti: il notaio, infatti, non può accertare né garantire che esse abbiano detto il vero. Non è perciò necessaria la querela di falso per impugnare l'intrinseca verità delle dichiarazioni delle parti.

Autonomia patrimoniale: Nozione: caratteristica fondamentale della (→) *persona giuridica*, che consiste nella separazione tra il patrimonio della società e quello dei soci. Tale distinzione di patrimoni risulta netta negli enti dotati di (→) *personalità giuridica*, vale a dire di autonomia patrimoniale perfetta.

Disciplina: i creditori dei soci non possono chiedere alla società il pagamento dei loro crediti, così come i creditori della persona giuridica non possono pretendere che l'adempimento del debito venga effettuato con i beni personali dei soci. Si parla pertanto di irresponsabilità dei soci per le obbligazioni assunte dalla persona giuridica di cui fanno parte.

Differenze con figure affini: si ha la cd. *autonomia patrimoniale imperfetta* nelle associazioni non riconosciute e nelle società di persone (società semplice, società in nome collettivo, società in accomandita semplice), in cui alcuni soci rispondono con il proprio patrimonio personale dei debiti contratti dalla società. In questo caso sono i creditori dei singoli soci a non potersi rifare sul patrimonio sociale al di fuori della quota spettante al proprio debitore, mentre i creditori della società potranno rifarsi sul patrimonio personale dei singoli soci, qualora il patrimonio sociale dovesse essere insufficiente a soddisfare i propri crediti.

Autore (diritto d'): Rif. normativi: artt. 2575-2583 c.c., L. 633/41, L. 248/00.

Nozione: diritto spettante a colui che crea un'opera letteraria, musicale, figurativa. Si distingue in:

- **diritto morale d'autore**, di carattere personale e perciò irrinunciabile e inalienabile, che consente all'autore di rivendicare in ogni momento la paternità dell'opera, di opporsi alle mutilazioni e deformazioni di essa ed eventualmente di non renderla pubblica;
- **diritto patrimoniale d'autore**, che consiste nel diritto esclusivo di trarre dall'opera ogni possibile utilità economica; il diritto patrimoniale d'autore è trasferibile mediante il *contratto di edizione*, con il quale l'autore concede all'editore, verso corrispettivo, il diritto di stampare l'opera e di venderla.

Disciplina: i diritti di utilizzazione economica dell'opera durano sino a 70 anni dopo la morte dell'autore. Gli atti che trasferiscono il diritto spettante all'autore sono soggetti a (→) *trascrizione*, al fine di risolvere il conflitto tra più acquirenti dello stesso diritto. Le norme sul diritto d'autore sono applicabili ai *software*.

Avallo: Rif. normativi: artt. 35-37 R.D. 1669/33.

Nozione: obbligazione cambiaria che garantisce l'obbligazione cambiaria principale.

Disciplina: l'obbligazione di avallare una cambiale deve essere scritta sulla cambiale stessa. La persona che garantisce si dice avallante, la persona a cui favore la garanzia è prestata, *avallato*. Per effetto del pagamento, l'avallante acquista i diritti inerenti alla cambiale contro l'avallato.

Differenze con figure affini: l'avallo è un'obbligazione cambiaria, per la quale vige il principio dell'autonomia, in virtù del quale ogni obbligazione è distinta, nei suoi presupposti di validità ed efficacia, dalle altre: l'obbligazione dell'avallante è valida ancorché l'obbligazione garantita sia nulla per qualsiasi causa che non sia un vizio di forma; l'avallante non può opporre le eccezioni personali dell'avallato. La (→) *fideiussione* è invece un'obbligazione di garanzia a carattere accessorio: non è valida se non è valida l'obbligazione principale; inoltre il fideiussore può opporre al creditore le eccezioni che spettano al debitore principale.

Avente causa: Nozione: colui che, per effetto di una successione *a titolo derivativo,* acquista un diritto soggettivo dal (→) *dante causa*.

Differenze con figure affini: il (→) *dante causa* è colui dal quale un soggetto acquista a titolo derivativo un diritto per atto tra vivi o *mortis causa*. In caso di (→) *successione mortis causa*, il dante causa è detto anche *de cuius*.

Avulsione: Rif. normativi: art. 944 c.c.

Nozione: modo di acquisto della proprietà a titolo originario derivante dall'(→) *accessione* di immobile a immobile. L'avulsione consiste nel distacco da un fondo, per opera di fiumi o torrenti, di una parte considerevole di terreno che si unisce ad altro fondo: il proprietario del fondo accresciuto ne acquista la proprietà, ma è tenuto a indennizzare il proprietario che ha subìto la diminuzione.

Differenze con figure affini: (→) *alluvione.*

Azienda: Rif. normativi: artt. 2555-2574 c.c.

Nozione: complesso di beni organizzati dall'imprenditore per l'esercizio dell'(→) *impresa*.

Disciplina: il trasferimento d'azienda (alienazione dell'intera azienda unitariamente considerata) comporta:

1. la successione dell'acquirente nei crediti relativi all'azienda;
2. l'(→) *accollo* dell'acquirente nei debiti, purché risultanti dai libri contabili (in particolare acquirente e alienante sono responsabili in solido per i crediti che i lavoratori avevano al momento del trasferimento);
3. la successione nei contratti stipulati per l'esercizio dell'azienda (in particolare i contratti di lavoro continuano con l'acquirente e i lavoratori conservano tutti i diritti maturati);
4. il divieto di concorrenza del cedente per 5 anni.

Differenze con figure affini: mentre l'azienda è un complesso di beni, l'(→) *impresa* è un'attività.

Azione societaria: Rif. normativi: artt. 2346-2362 c.c.

Nozione: certificato che rappresenta le quote di partecipazione dei soci nella società.

Disciplina: le azioni hanno tutte eguale valore e conferiscono ai possessori eguali diritti (diritto agli utili e alla quota di liquidazione, diritto di opzione e diritto di voto in assemblea), salvo che la società abbia emesso diverse categorie di azioni. Si possono, infatti, emettere:

- **azioni ordinarie**;
- **azioni privilegiate**: è attribuita loro una preferenza nella ripartizione degli utili, ma possono essere private del diritto di voto nelle assemblee ordinarie;
- **azioni di risparmio**: possono essere emesse soltanto da società quotate in borsa e danno diritto, qualora la società abbia avuto utili, a un dividendo pari almeno al 5% del loro valore nominale, anche quando la società deliberi di non ripartire gli utili.

Le azioni sono necessariamente nominative (eccetto quelle di risparmio) e vengono emesse intestando il certificato azionario al socio, e registrando questo nome sul libro dei soci. Il trasferimento delle azioni avviene tramite girata autenticata apposta sul titolo, ma per l'esercizio dei diritti sociali è necessaria l'annotazione del nominativo sul libro dei soci. Per acquistare il controllo di una società quotata in borsa è necessario lanciare un'(→) *offerta pubblica d'acquisto* che ha per oggetto le azioni di tutti i soci, perché tutti possano beneficiare del più elevato prezzo che l'acquirente è disposto a pagare.

Differenze con figure affini: (→ tabella seguente).

Azioni	Obbligazioni
Sono quote di partecipazione del capitale sociale rappresentate da documenti che incorporano i diritti derivanti dalla qualità di socio. Caratteri: • non possono essere emesse sotto la pari (ossia per un prezzo inferiore al loro valore nominale); • non possono essere emesse al portatore (tranne le azioni di risparmio); • hanno uguale valore tra loro; • sono indivisibili.	Sono titoli di credito emessi in serie dalla società che assume l'obbligo di rimborsarli alla scadenza e di pagare gli interessi. Caratteri: • possono essere emesse sotto la pari, cioè per un prezzo inferiore al loro valore nominale, soltanto se non sono convertibili in azioni; • possono essere nominative o al portatore; • sono titoli di credito di massa a reddito predeterminato; • sono debiti della società.

B

Ballottaggio: Rif. normativi: artt. 6 e 8 L. 81/93.

Nozione: procedimento elettorale mediante il quale vengono sottoposti all'elettorato una seconda volta i candidati o le liste di candidati che hanno ottenuto la maggioranza dei voti in una prima tornata di elezioni; in questo modo si tende a far convergere su costoro i voti che, in un primo tempo, si erano dispersi su diversi candidati o liste di candidati.

Banca: Rif. normativi: art. 47 Cost., D.Lgs. 385/93.

Nozione: impresa autorizzata alla raccolta del risparmio tra il pubblico e all'esercizio del credito; a queste attività fondamentali le banche affiancano altre attività finanziarie nonché l'esercizio dei servizi d'investimento.

Disciplina: i principi cardine in materia possono così sintetizzarsi:

- l'esercizio dell'attività bancaria è riservato esclusivamente alle banche;
- la forma giuridica assunta dalle banche può essere soltanto quella di società per azioni o società cooperativa per azioni a responsabilità limitata;
- le banche che hanno sede legale in uno Stato comunitario possono liberamente stabilirsi in Italia.

Beneficio di escussione: (→) *escussione (beneficio di).*

Beneficio d'inventario: (→) *accettazione (dell'eredità).*

Beni: Rif. normativi: art. 42 Cost., artt. 810-831 c.c.

Nozione: sono *beni* le cose che possono formare oggetto di diritti, quelle cioè suscettibili di appropriazione e di utilizzo e che, perciò, possono avere un valore.

Disciplina: i beni si distinguono secondo la loro struttura in:

- **beni corporali**, dotati di materialità corporea, che occupano uno spazio o colpiscono i sensi;
- **beni immateriali**, privi di materialità, ma percepibili o con i sensi o con l'intelligenza (es.: opere dell'ingegno, invenzioni).

I beni si distinguono altresì in:

- **beni immobili**, che non possono essere spostati normalmente da un luogo all'altro senza che resti alterata la loro struttura e destinazione: suolo, sorgenti, corsi d'acqua, alberi, edifici e costruzioni, unite anche a scopo transitorio al suolo e, in genere, tutto ciò che è naturalmente o artificialmente incorporato al suolo;
- **beni mobili**, che si ricavano per esclusione. Si considerano, altresì, beni mobili le energie naturali che hanno valore economico (813 c.c.).

Un'importante distinzione è quella tra **beni infungibili** (di specie) e i **beni fungibili** (di genere). I beni fungibili possono essere sostituiti indifferentemente con un altro bene della medesima categoria, in quanto non interessa avere proprio quel bene ma una data quantità di beni di quel genere. Il denaro è l'esempio più importante di bene fungibile. Beni infungibili sono quelli unici nel loro genere e che non possono essere sostituiti da altri, perché hanno caratteristiche uniche: un violino Stradivari, per esempio.

Sono **consumabili** i beni che non possono essere utilizzati senza essere consumati, fisicamente (es.: cibo, combustibili) o economicamente (es.: denaro). Sono **inconsumabili**, invece, quelli che si prestano a un'utilizzazione continuata, senza che restino distrutti o alterati (es.: un fondo) e indipendentemente dal fatto che, con l'uso, si deteriorino (es.: vestiti).

Sono **divisibili** i beni che possono essere frazionati in modo omogeneo, senza che se ne alteri la destinazione economica, e in modo che ciascuna delle parti rappresenti una porzione del tutto (es.: il denaro; un edificio diviso per piani, un fondo). Sono **indivisibili** tutti gli altri.

Differenze con figure affini: il concetto di bene si differenzia da quello di *cosa*, che può definirsi come una parte separata della materia circostante. Esistono, infatti, cose che non sono beni (es.: aria, spazio, mare) in quanto insuscettibili di formare oggetto di diritti e beni che non sono cose come i beni immateriali o incorporali (es.: opere dell'ingegno).

Beni patrimoniali: (→) *demanio.*

Bilancio: Rif. normativi: artt. 2423-2435-*bis* c.c., D.Lgs. 127/91, L. 52/96.

Nozione: gli imprenditori commerciali (sia società sia imprenditori individuali) sono tenuti a redigere annualmente il bilancio, composto dallo **stato patrimoniale** (con l'indicazione delle attività e passività dell'impresa), dal **conto economico** (con l'indicazione analitica dei costi e ricavi dell'anno) e dalla **nota integrativa**. Dal bilancio deve risultare, con evidenza e verità, qual è stato il risultato finale dell'esercizio.

Disciplina: il bilancio è predisposto dagli amministratori, che devono comunicarlo al (→) *collegio sindacale* almeno 30 giorni prima dell'assemblea. Le società quotate in borsa hanno l'obbligo di sottoporre il bilancio al controllo di una società di revisione, la quale, se il bilancio è conforme alle norme di legge, ne rilascia certificazione. Il bilancio viene approvato dall'assemblea ordinaria. Se dal bilancio risultano degli utili, l'assemblea deve decidere se e in quale misura distribuirli ai soci (dividendi). Se dal bilancio, invece, risultano perdite, queste vanno coperte utilizzando le (→) *riserve* accantonate (facoltative, statutarie e legali). Se queste non sono sufficienti occorre diminuire il capitale sociale (con delibera dell'assemblea straordinaria), oppure, se con questa operazione il capitale diminuisse al di sotto del minimo di legge, ricapitalizzare la società o metterla in liquidazione.

Bollettino Ufficiale delle Società Cooperative: (→) *B.U.S.C.*

Bollettino Ufficiale delle Società per Azioni e a Responsabilità Limitata: (→) *B.U.S.A.R.L.*

Borsa: Rif. normativi: L. 216/74, L. 1/91, D.Lgs. 415/96.

Nozione: mercato organizzato per la negoziazione degli strumenti finanziari.

Disciplina: la Borsa svolge le seguenti fondamentali funzioni:

- *finanziamento*, consentendo alle imprese, allo Stato e ad altri organismi di raccogliere mezzi finanziari con l'offerta di strumenti finanziari quotati ufficialmente;
- *investimento*, permettendo ai risparmiatori di scegliere, per l'impiego dei propri capitali, fra un'ampia e selezionata gamma di titoli;
- *liquidità*, garantendo regolari contrattazioni dei titoli quotati ufficialmente, assicurandone un rapido e agevole smobilizzo.

B.O.T. [Buoni Ordinari del Tesoro]: Nozione: titoli di Stato a breve termine (tre, sei o dodici mesi) per mezzo dei quali lo Stato assume un debito verso i sottoscrittori.

Disciplina: vengono emessi dalla Banca d'Italia in taglio minimo di 1000 euro con decreto del Ministro del Tesoro, mentre l'assegnazione degli stessi spetta agli istituti bancari, assicurativi, alle società finanziarie e agli altri operatori che ne fanno richiesta.

Brevetto: Rif. normativi: artt. 2584-2594 c.c., R.D. 1127/39, D.P.R. 338/79, L. 302/93, D.Lgs. 196/96.

Nozione: documento con cui un'autorità a ciò preposta riconosce all'inventore la facoltà di sfruttare in modo esclusivo, su tutto il territorio dello Stato e per un determinato periodo di tempo, l'(→) *invenzione industriale* da lui realizzata.

Disciplina: il brevetto dell'invenzione attribuisce all'autore e ai suoi aventi causa il diritto esclusivo al suo sfruttamento economico e alla sua commercializzazione. Tale diritto dura 20 anni dalla data di deposito della domanda di brevetto.

La concessione del brevetto è subordinata ai seguenti requisiti di validità dell'invenzione:

- **novità**: l'invenzione non deve essere compresa nel patrimonio tecnologico preesistente;
- **originalità**: l'invenzione deve essere il frutto di un'attività inventiva, cioè non essere ricavabile dagli elementi che costituiscono lo stato della tecnica, neanche attraverso una ricostruzione di elementi frammentari;
- **industrialità**: l'invenzione deve essere suscettibile di utilizzo pratico da parte di qualsiasi tipo d'industria, anche agricola;
- **liceità**: non si possono brevettare le invenzioni la cui attuazione sarebbe contraria all'ordine pubblico o al buon costume, né i metodi per il trattamento chirurgico, terapeutico e diagnostico del corpo umano o animale i quali devono rimanere accessibili a tutti.

Il diritto d'esclusiva può essere liberamente trasferito mediante la cd. cessione del brevetto. Sul brevetto il titolare può inoltre concedere licenze, autorizzando terzi a utilizzare l'invenzione contro il pagamento di un canone (*royalty*).

Nell'interesse dell'economia nazionale la legge pone a carico del titolare del brevetto l'onere di attuare l'invenzione nel territorio dello Stato. La mancata attuazione entro tre anni dalla concessione del brevetto consente a chiunque di ottenere una **licenza obbligatoria** sul brevetto, che consente di utilizzare l'invenzione pagando una *royalty* al titolare.

Differenze con figure affini: accanto al brevetto per invenzione, è previsto un brevetto per (→) *marchi*, (→) *modelli di utilità* e (→) *disegni ornamentali*. In questi ultimi due casi il brevetto è concesso, previo riconoscimento della novità, per un periodo rispettivamente di 10 e 15 anni.

Broker: Nozione: persona che opera come intermediario in un affare relativo a più contraenti, siano essi delle persone fisiche o giuridiche.

Disciplina: il termine può indicare diverse figure professionali come il mediatore immobiliare o assicurativo, anche se viene utilizzato soprattutto per designare gli (→) *agenti di cambio*.

B.T.P. [Buoni Poliennali del Tesoro]: Nozione: titoli di credito, all'ordine o al portatore, emessi dallo Stato, che si obbliga alla restituzione, alla scadenza prefissata, della somma in essi indicata, oltre alla corresponsione semestrale di interessi.

I più diffusi hanno scadenza novennale. Sono quotati in Borsa e facilmente negoziabili attraverso intermediari finanziari.

Buon costume: Rif. normativi: artt. 19 e 21 Cost., artt. 1343, 1345, 1354, 1446, 2035 c.c.

Nozione: complesso dei principi di etica sociale e della morale comune. È una nozione variabile a seconda delle circostanze di tempo e di luogo, e non può essere circoscritta alla sola sfera della morale sessuale.

Disciplina: il buon costume rileva ai fini della (→) *immoralità* del negozio giuridico: se la causa è contraria al buon costume bisogna distinguere tra:

- *immoralità unilaterale* (propria di un solo contraente): consente la ripetizione dell'indebito, cioè di agire per ottenere la restituzione di quanto indebitamente pagato;
- *immoralità bilaterale* (comune a entrambi i contraenti): non consente la ripetizione di quanto versato in esecuzione del contratto.

Differenze con figure affini: (→) *ordine pubblico,* (→) *norme imperative.*

Buon padre di famiglia: Rif. normativi: art. 1176 c.c.

Nozione: il modello del buon padre di famiglia indica l'uomo medio, ed è criterio di misurazione della (→) *diligenza* che il debitore deve usare nel soddisfare l'interesse del creditore.

Disciplina: nell'adempimento di obbligazioni inerenti all'esercizio di un'attività professionale, la diligenza deve valutarsi con riguardo alla natura dell'attività esercitata, richiedendosi in tal caso una diligenza specifica.

Buona fede: Rif. normativi: artt. 1366 e 1147 c.c.

Nozione: situazione psicologica rilevante per il diritto in quanto produttiva di conseguenze giuridiche. Essa può essere intesa in un duplice senso: **soggettivo**, quale ignoranza incolpevole di ledere una situazione giuridica altrui; **oggettivo**, quale generale dovere di correttezza e di reciproca lealtà di condotta nei rapporti tra soggetti.

Disciplina: un'importante conseguenza della buona fede si ha in materia di possesso: in base all'art. 1153 c.c., colui al quale sono alienati beni mobili da parte di chi non è proprietario ne acquista la proprietà mediante il possesso, purché sia in buona fede al momento della consegna e sussista un titolo idoneo al trasferimento della proprietà. Ulteriore importante funzione della buona fede è quella di elemento concorrente a determinare l'(→) *usucapione* abbreviata. Infine, la buona fede rileva in tema di restituzione dei frutti della cosa posseduta senza titolo: il possessore di buona fede deve restituire soltanto i frutti percepiti dal momento della domanda, mentre il possessore di mala fede deve restituire tutti i frutti percepiti e percipiendi fin dal momento in cui ha cominciato a possedere.

Differenze con figure affini: la buona fede è un criterio di valutazione del comportamento di entrambe le parti. La (→) *diligenza* rileva, invece, soltanto con riguardo al debitore, ossia alla prestazione dovuta e alla sua natura.

B.U.S.A.R.L. [Bollettino Ufficiale delle Società per Azioni e a Responsabilità Limitata]: Rif. normativi: artt. 2457-*bis*, 2457-*ter* c.c., art. 29 L. 266/97.

Nozione: è il bollettino attraverso cui veniva attuata la pubblicità legale degli atti più rilevanti delle società di capitali: atto costitutivo, statuto societario e deliberazioni che importavano una modificazione dell'atto costitutivo.

L'obbligo di pubblicazione di tali atti è stato abrogato a far data dal 1° ottobre 1997: l'iscrizione o il deposito degli atti nel (→) *registro delle imprese* assolve alle medesime funzioni prima esplicate dal B.U.S.A.R.L.

B.U.S.C. [Bollettino Ufficiale delle Società Cooperative]: Rif. normativi: D.M. 23-4-1977, art. 29 L. 266/97.

Nozione: bollettino nel quale avveniva la pubblicazione degli atti delle società cooperative e dei consorzi da esse costituiti.

Con la completa operatività del (→) *registro delle imprese* la pubblicazione degli atti nel B.U.S.C. è divenuta un'operazione del tutto superflua; per questo motivo è stata disposta la soppressione di tale bollettino a partire dal 1° ottobre 1997, attribuendosi la medesima efficacia al deposito nel registro delle imprese.

C

Cambiale: Rif. normativi: R.D. 1669/33.

Nozione: (→) *titolo di credito* all'ordine, astratto, avente efficacia di titolo esecutivo, in cui il sottoscrittore della dichiarazione di debito (*emittente*) assume l'obbligo di pagare ovvero di far pagare incondizionatamente una somma determinata nel luogo e alla scadenza indicati nel titolo. Se l'emittente assume l'obbligo di pagare personalmente al portatore legittimo il debito cartolare si ha la **cambiale propria** (pagherò cambiario o vaglia cambiario). Se invece l'autore del titolo (*traente*) rivolge l'ordine di pagare a un altro soggetto (*trattario*) si ha la **cambiale tratta**. Il soggetto al quale dev'essere pagata la somma indicata nel titolo è detto primo prenditore (*beneficiario*) della cambiale.

Disciplina: clausole indispensabili per la validità della cambiale sono:

1. la denominazione di cambiale;
2. l'ordine incondizionato (nella cambiale tratta) o la promessa incondizionata (nel pagherò) di pagare una somma determinata;
3. il nome del creditore, primo prenditore o beneficiario;
4. la data in cui la cambiale è emessa;
5. nella cambiale tratta, il nome del trattario, cioè della persona destinataria dell'ordine di pagamento;
6. la sottoscrizione del traente o dell'emittente.

La cambiale nasce con la dichiarazione cambiaria del traente o dell'emittente, ma spesso, dopo l'emissione del titolo e prima della scadenza, sulla cambiale sono aggiunte altre dichiarazioni, da ognuna delle quali nasce un obbligo cambiario del sottoscrittore verso il creditore cambiario. Gli obbligati cambiari si distinguono in **obbligati diretti** (emittente, accettante) e in **obbligati di regresso** (traente, giranti). Se alla scadenza l'obbligato principale rifiuta il pagamento della somma indicata, l'ultimo giratario (l'attuale portatore legittimo del titolo) può rivolgersi per il pagamento a uno qualunque tra gli altri obbligati cambiari. Le varie obbligazioni, che derivano dalle dichiarazioni cambiarie, godono del *principio d'indipendenza*, nel senso che l'invalidità di una delle obbligazioni non influisce sulla validità delle altre.

Differenze con figure affini: (→) *assegno.*

Capacità: Rif. normativi: artt. 1-2 c.c.

Nozione: la **capacità giuridica** è l'idoneità a divenire titolari di diritti e di doveri. Essa si acquista con la nascita e nessuno può esserne privato per motivi politici. La **capacità di agire** è l'idoneità a compiere validamente atti giuridici, che consente al soggetto di acquisire ed esercitare diritti o di assumere e adempiere obblighi. La capacità di agire si acquista con il raggiungimento della maggiore età.

Disciplina: l'**incapacità di agire** può essere **assoluta** (per minore età, interdizione legale o giudiziale, incapacità naturale) oppure **relativa** (per emancipazione o inabilitazione). Gli atti posti in essere da un incapace sono annullabili. In caso d'incapacità assoluta gli atti di ordinaria amministrazione devono essere posti in essere da un **rappresentante legale** (genitori o tutore), mentre gli atti di straordinaria amministrazione devono essere anche autorizzati dal Giudice Tutelare. L'incapace relativo, invece, può compiere da sé gli atti di ordinaria amministrazione, mentre per quelli eccedenti l'ordinaria amministrazione necessita dell'assistenza di un (→) *curatore*, che non si sostituisce all'incapace, come accade nell'incapacità assoluta, ma si limita a integrare le dichiarazioni di volontà dell'incapace. Ciò accade anche per l'emancipato (→ *emancipazione*).

Capacità di intendere e volere: Rif. normativi: artt. 2, 428, 2046 c.c.

Nozione: la capacità di intendere e di volere rileva in tema di:

- atti illeciti, esonerando il soggetto incapace dalla responsabilità;
- atti giuridici, che possono essere annullati se ne risulta un grave pregiudizio per l'autore;
- contratti, i quali sono annullabili quando, per il pregiudizio che sia derivato o possa derivare alla persona incapace o per la qualità del contratto, risulta la malafede dell'altro contraente.

Disciplina: nel caso in cui il danneggiato non abbia potuto ottenere il risarcimento da chi è tenuto alla sorveglianza, il giudice, in considerazione delle condizioni economiche delle parti, può condannare l'autore del danno a un'equa indennità.

Caparra: **Rif. normativi:** artt. 1373, 1386 c.c.

Nozione: esistono due tipi di caparra: la caparra penitenziale e la caparra confirmatoria. Entrambe sono somme di denaro consegnate al momento della conclusione del contratto. Si distinguono per la diversità di funzione: la **caparra confirmatoria** ha la funzione di confermare la serietà del vincolo, mentre la **caparra penitenziale** è una sorta di corrispettivo del diritto di recesso unilaterale.

Disciplina: in caso di **caparra penitenziale,** la parte che recede perde la caparra data o deve restituire il doppio di quella che ha ricevuto. Il contratto è sciolto per effetto della dichiarazione unilaterale recettizia del recedente e non è configurabile un inadempimento. Nel caso in cui sia stata data, invece, una **caparra confirmatoria**, se la parte che ha consegnato la somma si rende inadempiente, l'altra parte può:

- recedere dal contratto e trattenere la caparra;
- insistere per l'esecuzione;
- chiedere la risoluzione.

Se invece è la parte che ha ricevuto la somma a essere inadempiente, l'altra può:

- recedere dal contratto e pretendere il doppio di quanto dato come caparra;
- insistere per l'esecuzione;
- chiedere la risoluzione.

Figure affini: (→) *clausola penale.*

Capitale sociale: **Rif. normativi:** artt. 2253, 2295 n. 6, 2303, 2306 c.c.

Nozione: valore in denaro dei conferimenti effettuati dai soci, risultante dalle valutazioni compiute nell'atto costitutivo.

Disciplina: il capitale sociale ha una funzione di garanzia per i creditori sociali, soprattutto nelle società di capitali che rispondono delle obbligazioni assunte esclusivamente con il loro patrimonio.

Nelle società di capitali le variazioni del capitale si attuano mediante modificazioni dell'atto costitutivo, deliberate dall'assemblea straordinaria, omologate dal Tribunale e iscritte nel *registro delle* (→) *imprese.* I soci hanno diritto di (→) *opzione* sulle nuove azioni emesse, in proporzione al numero delle azioni possedute.

Differenze con figure affini: il capitale va distinto concettualmente dal (→) *patrimonio sociale.* Essi coincidono soltanto nella fase iniziale dell'attività. Durante la vita della società, invece, capitale e patrimonio sociale assumono valori differenti: il capitale è una posta contabile fissa del bilancio sociale e resta immutato fino al momento in cui, con una modifica dell'atto costitutivo, non se ne disponga una variazione. Il patrimonio sociale, al contrario, pur coincidendo inizialmente con il capitale (essendo anch'esso costituito dai conferimenti dei soci), è soggetto a continue fluttuazioni sia sotto il profilo qualitativo sia sotto quello quantitativo in relazione alle diverse vicende dell'attività imprenditoriale.

Caso fortuito: **Rif. normativi:** artt. 1218, 1256, 2043 c.c.

Nozione: causa d'esclusione della colpevolezza, con conseguente esonero da (→) *responsabilità*, sia in relazione alla cd. *responsabilità contrattuale* sia alla cd. *responsabilità extracontrattuale.*

Causa: **Rif. normativi:** artt. 1343-1346, 1418 c.c.

Nozione: la causa è la funzione economico-sociale del contratto.

Disciplina: la causa è un elemento essenziale del contratto: la sua *mancanza* originaria produce la nullità del negozio, mentre il suo venire meno in un momento successivo (per inadempimento, impossibilità sopravvenuta o eccessiva onerosità sopravvenuta) comporta la risoluzione del contratto. L'*illiceità* della causa (per contrarietà a norme imperative, all'ordine pubblico o al buon costume) produce la nullità del negozio.

Differenze con figure affini: il (→) *motivo* è lo scopo pratico, individuale, perseguito da un soggetto nel porre in essere un negozio giuridico. Di norma i motivi individuali restano estranei al contenuto del negozio e sono giuridicamente irrilevanti.

Causalità (nesso di): **Rif. normativi:** art. 27 Cost., art. 40 c.p.

Nozione: l'azione è causa dell'evento quando esso ne è conseguenza secondo la miglior scienza ed esperienza del momento storico.

Disciplina: l'esistenza del nesso di causalità è condizione imprescindibile per l'attribuibilità del fatto dannoso al soggetto.

C.C.T. [Certificati di Credito del Tesoro]:

Nozione: titoli di credito a medio e lungo termine emessi dallo Stato.

Disciplina: il rendimento dei C.C.T. è a tasso variabile, con indicizzazione determinata dal rendimento dei (→) *B.O.T.*; più precisamente il rendimento è calcolato sulla base della redditività maturata dai B.O.T. semestrali venduti all'ultima asta precedente la maturazione degli interessi, più un ulteriore beneficio (cd. *spread*) che varia dallo 0,3 all'1% a seconda della durata del titolo.

I C.C.T. vengono emessi con cadenza mensile e posti sul mercato mediante un'asta, indetta con decreto ministeriale, a cui partecipano soltanto i soggetti abilitati all'acquisto.

Cessione del contratto: Rif. normativi: artt. 1406-1410 c.c.

Nozione: con la cessione del contratto una parte (*cedente*) di un contratto originario stipula con un terzo (*cessionario*) un contratto di cessione, con il quale cedente e cessionario si accordano per trasferire a quest'ultimo tutti i rapporti, attivi e passivi, derivanti dal contratto ceduto. Per l'efficacia della cessione è indispensabile il consenso del ceduto, manifestato con un separato atto unilaterale.

Disciplina: la cessione è un negozio con cui si realizza la successione, *inter vivos* e a titolo particolare, di un terzo nella posizione contrattuale di uno dei contraenti originari.

La cessione del contratto può avvenire soltanto in materia di contratti con prestazioni corrispettive, fino a quando le relative prestazioni non siano state ancora eseguite. Il cedente è tenuto a garantire il *nomen verum*, ossia l'esistenza di un contratto valido.

Differenze con figure affini: mentre nella cessione del contratto nessuna delle prestazioni deve essere stata adempiuta, nella (→) *cessione del credito* una prestazione è già stata adempiuta. Inoltre, mentre nella cessione del contratto il cedente deve garantire la validità del contratto, nella cessione del credito il cedente deve garantire l'esistenza del credito.

Cessione del credito: Rif. normativi: artt. 1260-1267 c.c.

Nozione: contratto con il quale il creditore (*cedente*) pattuisce con un terzo (*cessionario*) il trasferimento in capo a quest'ultimo del suo diritto verso il debitore (*ceduto*).

Disciplina: affinché la cessione abbia efficacia nei confronti del debitore ceduto, occorre che essa gli venga notificata o questa sia da lui accettata. Il debitore ceduto può opporre al cessionario le stesse eccezioni che poteva opporre al cedente. Per quanto concerne i rapporti tra cedente e cessionario, se la cessione è a titolo oneroso, il cedente è tenuto a garantire l'esistenza del credito, ma non risponde affatto se il debitore risulta insolvente (*cessio pro soluto*). Quando la cessione è stata effettuata per estinguere un debito del cedente verso il cessionario, si presume che la cessione avvenga *pro solvendo*, ossia che la liberazione del cedente si verifichi soltanto quando il cessionario abbia ottenuto il pagamento dal debitore ceduto.

Differenze con figure affini: cessione del credito, (→) *delegazione attiva* e (→) *surrogazione di pagamento* sono tutte ipotesi di successione a titolo particolare nel credito.

Cessione dell'azienda: (→) *azienda.*

Cittadinanza: Rif. normativi: art. 22 Cost., L. 91/92.

Nozione: la cittadinanza è la situazione di appartenenza di un individuo a un determinato Stato.

Disciplina: la cittadinanza italiana si acquista:

- *iure sanguinis*: è cittadino per nascita il figlio di padre o di madre cittadini, risultando irrilevante il luogo di nascita;
- *iure soli*: è cittadino chi è nato nel territorio della Repubblica se entrambi i genitori sono ignoti o apolidi. Inoltre lo straniero nato in Italia può ottenere la cittadinanza se vi risiede da almeno tre anni;
- *iuris communicatio*: può acquisire la cittadinanza italiana il coniuge straniero di cittadino italiano, purché ne faccia richiesta e risieda da almeno sei mesi in Italia o sia unito in matrimonio al cittadino italiano da almeno tre anni;

- per *naturalizzazione*: la cittadinanza italiana può essere concessa allo straniero del quale un genitore o un nonno è cittadino italiano, purché risieda in Italia da almeno tre anni ovvero presti il servizio militare per l'Italia o assuma pubblico impiego alle dipendenze dello Stato. La cittadinanza viene concessa altresì a qualsiasi straniero che risieda nel territorio della Repubblica da almeno dieci anni.

Differenze con figure affini: la cittadinanza è un concetto riferibile alle persone fisiche. In relazione alle persone giuridiche, per designare l'appartenenza a uno Stato, si usa il termine **nazionalità**. La nazionalità di una persona giuridica è determinata dallo Stato che ha proceduto per primo al riconoscimento della stessa.

Clausola penale: **Rif. normativi:** artt. 1382-1384 c.c.

Nozione: clausola con la quale le parti stabiliscono *ex ante* la somma che dovrà essere corrisposta in caso di inadempimento.

Disciplina: al verificarsi dell'inadempimento, il creditore non deve dimostrare né l'esistenza del danno né il suo ammontare. Se nel pattuire la penale le parti non hanno espressamente previsto la risarcibilità dell'eventuale danno ulteriore, il creditore non può pretendere più di quanto stabilito dalla penale, nemmeno se il danno da lui effettivamente subito risulti, in realtà, maggiore. Le parti sono però libere di prevedere espressamente che il creditore conservi il diritto di pretendere, oltre alla penale, anche il risarcimento dell'eventuale maggior danno, dando la prova che il danno effettivamente subito non risulta coperto da quanto stabilito a titolo di penale.

Figure affini: (→) *caparra.*

Clausole vessatorie: **Rif. normativi:** artt. 1469-*bis* – 1469-*sexies* c.c., L. 52/96.

Nozione: si considerano vessatorie le clausole che determinano a carico del consumatore un significativo squilibrio dei diritti e degli obblighi derivanti dal contratto.

Disciplina: la normativa introdotta dalla L. 52/96 è applicabile soltanto ai contratti conclusi tra il consumatore e il professionista, intendendosi per consumatore "la persona fisica che agisce per scopi estranei all'attività imprenditoriale o professionale eventualmente svolta" e per professionista "la persona fisica o giuridica, pubblica o privata, che nell'ambito della sua attività imprenditoriale o professionale utilizza il contratto". La legge individua un dettagliato elenco (1469-*quinquies* c.c.) di clausole che sono sempre considerate vessatorie, senza possibilità di prova contraria. Poi elenca una serie di clausole che si presumono vessatorie (1469-*bis* c.c.), ma per le quali il professionista è ammesso a provare che esse non sono state imposte unilateralmente, avendo formato oggetto di trattativa individuale. La legge introduce altresì una norma di chiusura, in virtù della quale si considerano vessatorie le clausole che, nonostante la buona fede, determinano a carico del consumatore un significativo squilibrio dei diritti e degli obblighi derivanti dal contratto. Le clausole considerate vessatorie sono inefficaci, ma il contratto rimane efficace per il resto. A maggior tutela del consumatore, si stabilisce che l'inefficacia opera soltanto a vantaggio di quest'ultimo e può essere rilevata d'ufficio dal giudice.

Differenze con figure affini: (→) *condizioni generali di contratto.*

Codice: **Nozione:** raccolta di norme o di leggi, organizzata in maniera sistematica, al fine di disciplinare organicamente una determinata materia.

Collazione: **Rif. normativi:** artt. 737-751 c.c.

Nozione: istituto di diritto successorio in virtù del quale i beni donati dal (→) *de cuius* ai figli e al coniuge devono essere compresi nella massa attiva del patrimonio ereditario, per essere divisi tra i coeredi in proporzione delle quote spettanti.

Disciplina: la funzione della collazione consiste nel mantenere tra discendenti e coniuge del *de cuius* la proporzione stabilita nel testamento o dalla legge. La legge presume, infatti, che il defunto, facendo la donazione al figlio o al coniuge, non abbia voluto alterare il trattamento che lui stesso ha stabilito nel testamento o è disposto per legge, ma soltanto attribuire loro un anticipo sulla futura successione. La disciplina legislativa ha carattere dispositivo: alla collazione perciò non si fa luogo quando il donante o il testatore abbia altrimenti disposto (cd. *dispensa dalla collazione*).

Differenze con figure affini: mentre la collazione ha come presupposto che non sia stata lesa la (→) *legittima*, la (→) *riduzione* ha lo scopo di rimediare a una lesione di essa. La collazione si distingue dalla *riunione* (→) *fittizia* perché la collazione ha per oggetto soltanto le donazioni fatte ai figli o al coniuge, mentre la riunione fittizia ha per oggetto tutte le donazioni, a chiunque fatte.

Collegio sindacale: Rif. normativi: artt. 2397-2409 c.c., D.Lgs. 88/92.

Nozione: organo di controllo sulla gestione della società.

Disciplina: si compone di tre o cinque membri, nominati per la prima volta nell'atto costitutivo e successivamente dall'assemblea. I sindaci sono responsabili solidalmente con gli amministratori per i fatti o le omissioni degli amministratori stessi, quando il danno non si sarebbe prodotto, se essi avessero esercitato la dovuta vigilanza. I soci possono sollecitare l'attività di controllo dei sindaci con denunce a essi dirette e, nel caso di sospetto di gravi irregolarità nell'adempimento dei doveri degli amministratori e dei sindaci, possono denunciare i fatti al Tribunale, il quale emette gli opportuni provvedimenti cautelari.

Colpa: Nozione: la colpa è, insieme al (→) *dolo*, l'elemento soggettivo che integra la fattispecie dell'atto illecito.

Essa deriva dalla violazione dei doveri di diligenza, perizia o prudenza ovvero dall'inosservanza di leggi, regolamenti, ordini o discipline nell'esercizio di una attività. La colpa si sostanzia nella non volontarietà dell'evento, che è cagionato da un comportamento negligente, imprudente o imperito.

Disciplina: in relazione al grado di diligenza richiesto si distingue tra:

- colpa lievissima, che si ha quando, per legge o per accordo, si pretenda una diligenza superiore alla media;
- colpa lieve, determinata dalla violazione della diligenza media (1176 c.c.);
- colpa grave, che deriva dalla inosservanza di quel minimo di diligenza che tutti dovrebbero avere.

Il danno cagionato da un comportamento colposo è fonte di (→) *responsabilità*.

Commissione (contratto di): Rif. normativi: artt. 1731-1736 c.c.

Nozione: (→) *mandato* senza rappresentanza che ha per oggetto l'acquisto o la vendita di beni per conto del committente da parte di un commissionario che agisce in proprio.

Disciplina: la commissione è sempre onerosa e il compenso prende il nome di (→) *provvigione.*

Il commissionario può essere tenuto, in virtù di patto o di uso, al cd. "star del credere", e cioè a garantire il buon fine dell'affare concluso: risponderà con il proprio patrimonio qualora il contraente da lui contattato risulti inadempiente e, pertanto, assumerà la qualità di fideiussore avendo diritto, altresì, a una maggiore provvigione.

Commissorio: (→) *patto commissorio.*

Comodato: Rif. normativi: artt. 1803-1812 c.c.

Nozione: il comodato è il contratto con il quale una parte (comodante) consegna all'altra (comodatario) una cosa mobile o immobile inconsumabile e infungibile, affinché se ne serva per un uso e per un tempo determinato, con l'obbligo di restituire la stessa cosa ricevuta.

Disciplina: il comodato è un *contratto reale* (si perfeziona con la materiale consegna del bene), a *effetti obbligatori*, *gratuito*, *unilaterale* (in quanto l'unica prestazione che nasce dal contratto è quella di restituire la cosa). Il comodatario deve servirsi della cosa secondo l'uso pattuito, custodirla con diligenza, non concederla a sua volta in comodato ad altri e restituire il bene alla scadenza del termine. Un tipo particolare di comodato è il **precario**, nel quale non viene determinata la durata del contratto e nel quale il comodatario è tenuto a restituire la cosa non appena il comodante la richiede.

Differenze con figure affini: con il comodato ciò che si trasferisce è soltanto la (→) *detenzione* della cosa, mentre nel (→) *mutuo* il mutuatario diventa proprietario della cosa e deve restituire non quella stessa cosa, ma una cosa dello stesso genere. Da ciò consegue che mentre il comodato ha a oggetto soltanto le cose inconsumabili, il mutuo ha per oggetto denaro e altre cose fungibili. La differenza tra il (→) *deposito* e il comodato consiste nel fatto che il depositario non può servirsi della cosa mentre il comodatario sì. Il comodato è un contratto essenzialmente **gratuito**: se per l'uso della cosa fosse stabilito un corrispettivo, si ricadrebbe sotto lo schema del contratto di (→) *locazione*.

Compensazione: Rif. normativi: artt. 1241-1252 c.c.

Nozione: è un modo di estinzione delle obbligazioni diverso dall'adempimento: consiste, in particolare, nell'estinzione, fino alla concorrenza dello stesso valore, di reciproche pretese creditorie.

La legge prevede tre tipi di compensazione:

- **compensazione legale**: opera in presenza di debiti omogenei (che hanno per oggetto somme di denaro o altre quantità di cose fungibili dello stesso genere), liquidi (di ammontare determinato in qualità e quantità) ed esigibili (non sottoposti né a termine iniziale, né a condizione sospensiva). Perché la compensazione legale operi, è necessario che la parte la eccepisca in giudizio: il giudice, infatti, non può rilevarla d'ufficio. I debiti si distinguono non dal giorno della sentenza e per effetto di questa, ma dal momento della loro coesistenza, automaticamente, per effetto della legge;
- **compensazione giudiziale**: opera quando uno dei debiti reciproci, non liquido, è di pronta e facile liquidazione. La compensazione è dichiarata in tal caso dal giudice con sentenza (efficace *ex nunc*) per la parte del debito che egli riconosce sicuramente esistente; il giudice può altresì sospendere la condanna per il credito liquido, fino all'accertamento di quello opposto in compensazione;
- **compensazione volontaria**: opera in virtù di un accordo tra le parti, in mancanza delle condizioni richieste dalla legge per la compensazione legale o giudiziale (es.: in relazione a debiti non omogenei).

Alcuni crediti per la loro causa esigono che la prestazione sia in ogni caso eseguita, non potendo pertanto formare oggetto di compensazione: il più importante tra essi è il credito degli alimenti. La compensazione non è inoltre ammessa tra un'obbligazione civile e un'obbligazione naturale.

Comportamento concludente: Nozione: manifestazione tacita della volontà negoziale, che consiste in un comportamento che dà materialmente attuazione a un assetto negoziale, presupponendo e realizzando la volontà negoziale.

Disciplina: il comportamento concludente deve essere univoco; talvolta è la stessa legge che a determinati comportamenti collega specifici effetti, senza necessità o possibilità di provare una volontà diversa.

Differenze con figure affini: il silenzio può avere valore di manifestazione tacita di volontà soltanto se la parte aveva l'onere, per legge o per contratto, di formulare una dichiarazione; oppure se, in base alle regole della correttezza e della buona fede, il silenzio ha valore di consenso (es.: art. 1712 c.c.).

Compravendita: Rif. normativi: artt. 1470-1547 c.c.

Nozione: contratto avente per oggetto il trasferimento della (→) *proprietà* di una cosa o il trasferimento di un altro diritto verso il corrispettivo di un prezzo.

Disciplina: si tratta di un (→) *contratto consensuale* (per il suo perfezionamento è sufficiente il semplice consenso delle parti), *traslativo* (attua il passaggio della proprietà della cosa o della titolarità del diritto da un soggetto all'altro), *a titolo oneroso* (entrambe le parti ricevono un vantaggio economico in cambio della loro prestazione), *sinallagmatico* (a prestazioni corrispettive), *commutativo* (i vantaggi e gli svantaggi derivanti dall'atto sono valutabili fin dal momento della stipulazione). La compravendita ha normalmente *effetti reali* immediati (la proprietà si trasmette automaticamente per effetto del consenso delle parti), ma vi sono alcuni casi in cui la vendita ha inizialmente soltanto efficacia obbligatoria: la proprietà non passa immediatamente, ma sorge dal contratto a carico del venditore l'obbligo di procurarne l'acquisto al compratore, che diventa titolare soltanto di un diritto di credito.

Rientrano nella *vendita obbligatoria* i seguenti tipi di compravendita:

- **vendita alternativa**, in cui il trasferimento della proprietà si verifica soltanto quando è stata effettuata la scelta tra le cose dedotte in obbligazione (1285 c.c.);

- **vendita di cosa futura**, in cui occorre, ai fini del trasferimento della proprietà, che la cosa sia venuta a esistenza (1472 c.c.);
- **vendita di cose generiche**, in cui è necessaria l'individuazione degli specifici esemplari che si intendono trasferire (1378 c.c.);
- **vendita di cosa altrui**, che produce a carico del venditore l'obbligo di acquistare la cosa dal proprietario per trasmetterla al compratore. Costui ne acquista automaticamente la proprietà, senza bisogno di ulteriori dichiarazioni di volontà, nel momento stesso dell'acquisto della cosa da parte del venditore (1478 c.c.);
- **vendita con riserva di proprietà**, nella quale le parti stabiliscono che il prezzo debba essere pagato frazionatamente entro un certo tempo e, per converso, che la proprietà passi al compratore soltanto quando sarà pagata l'ultima rata. L'effetto reale della vendita è perciò sottoposto alla condizione sospensiva del pagamento integrale, mentre gli altri effetti della vendita (consegna della cosa, uso e godimento da parte del compratore) si verificano immediatamente in conseguenza della conclusione del contratto.

I principali obblighi del venditore sono:

1. consegnare la cosa al compratore;
2. fargli acquistare la proprietà della cosa o il diritto, se ciò non è conseguenza immediata del contratto;
3. garantire il compratore dall'(→) *evizione* e dai (→) *vizi* della cosa.

L'obbligazione principale del compratore è quella di pagare il prezzo nel luogo e per il tempo convenuto.

Compromesso: (→) *preliminare (contratto).*

Comunione: **Rif. normativi:** artt. 1100-1116 c.c.

Nozione: si ha comunione quando il diritto di (→) *proprietà* o un altro (→) *diritto reale* su uno stesso bene appartiene a più persone (cd. *comunisti*), le quali sono tutte contitolari del diritto stesso.

Disciplina: nella comunione il diritto di ciascuno dei partecipanti investe l'intera cosa e la *quota* rappresenta la misura del diritto di ciascuno su di essa: il diritto di ciascuno, pur investendo la cosa nella sua totalità, incontra un limite nel diritto degli altri. I singoli comunisti hanno il diritto:

1. all'uso della cosa comune;
2. al godimento della stessa;
3. alla disposizione della quota;
4. a chiedere la divisione della cosa comune (salvo patto contrario o divieto legislativo).

Ciascuno deve contribuire alle spese necessarie, in proporzione della propria quota (obbligazione reale).

L'amministrazione della comunione è affidata all'insieme dei comunisti, applicandosi per le decisioni il *principio maggioritario*. Si applica, invece, il *principio dell'unanimità dei consensi* per gli atti d'alienazione e costituzione di diritti reali sul fondo comune.

Differenze con figure affini: una delle figure più complesse di comunione, è quella del (→) *condominio* negli edifici, che si verifica quando gli appartamenti, di cui l'edificio consta, non appartengono alla stessa persona, ma a persone diverse. Ciascuna di queste persone è proprietaria esclusiva del proprio appartamento, ma alcune parti dell'edificio appartengono in comunione ai vari condomini.

Comunione convenzionale dei coniugi:

Rif. normativi: artt. 210-211 c.c.

Nozione: convenzione matrimoniale con la quale i coniugi convengono di disciplinare diversamente il regime legale della comunione, in particolare ricomprendendo in essa i beni acquisiti prima del matrimonio, quelli ricevuti in donazione o per successione e quelli acquisiti con il prezzo del trasferimento dei beni personali. Possono inoltre decidere di ricomprendere automaticamente nella comunione i redditi di pertinenza individuale di ciascun coniuge.

Disciplina: con la convenzione i coniugi non possono derogare alle norme per l'amministrazione della comunione, né evitare l'uguaglianza delle quote relativamente ai beni che sarebbero oggetto di comunione legale.

Differenze con figure affini: il regime legale della famiglia è la (→) *comunione legale*, mentre le convenzioni matrimoniali sono: (→) *separazione dei beni*, (→) *fondo patrimoniale* e comunione convenzionale.

Comunione ereditaria: Nozione: se l'eredità è acquistata da più persone, tra i coeredi si forma una comunione sui beni che formano l'(→) *asse ereditario.*

Disciplina: alla comunione ereditaria sono applicabili tutti i principi sanciti in tema di (→) *comunione* ordinaria, concretando essa un'ipotesi di contitolarità di diritti su beni indivisi.

La comunione ereditaria cessa con la (→) *divisione,* con la quale ciascuno dei soggetti che partecipavano alla comunione ottiene la titolarità esclusiva su una parte determinata dei beni comuni, corrispondenti alla quota a lui spettante nello stato di comunione.

Differenze con figure affini: i coeredi nella comunione ereditaria, a differenza di quanto avviene per i comunisti nella comunione ordinaria, hanno un diritto di prelazione sulla quota che altro coerede voglia alienare: il cd. (→) *retratto successorio.* Esso consiste nel diritto del coerede di essere preferito nell'acquisto, qualora un altro coerede voglia alienare a titolo oneroso la propria quota o parte di essa. L'alienazione che abbia luogo in violazione del diritto di prelazione attribuisce agli altri coeredi il diritto di riscattare la quota alienata da chiunque l'abbia acquistata.

Comunione legale dei coniugi: Rif. normativi: artt. 177-209 c.c., L. 151/75.

Nozione: regime patrimoniale della famiglia che si instaura in mancanza di diverse disposizioni convenzionali.

Disciplina: essa si fonda sulla comune proprietà dei coniugi su determinati beni, quali:

- gli acquisti compiuti dai due coniugi insieme o separatamente durante il matrimonio;
- i frutti dei beni propri di ciascuno dei coniugi, percepiti e non consumati allo scioglimento della comunione legale;
- i proventi dell'attività separata di ciascuno dei coniugi se, allo scioglimento della comunione, non sono stati consumati;
- le aziende gestite da entrambi i coniugi e costituite dopo il matrimonio;
- i beni destinati all'esercizio dell'impresa di uno dei coniugi costituita dopo il matrimonio e gli incrementi dell'impresa costituita anche precedentemente, purché sussistano al momento dello scioglimento di questa.

Sono esclusi dalla comunione i beni elencati tassativamente dall'art. 179 c.c.

L'amministrazione del patrimonio in comunione spetta a entrambi i coniugi, ma gli atti d'ordinaria amministrazione possono essere compiuti anche disgiuntamente.

Differenze con figure affini: il regime legale della famiglia è la comunione legale, mentre le convenzioni matrimoniali sono: (→) *separazione dei beni*, (→) *fondo patrimoniale* e (→) *comunione convenzionale.*

Concordato fallimentare: Rif. normativi: artt. 124-141 R.D. 267/42.

Nozione: forma di chiusura del fallimento con la quale si realizza la soddisfazione paritaria dei creditori senza ricorrere alla fase della liquidazione dell'attivo.

Disciplina: nel concordato fallimentare il debitore fallito propone il completo pagamento dei crediti privilegiati e il pagamento di una percentuale dei crediti chirografari, e tale offerta, approvata dalla maggioranza dei creditori, viene omologata dal Tribunale.

La **sentenza d'omologazione** produce due effetti:

1. vincola il fallito all'adempimento degli obblighi assunti;
2. rende obbligatorio il concordato per tutti i creditori anteriori all'apertura del fallimento, compresi quelli che non abbiano presentato domanda di ammissione al passivo (anche per mancata conoscenza del fallimento).

Concordato preventivo: Rif. normativi: art. 2221 c.c., artt. 160-186 R.D. 267/42.

Nozione: accordo giudiziale tra debitore e creditori circa le modalità con cui dovranno essere estinte tutte le obbligazioni, in misura totale per i crediti privilegiati e in percentuale non inferiore al 40% per i crediti chirografari. Il concordato preventivo è un mezzo che la legge accorda al debitore per evitare gli inconvenienti della procedura fallimentare e a cui si può ricorrere soltanto prima della dichiarazione di fallimento.

Disciplina: il Tribunale deve valutare l'ammissibilità della proposta, cioè verificare, in sede istruttoria, la sussistenza delle condizioni di legge. In caso di esito positivo della verifica, ammette (con decreto) il debitore al concordato e nomina gli organi della procedura.

La proposta è poi sottoposta all'approvazione dei creditori chirografari (i privilegiati non hanno diritto di voto dovendo in ogni caso essere soddisfatti integralmente). Se la proposta non è approvata, il Tribunale deve dichiarare il fallimento. Altrimenti, si apre il giudizio di omologazione del concordato.

Concorrenza: Rif. normativi: artt. 2595-2601 c.c., L. 287/90.

Nozione: forma di mercato in cui, data la pluralità di imprenditori, nessuno di essi è in grado di determinare con le proprie decisioni il contenuto delle contrattazioni.

Disciplina: con la L. 187/90 l'Italia si è dotata di una specifica normativa antimonopolistica, introducendo altresì un'apposita "Autorità Garante della Concorrenza e del Mercato". In particolare, sono state individuate tre fattispecie che possono mettere a rischio la libera concorrenza:

- intese che abbiano per oggetto o per effetto di impedire, restringere o falsare il gioco della concorrenza all'interno del mercato nazionale (tali intese vanno considerate senz'altro nulle);
- abuso di posizione dominante, intendendosi per tale il possesso di una quota di mercato assai elevata e comunque di molto superiore a quella del concorrente più immediato;
- operazioni di concentrazione, che sono soggette a comunicazione all'Autorità Garante.

Il fatto che il legislatore tenda a tutelare la libertà di concorrenza delle imprese non significa che sia legittimo qualsiasi abuso di essa. Il divieto di porre in essere atti di **concorrenza sleale** (2598 c.c.) non è però posto a tutela dei consumatori, bensì delle imprese, le quali soltanto sono legittimate a reagire a eventuali comportamenti sleali. Compie atti di concorrenza sleale l'imprenditore che:

- usa nomi o segni distintivi idonei a produrre confusione con i nomi o segni distintivi legittimamente usati da altri;
- imita in modo servile i prodotti di un concorrente;
- denigra l'impresa o i prodotti altrui;
- si appropria, attribuendoli ai propri prodotti, di pregi di prodotti di un concorrente.

L'imprenditore pregiudicato dal comportamento sleale può chiedere al giudice:

- di inibire la continuazione degli atti di concorrenza (per ottenere il provvedimento non è necessario che sia accertato il dolo o la colpa del concorrente);
- il risarcimento del danno, purché ricorra il requisito soggettivo della colpa o del dolo del concorrente.

Condizione: Rif. normativi: artt. 1353-1361 c.c.

Nozione: avvenimento futuro e incerto, dal quale le parti fanno dipendere o la produzione degli effetti del negozio, cui la condizione è apposta (*condizione sospensiva*), o l'eliminazione degli affetti che il negozio ha già prodotto (*condizione risolutiva*).

Disciplina: (→ tabella seguente).

CONDIZIONE

Casuale

Il suo avveramento dipende dal caso o dalla volontà di terzi

Potestativa

Il suo avveramento dipende dalla volontà di una delle parti

Ordinaria

Consiste in un comportamento che, pur essendo volontario, non è meramente arbitrario compiere o non compiere

Meramente potestativa

L'acquisto del diritto o del credito dipende dalla mera volontà dell'acquirente o del creditore

Sospensiva

Fa dipendere l'alienazione di un diritto o l'assunzione di un obbligo dalla mera volontà rispettivamente dell'alienante o del debitore.

Questa clausola rende nullo il negozio (1355 c.c.)

Risolutiva

Fa dipendere dalla mera volontà dell'acquirente o del creditore l'acquisto del diritto o del credito

Differenze con figure affini: condizione, (→) *termine* e (→) *modo* sono elementi accidentali del contratto.

Condizioni generali di contratto:

Rif. normativi: artt. 1341, 1342 c.c.

Nozione: clausole uniformi e standardizzate inserite dalle imprese in formulari contrattuali che il cliente non può discutere: o aderisce o rifiuta.

Disciplina: le condizioni generali di contratto predisposte da uno dei contraenti sono efficaci soltanto se la parte che le ha predisposte ha fatto in modo di mettere l'altro contraente in grado di conoscerle, usando l'ordinaria diligenza. In ogni caso non hanno effetto, se non specificatamente approvate per iscritto, le condizioni che stabiliscono, a favore di colui che ha predisposto i formulari contrattuali, limitazioni di responsabilità, facoltà di recedere dal contratto, ovvero condizioni che sanciscono a carico dell'altro contraente decadenze, limitazioni alla facoltà di opporre eccezioni, tacita proroga o rinnovazione del contratto. In mancanza di tale specifica approvazione, queste clausole vanno considerate inficiate da nullità, rilevabile anche d'ufficio.

Differenze con figure affini: l'entrata in vigore della L. 52/96, che ha introdotto gli artt. 1469-*bis*-1469-*sexies* c.c. sulle (→) *clausole vessatorie*, non ha abrogato la normativa di cui sopra, in quanto la novella ha un campo d'applicazione non coincidente con quello degli artt. 1341 e 1342 c.c.

Condominio: Rif. normativi: artt. 1117-1139 c.c.

Nozione: particolare forma di comunione forzosa e perpetua, originata dal fatto che necessariamente, nel caso di più proprietà divise per piani, vi sono parti dell'intero edificio che devono essere in comune (così il suolo su cui l'edificio poggia, le fondazioni, le scale, i muri perimetrali, i tetti ecc.). Il singolo condomino, pertanto, oltre a essere esclusivo proprietario del suo appartamento, è necessariamente comproprietario di quelle parti dell'edificio.

Disciplina: l'uso delle parti comuni, salvo diversa previsione nel regolamento, è libero, con il solo limite del rispetto della destinazione funzionale delle cose e del pari godimento degli altri condomini. Gli organi del condominio sono l'*assemblea dei condomini*, che è l'organo deliberativo, e l'*amministratore*, che viene nominato dall'assemblea allorché i condomini sono più di quattro, ed è l'organo esecutivo. Il condominio può avere un proprio (→) *regolamento di condominio*, in cui sono fissate le norme di uso dei vari beni, le norme di funzionamento dell'assemblea e i criteri di ripartizione delle spese; tale regolamento è obbligatorio se i condomini sono più di dieci.

Differenze con figure affini: mentre nella (→) *comunione* si ha contitolarità di un generico diritto reale, nel condominio la contitolarità ha per oggetto solamente il diritto di proprietà.

Confessoria (azione): Rif. normativi: art. 1079 c.c.

Nozione: azione che spetta al titolare di un diritto di (→) *servitù* e, più in generale, al titolare di un diritto reale di godimento, per ottenere:

- il riconoscimento dell'esistenza del proprio diritto contro chi ne contesta l'esercizio;
- la cessazione di impedimenti e turbative all'esercizio stesso;
- il ripristino dello *status quo ante*;
- il risarcimento dei danni.

Differenze con figure affini: l'azione confessoria si contrappone generalmente all'azione (→) *negatoria,* esercitata dal proprietario.

Confusione: Rif. normativi: artt. 1253-1255 c.c.

Nozione: modo d'(→) *estinzione* dell'obbligazione a carattere satisfattorio che si verifica quando le qualità di creditore e debitore vengono a riunirsi in capo alla stessa persona.

Disciplina: la confusione può verificarsi in conseguenza di atti tra vivi o di atti *mortis causa* e determina, oltre all'estinzione dell'obbligazione, l'estinzione delle garanzie eventualmente prestate dai terzi.

Consorzio: Rif. normativi: artt. 2602-2620 c.c., L. 377/76, L. 240/81, L. 72/83, L. 443/85.

Nozione: contratto con cui più imprenditori istituiscono un'organizzazione comune per la disciplina o per lo svolgimento di determinate fasi delle rispettive imprese. Tra le fattispecie di consorzio si distinguono:

- **consorzi anticoncorrenziali**: contratti conclusi da imprenditori esercenti attività uguali o affini, allo scopo di disciplinare, limitandola, la reciproca concorrenza;
- **consorzi interaziendali**: contratti finalizzati a creare una collaborazione tra imprenditori per lo svolgimento di determinate fasi dell'attività d'impresa;
- **consorzi con attività interna**: finalizzati esclusivamente a un'organizzazione comune nel regolare i rapporti fra consorziati e nel controllare il rispetto del contratto;
- **consorzi con attività esterna**: i consorziati, per raggiungere adeguatamente lo scopo consortile, entrano in rapporto con i terzi, mediante la creazione di un ufficio comune.

Disciplina: elemento qualificante dei consorzi è la creazione di un'organizzazione comune.

Il contratto di consorzio richiede la forma scritta a pena di nullità e l'indicazione dell'oggetto e degli obblighi assunti dai consorziati; la durata può essere stabilita dalle parti ovvero, in mancanza, si reputa concluso per un periodo di 10 anni.

La L. 377/76 ha previsto la possibilità di costituire le cd. **società consortili** (sia di persone sia di capitali, ma non società semplici), che abbiano come oggetto sociale la disciplina e lo svolgimento di determinate fasi delle rispettive imprese.

Consuetudine: Rif. normativi: art. 8 disp. prel. c.c.

Nozione: fonte di diritto non scritto caratterizzata da:

- **elemento oggettivo**: il ripetersi, per un periodo indeterminato, di un comportamento costante e uniforme da parte di un certo aggregato sociale;
- **elemento soggettivo** (*opinio iuris ac necessitatis*): la convinzione che l'osservanza di un certo comportamento corrisponda all'osservanza del diritto.

Tradizionalmente la consuetudine si distingue in:

- consuetudine *secundum legem*, che è quella richiamata dalle leggi scritte;
- consuetudine *praeter legem*, che regola materie non disciplinate da fonti scritte;
- consuetudine *contra legem*, cioè la consuetudine cd. abrogativa di norme di legge, che è inammissibile in quanto contraria all'art. 8 disp. prel. c.c.

Consumatore (tutela del):

Rif. normativi: artt. 1469-*bis*–1469-*sexies*, 1519-*bis*–1519-*nonies* c.c., D.P.R. 224/88, L. 126/91, D.Lgs. 50/92, D.Lgs. 74/92, L. 52/96, D.M. 101/97, D.Lgs. 185/99, D.Lgs. 24/02.

Nozione: è consumatore la persona fisica che stipula un contratto per scopi estranei all'attività imprenditoriale o professionale eventualmente svolta.

Disciplina: in attuazione dei principi affermati nel Trattato CE e nella normativa comunitaria derivata, è stata progressivamente introdotta una legislazione per la tutela del consumatore. In particolare:

- la L. 52/96 ha introdotto gli artt. 1469-*bis*–1469-*sexies* c.c. sulle (→) *clausole vessatorie*;
- il D.P.R. 224/88 ha introdotto una disciplina per i prodotti difettosi. Il produttore risponde per il danno cagionato al consumatore a prescindere dal dolo e dalla colpa, configurandosi un'ipotesi di responsabilità oggettiva. Ai fini del risarcimento, il danneggiato deve provare soltanto il danno, il difetto e la connessione causale tra difetto e danno, non la negligenza o colpa del fabbricante: si ha così un'inversione dell'onere della prova;
- il D.Lgs. 185/99 ha regolamentato la (→) *vendita a distanza*;
- il D.Lgs. 24/02 ha introdotto gli artt. 1519-*bis*–1519-*nonies* c.c., sulla vendita dei beni di consumo, i quali se non conformi al contratto, danno diritto alla riparazione del bene o alla sua sostituzione ovvero, nei casi in cui tali rimedi non fossero praticabili, a una riduzione del prezzo o alla risoluzione del contratto.

Contestazione della legittimità (azione di): **Rif. normativi:** art. 248 c.c.

Nozione: azione imprescrittibile, esperibile da chi risulti genitore dall'atto di nascita e da chiunque vi abbia interesse, con cui si mira ad attaccare lo *status* di figlio legittimo, per ragioni diverse da quelle che si possono far valere mediante l'azione di (→) *disconoscimento della paternità*. Con la contestazione della legittimità si può contestare l'identità del figlio o il parto (cd. *contestazione della maternità*, le cui ipotesi tipiche sono rappresentate dai casi di sostituzione di neonato e supposizione di parto), o l'invalidità del matrimonio, ovvero far valere la falsità della data di nascita che nasconde l'adulterità del figlio.

Disciplina: è ammissibile qualsiasi mezzo di prova utile a disconoscere l'esistenza dei presupposti per la sussistenza dello *status* di figlio legittimo (es.: matrimonio esistente o valido, nascita effettiva da colei che ufficialmente può essere madre).

Differenze con figure affini: sono azioni di stato: il (→) *disconoscimento della paternità*, la contestazione della legittimità e il (→) *reclamo della legittimità*.

Conto corrente (contratto di): **Rif. normativi:** artt. 1823-1833 c.c.

Nozione: contratto con cui le parti si obbligano reciprocamente ad annotare in un conto i crediti derivanti da reciproche rimesse, considerandoli inesigibili e indisponibili fino alla chiusura del conto stesso.

Disciplina: il conto corrente può essere definito *contratto normativo*, in quanto ha la funzione di regolare i rapporti che verranno a instaurarsi in futuro tra i contraenti che generalmente sono legati da continui rapporti d'affari, dai quali derivano reciproci debiti e crediti.

Con il contratto di conto corrente si viene ad attuare, su base pattizia, il principio della (→) *compensazione*, che opera in via automatica alla chiusura del conto: alle scadenze stabilite dal contratto o dagli usi, le parti devono procedere alla chiusura del conto con la liquidazione del saldo. Se non è richiesto il pagamento del saldo alla scadenza, esso si considera quale prima rimessa di un nuovo conto.

La legge prevede, inoltre, un procedimento di approvazione del conto, mediante l'invio di un estratto di esso da un correntista all'altro.

Contratti conclusi fuori dai locali commerciali: (→) *vendita a distanza.*

Contratto: Rif. normativi: artt. 1321–1469-*sexies* c.c.

Nozione: il contratto è l'accordo di due o più parti per costituire, regolare o estinguere tra loro un rapporto giuridico patrimoniale.

Gli elementi essenziali del contratto sono:

1. l'accordo delle parti;
2. la (→) *causa*;
3. l'oggetto (che deve essere possibile, lecito, determinato o determinabile);
4. la forma, quando è richiesta per la validità del contratto.

I contratti si possono classificare in:

- **tipici**, quelli regolati espressamente dal legislatore;
- **atipici** o **innominati**, che non appartengono ai tipi aventi una disciplina legislativa ma che sono tutelati dall'ordinamento, purché siano diretti a realizzare interessi meritevoli di tutela;
- **a prestazioni corrispettive** (sinallagmatici), in cui le prestazioni delle parti sono legate da un nesso di reciprocità. Nei contratti **a titolo oneroso** il soggetto per acquistare il diritto accetta un correlativo sacrificio: tra vantaggio e sacrificio esiste un nesso di causalità;
- **con obbligazioni a carico di una sola parte**, che sono spesso contratti a titolo gratuito (fideiussione, deposito, comodato), in cui un soggetto acquisisce un diritto senza alcun correlativo sacrificio;
- **commutativi**, quelli in cui i reciproci sacrifici sono certi;
- **aleatori**, quelli in cui vi è incertezza sui reciproci sacrifici;
- **consensuali**, che si perfezionano con il semplice consenso o accordo delle parti;
- **reali** (mutuo, comodato, deposito, pegno), che richiedono, oltre il consenso delle parti, la consegna del bene;
- **a efficacia reale** (donazione, permuta, compravendita), che realizzano automaticamente, per effetto del solo consenso, il risultato perseguito;
- **a efficacia obbligatoria** (locazione, mandato, comodato), che non realizzano automaticamente il risultato perseguito, ma obbligano le parti ad attuarlo.

Contratto a favore di terzo: Rif. normativi: artt. 1411-1413 c.c.

Nozione: contratto con cui le parti attribuiscono a un terzo il diritto di pretendere in proprio l'adempimento di un contratto, benché stipulato da altri, subordinandone la validità soltanto alla condizione che lo stipulante abbia un interesse, anche se solamente morale, all'attribuzione di tale vantaggio al terzo.

Disciplina: il terzo acquista il diritto verso chi ha fatto la promessa fin dal momento della stipulazione del contratto a suo favore, ma questa può essere revocata o modificata dallo stipulante finché il terzo non dichiari di volerne profittare. Causa dell'acquisto del diritto a favore del terzo è il contratto a suo favore: perciò chi ha promesso la prestazione può opporre al terzo tutte le eccezioni fondate su questo contratto.

Esempi di contratto a favore di terzo sono: il contratto di (→) *assicurazione* sulla vita a favore di un terzo, l'(→) *accollo*, la (→) *rendita* vitalizia a favore del terzo.

Contratto autonomo di garanzia:

Nozione: istituto di derivazione tedesca che consiste nell'impegno, generalmente assunto da una banca o da una compagnia d'assicurazioni, di pagare una somma determinata a un creditore. Tale impegno viene assunto allo scopo di garantire l'esecuzione di un'obbligazione che un altro soggetto è tenuto ad adempiere verso il creditore stesso. La particolarità del contratto autonomo risiede nel fatto che il garante, a semplice richiesta scritta del garantito, è tenuto a eseguire la prestazione, con rinunzia a far valere qualsiasi eccezione relativa alla validità del rapporto garantito.

Disciplina: il contratto autonomo mira a svincolare l'obbligazione del garante dall'obbligazione del debitore principale. Esso viene utilizzato generalmente nelle gare di appalto a copertura di clausole penali predisposte per il caso di inesatto adempimento di una prestazione o a garanzia dell'eventuale restituzione di acconti.

Differenze con figure affini: la (→) *fideiussione* è un contratto accessorio, con la conseguenza che esso è valido soltanto se l'obbligazione principale è valida, e il fideiussore può opporre eccezioni al creditore.

Contratto estimatorio: Rif. normativi: artt. 1556-1558 c.c.

Nozione: contratto con il quale una parte *(tradens)* consegna una o più cose mobili all'altra *(accipiens)*, che si obbliga a pagare il prezzo, con la facoltà però di liberarsi da tale obbligazione restituendo la cosa nel termine stabilito.

Disciplina: il trasferimento della proprietà avviene al momento del pagamento del prezzo: tuttavia, per effetto della consegna, il *tradens* perde la disponibilità della cosa che può essere legittimamente venduta dall'*accipiens*, sul quale peraltro grava il rischio inerente al perimento della cosa. La scelta dell'*accipiens* tra il pagamento del prezzo e la restituzione della cosa dà luogo a un'(→) *obbligazione facoltativa.*

Contratto preliminare: *(→) preliminare (contratto).*

Convalida: Rif. normativi: art. 1444 c.c.

Nozione: negozio con il quale la parte legittimata a proporre l'azione d'annullamento si preclude la possibilità di far valere il vizio.

Disciplina: per la validità della convalida è necessaria la conoscenza del vizio che colpisce il negozio. La convalida può essere:

- **espressa**, la quale deve contenere sia la menzione del negozio annullabile e del motivo d'annullabilità, sia la dichiarazione che s'intende convalidare il negozio;
- **tacita**, che si verifica qualora venga data esecuzione volontaria al negozio annullabile.

Differenze con figure affini: la (→) *ratifica* è il negozio con il quale l'interessato approva e fa proprio il negozio compiuto dal rappresentante senza potere. La convalida, invece, per spiegare i suoi effetti deve promanare da chi è in condizione di concludere validamente il contratto.

Conversione in legge dei decreti legge: Rif. normativi: artt. 77 e 87 Cost., L. 400/88.

Nozione: procedimento con cui le Camere si assumono la responsabilità politica degli atti di decretazione d'urgenza di iniziativa governativa che, prima della conversione, posseggono soltanto efficacia provvisoria.

Disciplina: il Governo è tenuto a presentare alle Camere il decreto legge nello stesso giorno in cui è emanato dal Presidente della Repubblica, e le Camere, anche se sciolte, sono tenute a riunirsi entro cinque giorni per la conversione, da effettuarsi entro e non oltre sessanta giorni dalla pubblicazione dello stesso.

La mancata conversione fa perdere al decreto legge efficacia sin dal momento della sua emanazione (*ex tunc*): il decreto privo della conversione si considera come mai emanato.

Corte Costituzionale: Rif. normativi: artt. 134-137 Cost., L. 87/53.

Nozione: organo costituzionale con funzioni di controllo e di garanzia.

Disciplina: la Corte Costituzionale svolge, in forma giurisdizionale, i seguenti compiti:

- controllo di legittimità costituzionale delle leggi e degli atti con forza di legge sia in via incidentale (su iniziativa di un giudice nel corso di un processo) sia in via principale (su ricorso dello Stato avverso leggi delle Regioni e su ricorso di una Regione, avverso leggi dello Stato o di altra Regione);
- risoluzione dei conflitti d'attribuzione tra i poteri dello Stato, fra lo Stato e le Regioni, e fra le Regioni;
- giudizio d'ammissibilità delle richieste di referendum abrogativo;
- giudizio sulle accuse per alto tradimento o per attentato alla Costituzione promosse contro il Presidente della Repubblica.

La Corte si compone di 15 giudici, nominati per 1/3 dal Parlamento, per 1/3 dal Presidente della Repubblica e per 1/3 dalle Magistrature (ordinarie, amministrative, contabili), tra professori, avvocati e magistrati. I giudici restano in carica 9 anni e non sono rieleggibili; tra di essi viene eletto il Presidente che ha un mandato di 3 anni.

Corte dei Conti: Rif. normativi: artt. 100 e 103 Cost., R.D. 1214/34, L. 19/94, L. 20/94, D.Lgs. 285/99, D.Lgs. 286/99, L. 202/00, L. 205/00.

Nozione: organo di rilevanza costituzionale nominato nella Costituzione ma privo di poteri sovrani.

Disciplina: la Corte dei Conti è la suprema *magistratura di controllo*: il controllo da essa esercitato assume natura *preventiva* limitatamente al riscontro di legittimità di una serie di atti non aventi forza di legge (es.: decreti che approvano contratti delle amministrazioni pubbliche per importi più rilevanti; atti di programmazione comportanti spese). L'attività di controllo preventivo viene effettuata a mezzo del cd. *visto di legittimità*: i provvedimenti sottoposti a controllo acquistano efficacia se il competente ufficio di controllo non ne rimette l'esame alla Sezione di controllo entro 30 giorni dal ricevimento. Il controllo *successivo* viene esercitato invece sulla gestione del bilancio e del patrimonio di pubbliche amministrazioni, riferendo annualmente al Parlamento e ai Consigli Regionali.

Le attribuzioni della Corte dei Conti si riferiscono anche all'esercizio di *funzioni consultive*, in virtù delle quali la Corte esprime, obbligatoriamente, parere sulle leggi che importino modifiche o integrazione alle sue attribuzioni e sulle norme che modifichino la legge sulla contabilità di Stato.

Le *attribuzioni giurisdizionali* riguardano la materia del contenzioso contabile, la materia pensionistica e la materia della responsabilità civile dei funzionari dello Stato. La giurisdizione della Corte dei Conti è una giurisdizione amministrativa speciale, in quanto esercitata nelle materie tassativamente indicate dalla legge, ed esclusiva, perché comprende sia le questioni relative ai diritti soggettivi sia quelle riguardanti gli interessi legittimi.

Cosa: (→) *beni.*

Costituzione: **Nozione:** legge fondamentale dello Stato, che contiene le norme e i principi generali relativi all'organizzazione e al funzionamento della collettività, nonché le norme riguardanti i diritti e i doveri fondamentali dei cittadini.

Disciplina: la Costituzione Italiana è una costituzione *rigida*, cioè modificabile soltanto a mezzo di leggi emanate con procedimenti ponderati e aggravati; *lunga*, perché oltre le norme sull'organizzazione statale contempla anche i principi fondamentali dello Stato e i diritti fondamentali dei cittadini; *scritta*, perché è consacrata in un documento formale e contiene norme programmatiche nei fini, ma precettive nell'applicazione e interpretazione.

Consta di 139 articoli e 18 disposizioni transitorie e finali.

Creditore: **Nozione:** titolare di un diritto di credito. I creditori si distinguono in:

- **chirografari**: sono dei creditori semplici, in quanto il titolo del loro diritto si affida soltanto a un documento (chirografo) non assistito da alcuna garanzia, all'infuori di quella della correttezza del debitore e della esecuzione forzata in caso di inadempimento;
- **privilegiati**: coloro il cui credito è garantito da una causa legittima di prelazione (es.: privilegio; pegno; ipoteca). In tal caso il creditore non entra in concorso con i chirografari, ma ha diritto di far valere per intero il suo credito sul bene oggetto di prelazione: gli altri creditori concorrono proporzionalmente su ciò che rimane.

Si dice **creditore apparente** (1189 c.c.) colui che, in base a circostanze univoche, appare legittimato a ricevere la prestazione. In tal caso il debitore è liberato dal suo obbligo, mentre spetta al creditore apparente restituire al vero creditore quanto ricevuto, secondo le regole della ripetizione dell'indebito.

Crisi di Governo: **Rif. normativi:** art. 94 Cost.

Nozione: si verifica quando viene revocata la fiducia della maggioranza parlamentare e il Governo non è più in grado di funzionare regolarmente (perché il Parlamento si opporrebbe sistematicamente alle sue iniziative).

Le crisi di Governo possono verificarsi in seguito a sfiducia del Parlamento, che può essere espressa o tacita, ovvero a seguito di un evento accidentale ed esterno che paralizza il funzionamento del Governo e lo costringe alle dimissioni ovvero in seguito a mutati atteggiamenti dei gruppi parlamentari che sostengono il Governo.

Curatela: **Rif. normativi:** artt. 166, 334-339, 392, 419, 424 c.c.

Nozione: ufficio di diritto privato posto a tutela di soggetti parzialmente incapaci legalmente.

Disciplina: in virtù di questo istituto, la volontà dell'inabilitato o del minore emancipato viene integrata dall'intervento del curatore negli atti di natura patrimoniale eccedenti l'ordinaria amministrazione (→ *inabilitazione*).

D

Danno: Rif. normativi: artt. 1223-1227 c.c.

Nozione: pregiudizio correlato alla lesione di un interesse giuridicamente tutelato.

Disciplina: dà luogo al risarcimento quando consegue a un (→) *atto illecito* o a un (→) *inadempimento* contrattuale; diversamente, se è determinato da un atto lecito, prende il nome di *indennizzo.*

Il danno si distingue in: **danno patrimoniale**, che consiste nella perdita, distruzione o danneggiamento di un bene patrimoniale, nella perdita di un guadagno o nella necessità sopravvenuta di compiere delle spese, e in **danno non patrimoniale**, inteso quale danno morale, che consiste nel dolore fisico o psichico derivante, ad esempio, da un'offesa all'integrità fisica, all'onore o dalla perdita di una persona cara. Il danno morale è risarcibile soltanto nei casi determinati dalla legge (2059 c.c.) e sempre che il fatto costituisca reato.

Il danno patrimoniale si distingue ulteriormente in:

- **danno emergente**, consistente in una diminuzione del patrimonio;
- **lucro cessante**, che si identifica col mancato guadagno determinato dal fatto dannoso.

Danno temuto (denuncia di): *(→) nunciazione (azione di).*

Dante causa: Nozione: colui dal quale un soggetto acquista a titolo derivativo un diritto per atto tra vivi o (→) *mortis causa.* In caso di (→) *successione mortis causa*, il dante causa è detto anche *de cuius.*

Differenze con figure affini: l'(→) *avente causa* è colui che acquista il diritto per effetto della successione.

Debito: Rif. normativi: art. 1277 c.c.

Nozione: obbligo di un soggetto di eseguire una prestazione di carattere patrimoniale nei confronti di un altro soggetto.

Disciplina: si possono distinguere: **debiti di valuta**, per i quali trova applicazione il (→) *principio nominalistico*, il cui oggetto è fin dall'origine una somma di denaro determinata (es.: pagamento del prezzo da parte del compratore) e **debiti di valore,** i quali non hanno direttamente per oggetto il denaro, ma il valore di un bene, così che la somma effettivamente dovuta deve essere preventivamente determinata (cd. liquidazione), prendendo a parametro di riferimento il valore del bene (es.: risarcimento del danno).

Differenze con figure affini: di norma il termine debito viene adoperato per indicare le prestazioni aventi per oggetto somme di denaro, mentre con il termine (→) *obbligazione* si indica genericamente la posizione passiva dal rapporto obbligatorio.

Debitore: Nozione: soggetto passivo del *rapporto obbligatorio.*

Disciplina: il debitore è tenuto all'(→) *adempimento* della (→) *prestazione* nei confronti del creditore. Il debitore è di conseguenza responsabile dell'(→) *inadempimento* di cui risponde con tutti i suoi beni presenti e futuri (art. 2740 c.c.).

Decadenza: Rif. normativi: artt. 2964-2969 c.c.

Nozione: perdita della possibilità di esercitare un diritto in conseguenza del mancato compimento di una determinata attività o di un dato atto nel termine perentorio previsto dalla legge o concordato dalle parti. Per evitare la decadenza, il titolare del diritto ha l'onere di esercitarlo entro il termine previsto.

Disciplina: la decadenza può essere: **legale** se è prevista dalla legge (si tratta di un istituto eccezionale, perché deroga al principio secondo cui l'esercizio dei diritti soggettivi non è sottoposto a limiti di tempo) o **convenzionale** se è stabilita dalla volontà privata. In tale ultimo caso la decadenza può essere prevista soltanto per l'esercizio di diritti disponibili e il termine stabilito non deve rendere troppo gravoso l'esercizio del diritto stesso.

Differenze con figure affini: (→ tabella seguente).

Decadenza	Prescrizione
• fa perdere la possibilità di esercitare un diritto	• estingue il diritto del quale si era titolari
• il termine temporale che la determina è perentorio	• i suoi termini possono essere sospesi
• la sua disciplina è derogabile dalle parti	• la sua disciplina è inderogabile
• è un istituto eccezionale (riguarda solo alcuni diritti)	• è un istituto generale

Decreto legge: Rif. normativi: art. 77 Cost., art. 15 L. 400/88.

Nozione: provvedimento provvisorio (con forza di legge) adottato dal (→) *Governo*, di sua iniziativa e sotto la sua responsabilità, in casi straordinari di necessità e di urgenza. Tale provvedimento diventa definitivo soltanto dopo la (→) *conversione in legge* effettuata dal (→) *Parlamento.*

Disciplina: il Governo non può ricorrere al decreto legge in quelle materie per le quali è previsto il controllo politico del Parlamento sul Governo: approvazione del bilancio o del suo esercizio provvisorio e autorizzazione alla ratifica di trattati internazionali. Il decreto legge è deliberato dal Consiglio dei Ministri, emanato con decreto del (→) *Presidente della Repubblica* e pubblicato sulla (→) *Gazzetta Ufficiale*.

Il decreto legge deve essere presentato alle Camere per la conversione in legge nel giorno stesso della sua pubblicazione; entro cinque giorni da tale data, le Camere, anche se sciolte, si devono riunire per l'esame del decreto, il quale deve essere convertito, pena la decadenza *ex tunc*, entro 60 giorni dalla sua pubblicazione.

Non sempre, però, il Parlamento converte i decreti legge nel termine previsto, per questo il Governo reitera il contenuto del decreto decaduto, riproducendolo in atti successivi. Tale fenomeno, in aperto contrasto con l'art. 77 Cost., che espressamente qualifica i decreti come provvedimenti provvisori, è stato dichiarato incostituzionale dalla Corte Costituzionale (sent. 360/96).

Differenze con figure affini: (→) *decreto legislativo.*

Decreto legislativo: Rif. normativi: art. 76 Cost., art. 14 L. 400/88.

Nozione: atto con efficacia di (→) *legge* formale emanato dal Governo in base a una delega legislativa del Parlamento (e nei limiti di questa).

Disciplina: la delega legislativa è normalmente conferita dal Parlamento, con legge formale ordinaria, nei casi di particolare complessità della materia sulla quale legiferare. Infatti i codici e i testi unici, che hanno il carattere di raccolte normative, assumono di norma la veste giuridica di decreto legislativo. La delega deve essere esercitata in un termine prefissato e nel rispetto di principi e criteri direttivi indicati nella legge-delega. Accanto a tali limiti, fissati dalla Costituzione, la legge-delega può introdurne altri, ad esempio imponendo al Governo di ascoltare il parere di commissioni parlamentari.

Differenze con figure affini: (→) *decreto legge.*

De cuius: Rif. normativi: art. 456 c.c.

Nozione: espressione latina derivante da "*is de cuius hereditate agitur*" che significa: persona dalla cui morte ha tratto origine la successione ereditaria.

Delazione (dell'eredità): Rif. normativi: art. 457 c.c.

Nozione: indica il fenomeno dell'offerta del patrimonio ereditario a un soggetto, al quale spetta il diritto di accettare l'eredità.

Disciplina: la delazione può aversi per legge (successione legittima) o per testamento (successione testamentaria); non è ammessa una delazione pattizia (cd. patti successori). La delazione è detta **successiva**, quando è indicato un sostituto, nel caso che il primo chiamato non voglia accettare; **solidale**, quando tra i coeredi vi è un diritto di (→) *accrescimento;* **indiretta**, nel caso di successione per (→) *rappresentazione.*

La delazione è sempre unica anche qualora vengano a concorrere la successione legittima e quella testamentaria.

Differenze con figure affini: la (→) *vocazione ereditaria* è l'indicazione di colui che è chiamato all'eredità.

Delega: (→) *procura.*

Delegazione attiva: Nozione: accordo tra creditore, debitore e terzo, con il quale il creditore dà mandato al debitore, che accetta, di pagare al terzo.

Differenze con figure affini: (→) *cessione del credito*, delegazione attiva e (→) *surrogazione di pagamento* sono tutte ipotesi di successione a titolo particolare nel credito. A differenza della cessione del credito (in cui si accordano soltanto creditore originario e cessionario, restando estraneo il debitore, cui la cessione va soltanto notificata), nella delegazione attiva il debitore partecipa direttamente all'accordo. Inoltre, mentre nella cessione del credito è il cessionario a diventare esclusivo titolare del credito ceduto, nella delegazione attiva si ha, di regola, un effetto cumulativo: al creditore originario (delegante) si aggiunge il delegatario, ma senza estinzione del diritto del primo, cosicché, in caso di successiva inadempienza da parte del debitore, contro quest'ultimo potrà ancora agire anche il primo creditore.

Delegazione passiva: Rif. normativi: artt. 1268-1271 c.c.

Nozione: contratto col quale si realizza una successione a titolo particolare nel debito: il debitore (*delegante*) ordina a un terzo (*delegato*) di assumersi il debito nei confronti del creditore (*delegatario*), o di eseguire nei confronti di quest'ultimo la prestazione.

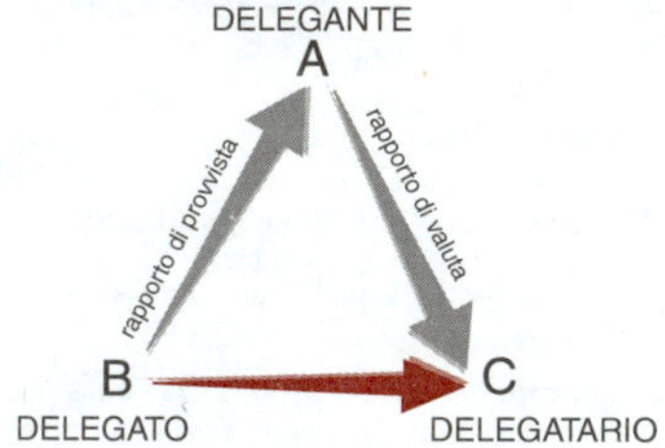

Disciplina: si distingue tra:

- **delegazione di pagamento**, che ricorre quando il debitore (delegante) delega un terzo (delegato) a eseguire il pagamento al creditore (delegatario): cd. *delegatio solvendi*;
- **delegazione di debito**, che ricorre quando il debitore delega un altro soggetto ad assumersi l'obbligazione verso il creditore, cioè a promettergli il pagamento a una data scadenza futura (*delegatio promittendi*). Tale ultima ipotesi di delegazione può realizzarsi in forma *cumulativa* quando il nuovo debitore si affianca a quello originario, per cui la promessa del delegato al delegatario non richiede un'espressa accettazione di quest'ultimo, salva la facoltà del delegatario di rifiutarla; altrimenti può realizzarsi in forma *liberatoria*, quando il delegatario acconsente a liberare il delegante, estinguendo il rapporto obbligatorio originario.

La delegazione è detta **titolata** quando sono distinguibili due rapporti: il rapporto tra delegante e delegato, in base al quale il secondo assume il debito o paga (cd. *rapporto di provvista*), e il rapporto tra delegante e delegatario, in base al quale il primo deve adempiere un obbligo (cd. *rapporto di valuta).* Qualora il delegato, in esecuzione di un ordine del delegante, promette o adempie la prestazione senza richiamare alcuno dei rapporti su menzionati, siamo in presenza di una delegazione **astratta**.

Differenze con figure affini: delegazione, (→) *espromissione* e (→) *accollo* sono tutte ipotesi di successione a titolo particolare nel debito.

Delibera assembleare: Rif. normativi: artt. 21, 23, 2363-2379 c.c., artt. 126, 134, 157 D.Lgs. 58/98.

Nozione: atto collegiale avente contenuto decisorio, in cui si esprime la volontà dell'assemblea degli enti giuridici quando essa è chiamata a discutere e a pronunciarsi, mediante votazione, sul cd. *ordine del giorno*.

Disciplina: le delibere delle **associazioni** sono prese con le maggioranze stabilite dall'art. 21 c.c. e possono essere annullate su istanza degli organi dell'ente, di qualunque associato o del pubblico ministero, se sono contrarie alla legge, all'atto costitutivo o allo statuto.

L'assemblea delle **società commerciali** approva il bilancio, nomina gli amministratori, i sindaci e il collegio sindacale, determina il compenso degli amministratori e delibera sugli altri oggetti riservati alla sua competenza dall'atto costitutivo. Qualora le deliberazioni riguardino modificazioni dell'atto costitutivo, emissione di obbligazioni, nomina e poteri dei liquidatori, l'assemblea delibera in forma straordinaria.

Le delibere sono valide se sono assunte nel rispetto dei *quorum* stabiliti per legge:

- per le **delibere in forma ordinaria**, è necessaria la presenza di tanti soci che rappresentino almeno la metà del capitale sociale e le delibere devono essere approvate con la maggioranza assoluta delle azioni con diritto di voto intervenute in assemblea. Qualora tale *quorum* non venga raggiunto, l'assemblea viene riconvocata; nella seconda convocazione non sono fissati dei limiti minimi di presenza dei soci, e le decisioni sono validamente prese con la maggioranza del capitale sociale presente;
- per le **delibere in forma straordinaria**, è richiesto il voto favorevole di oltre la metà del capitale sociale in prima convocazione e di oltre un terzo del capitale in seconda convocazione.

L'invalidità e l'impugnativa delle delibere delle società possono realizzarsi:

- **per cause inerenti alla loro formazione**: la deliberazione è impugnabile, nel termine di tre mesi, soltanto dagli amministratori, dai sindaci e dai soci assenti all'atto della delibera o che, presenti, abbiano manifestato il loro dissenso. L'annullamento non è più possibile se nel frattempo la deliberazione impugnata è stata sanata con una nuova delibera valida avente lo stesso contenuto;
- **per cause inerenti al loro contenuto**, e cioè per impossibilità o illiceità del loro oggetto. In quest'ipotesi la deliberazione è nulla e la relativa azione può essere esperita in ogni tempo da chiunque vi abbia interesse.

Demanio: Rif. normativi: art. 119 Cost., artt. 822-831 c.c., L. 37/94, D.Lgs. 112/98, D.P.R. 238/99.

Nozione: complesso dei beni che appartengono a Stato, Regioni, Province e Comuni, che hanno l'attitudine a soddisfare interessi pubblici, per realizzare i quali sono assoggettati a un regime speciale, diverso dalla proprietà privata. Le categorie di beni che costituiscono il demanio pubblico sono indicate nell'art. 822 c.c.

Disciplina: i beni demaniali non possono formare oggetto di negozi di diritto privato, sono inalienabili, non possono formare oggetto di possesso (1145 c.c.) e non possono essere acquistati per usucapione da privati. Il demanio si distingue in:

- **necessario**, che comprende i beni che, per la loro particolare attitudine a soddisfare interessi pubblici, non possono che essere di proprietà dello Stato;
- **accidentale**, che comprende beni che, potendo essere di proprietà privata, acquistano carattere demaniale solo se di proprietà dello Stato e degli altri enti pubblici territoriali. Tali sono i beni del demanio stradale, ferroviario, aeronautico e culturale (beni d'interesse storico, architettonico e artistico).

Differenze con figure affini: i beni non demaniali appartenenti a un ente pubblico si chiamano **beni patrimoniali**, i quali si distinguono in *beni indisponibili* (foreste, miniere, fauna selvatica) che non possono essere sottratti alle loro destinazioni e *beni disponibili*, che non sono destinati direttamente a pubblici servizi e sono soggetti alle norme del codice civile.

Denuncia: (→ tabella seguente).

Denuncia	
dei vizi	1495 c.c.: il compratore che intende far valere la garanzia per i vizi della cosa, ha l'onere di denunciare al venditore l'esistenza dei vizi entro otto giorni dalla scoperta; 1667 c.c.: l'appaltante che intende far valere la garanzia per i vizi della cosa, ha l'onere di denunciare all'appaltatore l'esistenza di tali vizi entro 60 giorni dalla scoperta;
della lite	1485 c.c.: il compratore convenuto in giudizio da un terzo che vanti dei diritti sul bene ha l'onere, al fine di far valere la garanzia per l'evizione, di chiamare in causa il venditore;
di danno temuto	1172 c.c.: azione con cui il proprietario, il titolare di un diritto reale di godimento o il possessore si rivolge all'autorità giudiziaria, quando tema che da un albero, una costruzione o altro (cose, comunque, già esistenti) stia per derivare un danno grave e prossimo alla cosa che forma oggetto del suo diritto o del suo possesso;
di nuova opera	1171 c.c.: azione con cui il proprietario, il titolare di un diritto reale di godimento o il possessore denunzia un'opera da altri intrapresa e non terminata (se non è trascorso un anno dal suo inizio), quando abbia ragione di temere che da essa possa derivare danno alla cosa che forma oggetto del suo diritto o possesso;
di sinistro	1913 c.c.: è l'avviso di qualsiasi avvenimento che chiami in causa le garanzie offerte da una polizza d'assicurazione, che l'assicurato deve dare all'assicuratore entro tre giorni dall'evento.

Deposito: Rif. normativi: artt. 1176-1802 c.c.

Nozione: contratto con il quale una parte (depositario) riceve dall'altra parte (depositante) una cosa mobile con l'obbligo di custodirla e di restituirla in natura.

Disciplina: il deposito si presume gratuito, salvo che dalla qualità professionale del depositario o da altre circostanze si debba desumere una diversa volontà delle parti (1767 c.c.). Si tratta di un *contratto reale*, perfezionantesi cioè con la materiale consegna del bene mobile (e non il semplice accordo), di *durata*, *non formale*, a *efficacia obbligatoria*, *non sinallagmatico*. Il deposito viene detto **irregolare** se ha per oggetto una quantità di denaro o di altri beni fungibili e se al depositario viene concessa la facoltà di servirsene. Molto diffuso è il **deposito nei magazzini generali** (1787 c.c.), edifici attrezzati per la conservazione di merci anche deperibili in attesa che siano messe in circolazione. Obbligo dell'imprenditore esercente i magazzini generali è non solo di custodire, ma anche di garantire la conservazione delle cose depositate con i mezzi tecnici adeguati. Altra forma di deposito si ha nell'ambito del **contratto di albergo** (1783-1786 c.c.).

Deposito bancario (contratto di):
Rif. normativi: artt. 1834-1838 c.c., D.Lgs. 385/93.

Nozione: contratto con il quale un soggetto deposita una somma di denaro presso una banca, che ne acquista la proprietà, restando obbligata a restituirla nella stessa specie monetaria alla scadenza del termine o a richiesta del depositante. Il deposito può essere:

- **a vista**, cioè restituibile a richiesta del depositante;
- **vincolato**, quando la restituzione ha luogo alla scadenza di un termine convenuto;

- **condizionato**, quando la restituzione è subordinata a una condizione fissata dal depositante, o da una disposizione testamentaria, o dalla legge, o da una sentenza;
- **ordinario**, quando il deposito si costituisce mediante rilascio di una lettera d'accreditamento o di una ricevuta di cassa, da restituire all'atto del rimborso;
- **a risparmio** (o fruttifero), che si costituisce con il rilascio di un libretto che permette di effettuare versamenti e prelievi;
- **in** (→) ***conto corrente***, costituito con il rilascio di un libretto nominativo, quando il depositante è autorizzato a prelevare la somma di denaro sia direttamente allo sportello, sia mediante assegno bancario.

Disciplina: il deposito bancario è la più importante tra le operazioni cd. passive della banca, rappresentando lo strumento principale di raccolta del pubblico risparmio.

Derelizione: Rif. normativi: art. 923 c.c.

Nozione: fenomeno dell'abbandono di un bene da parte di chi ne è titolare. Esso consiste nella dismissione del bene con l'intenzione di rinunziarvi.

Disciplina: le cose derelitte divengono (→) *res nullius* se sono beni mobili, mentre se sono beni immobili passano nel patrimonio statale.

Le (→) *res derelictae* sono suscettibili d'*occupazione*.

Destinazione del padre di famiglia: Rif. normativi: art. 1062 c.c.

Nozione: modo d'acquisto a titolo originario della (→) *servitù* che si verifica quando il proprietario di un fondo costruisce sul suo bene opere permanenti (strade, ponti) per effetto delle quali una parte del fondo risulta asservita a un'altra parte del medesimo fondo, consentendone una migliore utilizzazione. Se il fondo cessa di appartenere allo stesso proprietario (per divisione o per successione *mortis causa*) il legislatore ha stabilito che si costituisca automaticamente a favore di uno dei fondi una servitù corrispondente allo stato di fatto preesistente.

Detenzione: Rif. normativi: art. 1141 c.c.

Nozione: potere di fatto sulla cosa non accompagnato dall'intenzione di compiere un'attività corrispondente all'esercizio di un diritto reale.

Disciplina: il detentore si trova in un rapporto di mera contiguità fisica con la cosa, è consapevole ed esplicitamente riconosce di non poter vantare alcun (→) *diritto reale* sulla cosa stessa, essendone altri i titolari.

La detenzione si muta in possesso in due soli casi:

- quando il detentore acquista in proprietà il bene che precedentemente aveva in mera detenzione;
- quando il detentore rende noto al proprietario la propria intenzione di continuare a tenere il bene non più come detentore, bensì per conto e in nome proprio (→ *interversione del possesso*).

Differenze con figure affini: l'elemento che differenzia la detenzione dal (→) *possesso* è l'*animus*, e cioè l'intenzione:

- nel possesso, si ha l'*animus possidendi*: l'intenzione di esercitare sul bene un potere corrispondente all'esercizio della proprietà o di altro diritto reale (il possessore utilizza il bene in virtù di un diritto reale-proprietà o diritto reale minore);
- nella detenzione, si ha l'*animus detinendi*: l'intenzione di utilizzare il bene in qualità di creditore di una prestazione (es.: il locatario dell'appartamento, che ha diritto ad abitare l'appartamento per il quale paga un canone di locazione) o di debitore (es.: il vettore che utilizza il furgone della ditta per fare le consegne).

Devoluzione: Rif. normativi: artt. 31, 32, 457, 972 c.c.

Nozione: nell'(→) *enfiteusi* la devoluzione costituisce causa d'estinzione del diritto dell'enfiteuta in seguito al deterioramento o mancato miglioramento del fondo o mancato pagamento del canone.

In **ambito societario**, è prevista l'affrancazione dei beni della persona giuridica a seguito della (→) *liquidazione* dell'ente. Essa avviene in conformità dell'atto costitutivo o dello statuto o, in mancanza, in base alle deliberazioni dell'assemblea dell'associazione, ovvero, in caso di fondazione, su disposizione dell'autorità governativa, che provvede ad attribuirli a enti che hanno fini analoghi.

In **ambito successorio** la devoluzione dell'eredità è sinonimo di (→) *delazione.*

Dichiarazione di morte presunta:
Rif. normativi: artt. 58-73 c.c.

Nozione: sentenza pronunciata dal Tribunale che accerta che la (→) *scomparsa* di una persona si è protratta per 10 anni, ovvero per tempi più brevi quando la scomparsa è riconnessa ad avvenimenti (es.: guerra, epidemie, prigionia) che fanno ritenere probabile la morte.

Disciplina: gli effetti della dichiarazione di morte presunta sono analoghi a quelli della morte accertata: gli aventi diritto possono disporre liberamente dei beni del presunto morto e il coniuge può contrarre nuovo matrimonio.

Differenze con figure affini: l'(→) *assenza* viene dichiarata dal Tribunale con sentenza quando sono trascorsi almeno due anni dal giorno a cui risale l'ultima notizia della persona (→) *scomparsa.*

Dichiarazione di volontà: (→) *negozio giuridico.*

Dichiarazione giudiziale di paternità e maternità (azione di): Rif. normativi:
artt. 269-279 c.c.

Nozione: azione concessa al figlio (se minorenne, l'azione può essere esperita dal genitore o dal tutore) per ottenere lo *status* di figlio naturale riconosciuto.

Disciplina: la prova può essere data con ogni mezzo, ma la sola dichiarazione della madre e la sola esistenza di rapporti tra la madre e il preteso padre, all'epoca del concepimento, non costituiscono prova della paternità naturale.

L'azione è imprescrittibile per il figlio e può essere promossa dai suoi discendenti entro due anni dalla morte di lui.

Essa, comunque, è ammessa solo quando concorrono specifiche circostanze tali da farla apparire giustificata: è pertanto prevista una fase preliminare, in cui il Tribunale, in camera di consiglio, deve deliberare circa l'ammissibilità della domanda.

***Dies a quo* [giorno dal quale]: Rif. normativi:** art. 2962 c.c.

Nozione: è il giorno d'inizio della decorrenza di un termine.

Disciplina: generalmente esso non si computa nel termine stesso.

***Dies ad quem* [giorno fino al quale]: Rif. normativi:** artt. 2962-2963 c.c.

Nozione: è il giorno in cui scade un termine.

Disciplina: il *dies ad quem* si computa, di regola, nel termine.

Diffida ad adempiere: Rif. normativi:
art. 1454 c.c.

Nozione: dichiarazione scritta attraverso la quale la parte non inadempiente intima alla parte inadempiente di eseguire la prestazione entro un congruo termine (non inferiore a 15 giorni) e contemporaneamente l'avverte che decorso inutilmente detto termine, il contratto s'intenderà senz'altro risolto.

Diligenza nell'adempimento: Rif. normativi: art. 1176 c.c.

Nozione: il debitore deve usare nell'adempimento dell'obbligazione la (→) *diligenza del buon padre di famiglia*, intesa come diligenza dell'uomo medio. La legge dispone inoltre che nell'adempimento di un'attività professionale la diligenza deve valutarsi con riguardo alla natura dell'attività esercitata.

Disciplina: le parti possono convenire aggravamenti o attenuazioni della diligenza richiesta dal legislatore, ma è nullo il patto con cui il creditore accetti preventivamente di esonerare il debitore da responsabilità per dolo o colpa grave (1229 c.c.), in quanto, altrimenti, l'adempimento verrebbe a dipendere dal mero arbitrio dell'obbligato.

Differenze con figure affini: strettamente collegato al concetto di diligenza è quello di (→) *colpa*, che sussiste ogni qualvolta venga violato appunto l'obbligo di diligenza.

Dimora: **Rif. normativi:** art. 43 c.c.

Nozione: luogo nel quale il soggetto si trova occasionalmente.

Disciplina: la dimora ha scarso rilievo giuridico e viene presa in considerazione soltanto quando non si conosce la residenza, per la notifica di alcuni atti giudiziari (139 c.p.c.), nonché come criterio residuale per determinare la competenza del giudice.

Differenze con figure affini: la dimora, come il (→) *domicilio* e la (→) *residenza,* sta a indicare una particolare relazione della persona con il territorio.

Diritti della personalità: **Nozione:** hanno per oggetto taluni attributi essenziali della persona umana. Si caratterizzano per essere:

- **essenziali**: mirano a garantire le ragioni fondamentali della vita e dello sviluppo fisico e morale della persona;
- **personalissimi**: hanno come oggetto un modo di essere della persona;
- **originari**: quelli che sorgono con la nascita (es.: il diritto alla vita);
- **derivati**: quelli che si acquistano in seguito (es.: il diritto allo *status* di coniuge);
- **non patrimoniali**: non possono assumere un valore di scambio, anche se le prestazioni dovute ai loro titolari possono avere contenuto economico (es.: il diritto del figlio al mantenimento da parte dei genitori è un diritto non patrimoniale, anche se le prestazioni sono economicamente valutabili);
- **assoluti**: possono essere fatti valere nei confronti di tutti;
- **inalienabili**: al soggetto non è consentito, salvo eccezioni, alcun potere dispositivo su di essi;
- **imprescrittibili**: non si estinguono per non uso o per mancata difesa;
- **irrinunciabili**: non sono possibili atti dismissivi;
- **non trasmissibili**: all'eventuale tutela dei diritti stessi dopo la morte del titolare sono legittimati i parenti di sangue e non coloro che siano istituiti eredi.

Tra i diritti della personalità si distinguono il diritto alla vita, all'integrità fisica, alla riservatezza, all'onore e all'integrità morale, all'immagine e al nome.

Diritti di credito: **Nozione:** sono diritti relativi che attribuiscono al loro titolare un potere che questi può far valere solo verso una o più persone determinate, a cui si richiede un particolare comportamento.

Differenze con figure affini: il titolare di un diritto di credito ha interesse a conseguire un bene da altri: ha quindi bisogno della cooperazione altrui. Ciò spiega perché, mentre è sufficiente l'esercizio del diritto reale per la realizzazione dell'interesse tutelato, è invece necessaria la cooperazione di un altro soggetto (il debitore) perché si verifichi la realizzazione spontanea dell'interesse del creditore.

È importante pertanto distinguere tra *esercizio* del diritto (esplicazione dei poteri di cui il diritto soggettivo consta) e *realizzazione* del diritto (soddisfazione dell'interesse protetto).

Diritti quesiti : **Nozione:** diritti facenti parte del patrimonio di un soggetto.

Disciplina: eventuali modificazioni legislative non determinano variazioni dei diritti quesiti, già consolidatisi in capo al soggetto. L'intangibilità dei diritti quesiti costituisce perciò un limite alla possibile retroattività della legge.

Differenze con figure affini: (→) *apporti esauriti,* (→) *fatto compiuto.*

Diritti reali: **Nozione:** costituiscono la categoria più importante dei diritti assoluti e attribuiscono al loro titolare una signoria piena (→ *proprietà*) o limitata (diritti reali su cosa altrui o diritti reali limitati) su un bene. Il diritto reale è, quindi, la facoltà riconosciuta a un soggetto di agire sopra un bene per la soddisfazione di un proprio interesse (→ tabella seguente).

IURA IN REM		
ius in re propria	**iura in re aliena**	
PROPRIETÀ: al proprietario spetta sia il potere di utilizzazione diretta della cosa (potere di godimento) sia il potere di appropriarsi del valore di scambio del bene (potere di disposizione)	DIRITTI REALI DI GODIMENTO: • usufrutto • enfiteusi • uso • abitazione • servitù • superficie attribuiscono al titolare il diritto di conseguire direttamente dal bene determinati vantaggi	DIRITTI REALI DI GARANZIA: • pegno • ipoteca attribuiscono al titolare il potere di farsi assegnare, con prelazione rispetto agli altri creditori, il ricavato dall'alienazione forzata dei beni in caso di mancato adempimento dell'obbligo garantito

Disciplina: le caratteristiche dei diritti reali sono:

- l'*immediatezza*, per la quale assicurano un potere immediato sulla cosa, senza l'interposizione di altre persone;
- l'*assolutezza*, per la quale si fanno valere nei confronti di tutti i terzi, sui quali incombe un dovere negativo di astensione dal compimento di atti lesivi dei diritti stessi;
- la *tipicità*, per la quale costituiscono un *numerus clausus* e, come tali, sono solo quelli previsti dalla legge.

Diritto di prelazione: (→) *prelazione (diritto di).*

Diritto oggettivo: **Nozione:** complesso di norme giuridiche che prescrivono ai soggetti un dato comportamento, che può essere positivo (obbligo) o negativo (divieto). Il diritto oggettivo è pertanto sinonimo di ordinamento giuridico.

Disciplina: il diritto oggettivo viene usualmente distinto in **diritto pubblico** e in **diritto privato**. Il primo è rivolto a disciplinare la formazione, l'organizzazione e l'attività dello Stato e degli enti pubblici nonché i loro rapporti con i privati; il secondo, invece, interviene a regolamentare i rapporti tra soggetti in posizione di parità, e quindi sia i rapporti tra privati sia quelli tra privati e Pubblica Amministrazione, nei casi in cui quest'ultima non riveste una posizione di supremazia.

Diritto soggettivo: **Nozione:** posizione giuridica soggettiva di vantaggio, concretantesi nel potere di agire per il soddisfacimento dei propri interessi, protetti dall'ordinamento giuridico (→ tabella seguente).

Diritti soggettivi		
Assoluti	**Relativi**	**Potestativi**
Attribuiscono al titolare un potere che questi può far valere indistintamente verso tutti gli altri soggetti *(erga omnes)*, a carico dei quali sussiste un generico obbligo *negativo* di non turbare l'esercizio del diritto stesso (dovere di astensione) Es.: (→) *diritti reali*, (→) *diritti della personalità*, diritti su beni immateriali	Assicurano al titolare un potere che questi può far valere soltanto verso una o più persone determinate, a carico delle quali sussiste un obbligo di dare, fare o non fare qualcosa. La categoria dei diritti relativi coincide con quella dei (→) *diritti di credito*	Situazioni giuridiche attive che consentono al titolare di ottenere con un proprio comportamento un risultato favorevole, provocando una modificazione nella sfera giuridica di un diverso soggetto, il quale si trova perciò in una posizione passiva di soggezione, non potendosi validamente opporre al prodursi di tale modificazione

Differenze con figure affini: le altre situazioni giuridiche soggettive attive sono: (→) *potestà*, (→) *facoltà*, (→) *aspettativa*, (→) *status*.

Disconoscimento della paternità (azione di): Rif. normativi: art. 235 c.c.

Nozione: azione che mira a fare cadere la presunzione di paternità del marito, posta dall'art. 231 c.c., secondo cui il marito è padre del figlio concepito durante il matrimonio, ossia del figlio nato dopo almeno 180 giorni dalla celebrazione del matrimonio e prima che siano decorsi 300 giorni dall'annullamento, dallo scioglimento o dalla cessazione degli effetti civili del matrimonio.

Disciplina: l'azione è consentita soltanto nei casi seguenti:

- se i coniugi non hanno coabitato nel periodo compreso fra il trecentesimo e il centottantesimo giorno prima della nascita;
- se durante il tempo predetto il marito era affetto da impotenza, anche soltanto di generare;
- se nel detto periodo la moglie ha commesso adulterio o ha tenuta celata al marito la sua gravidanza e la nascita del figlio.

La sola dichiarazione della madre non esclude la paternità.

Legittimati ad agire sono il padre, la madre e il figlio, ovvero un curatore speciale nominato dal giudice su istanza del figlio minore che abbia compiuto i sedici anni.

Differenze con figure affini: sono **azioni di stato**:

- il disconoscimento della paternità;
- la (→) *contestazione della legittimità*;
- il (→) *reclamo della legittimità*.

Disdetta: Rif. normativi: artt. 1596, 1597, 1630, 2143, 2144 c.c.

Nozione: atto unilaterale con il quale si impedisce il rinnovo di un contratto di durata.

Disciplina: è un atto recettizio che ha effetto dal momento in cui giunge all'indirizzo del destinatario.

Disegni ornamentali: Rif. normativi: artt. 2593, 2594 c.c., artt. 5 ss. R.D. 1411/40, L. 60/87.

Nozione: disegni destinati a dare a determinate categorie di prodotti industriali uno speciale ornamento.

Disciplina: l'autore del disegno ha diritto esclusivo di attuarlo, di disporne e di far commercio dei prodotti in cui il disegno è realizzato. Il brevetto dura 15 anni.

Differenze con figure affini: i disegni ornamentali riguardano il campo dell'estetica, a differenza dei (→) *modelli d'utilità*, che riguardano il campo della tecnica. Distinguere fra i due modelli spesso non risulta agevole, dato che lo stesso bene può risultare, al contempo, particolarmente funzionale ed esteticamente pregevole. Di conseguenza, il legislatore consente in tali ipotesi di ottenere contemporaneamente entrambi i brevetti.

Ditta: Rif. normativi: artt. 2563-2566 c.c.

Nozione: nome commerciale sotto il quale l'imprenditore esercita la sua attività.

Disciplina: nella creazione della ditta l'imprenditore deve fare in modo che essa contenga il suo cognome o la sua sigla, garantendo, in tal modo, ai consumatori la riconoscibilità giuridica dell'imprenditore (*principio della verità*). La ditta, inoltre, deve essere idonea a caratterizzare una data impresa, differenziandola in modo preciso da imprese similari (*principio della novità*). La novità non è intesa in senso assoluto, ma in relazione a imprese col medesimo oggetto e che operano nella stessa parte del territorio nazionale. La ditta può essere trasferita soltanto insieme all'(→) *azienda*. Il legislatore riconosce all'imprenditore, che per primo ha utilizzato una determinata ditta, il *diritto all'uso esclusivo* della stessa, onde evitare che altri imprenditori, profittando di un'ingannevole omonimia, possano sottrargli slealmente parte del suo segmento di mercato. La violazione del principio di novità è sanzionata ponendo a carico dell'imprenditore inadempiente un obbligo di differenziazione.

La ditta è elemento proprio delle sole imprese individuali, poiché nelle imprese collettive la relativa funzione distintiva è esercitata dalla **ragione sociale** (società di persone) e dalla **denominazione sociale** (società di capitali).

Differenze con figure affini: la ditta costituisce, a differenza del (→) *marchio* e dell'(→) *insegna*, che hanno carattere meramente facoltativo, il mezzo d'individuazione necessario dell'impresa economica.

Divisione: Rif. normativi: artt. 713-768 e 1111-1116 c.c.

Nozione: atto attraverso il quale ciascuno dei soggetti che partecipavano alla (→) *comunione* ottiene la titolarità esclusiva su una parte determinata del bene, o dei beni che erano comuni, corrispondente per valore alla quota spettante. Il diritto alla divisione è un (→) *diritto potestativo* imprescrittibile di ogni comunista.

La divisione può essere:

- **contrattuale**: ha luogo, nell'esercizio del potere d'autonomia privata, con le modalità stabilite, all'unanimità dei consensi, dagli stessi comunisti. Se per errore sono stati omessi dei beni, vi si può ovviare con un *supplemento di divisione*; se, invece, vi è stato errore nella stima dei beni, è prevista una particolare impugnazione: la *rescissione per lesione*;
- **ereditaria**: è la divisione del patrimonio ereditario tra i coeredi, con la quale si scioglie la comunione ereditaria. Può essere fatta su richiesta di uno o più coeredi e realizzarsi o con la stipula di un contratto o con sentenza del giudice, ovvero essere disposta direttamente dal testatore. La divisione cui non partecipano tutti i coeredi è nulla;
- **giudiziale**: è attuata dall'autorità giudiziaria quando, mancando l'unanimità dei consensi in ordine alle modalità da seguire nella divisione, i comunisti (o un coerede) abbiano promosso la relativa azione;
- **del testatore**: è operata personalmente e direttamente dal testatore, il quale può dividere i suoi beni tra gli eredi. Il testatore dovrà, naturalmente, rispettare gli intangibili diritti dei legittimari che, in caso di lesione, potranno esercitare l'*azione di riduzione* contro gli altri coeredi. La divisione testamentaria è nulla quando il testatore, nell'effettuarla, abbia omesso qualcuno dei legittimari o degli eredi istituiti.

Divorzio: Rif. normativi: L. 898/70 e L. 74/87.

Nozione: causa di scioglimento del matrimonio, che consegue all'accertamento, da parte del giudice, che la comunione spirituale e materiale tra i coniugi non può essere mantenuta o ricostituita. Si parla di *scioglimento* quando il matrimonio è stato contratto col rito civile e di *cessazione degli effetti civili* in caso di (→) *matrimonio concordatario.*

Disciplina: il divorzio è ammissibile soltanto qualora, oltre il venir meno della comunione spirituale e materiale, ricorra almeno una delle cause indicate tassativamente dalla L. 898/70:

- separazione personale protrattasi per almeno tre anni;
- condanna di uno dei coniugi all'ergastolo o a qualsiasi pena detentiva per reati di particolare gravità (incesto, violenza carnale, costrizione o sfruttamento della prostituzione, omicidio volontario di un figlio o tentato omicidio del coniuge);
- annullamento o scioglimento del matrimonio ottenuto all'estero dal coniuge straniero;
- assoluzione dell'altro coniuge per mancanza di pubblico scandalo nel processo per incesto;
- mancata consumazione;
- passaggio in giudicato della sentenza di rettificazione di attribuzione di sesso (L. 164/82).

Lo scioglimento del matrimonio può dar luogo all'obbligo per uno dei due coniugi di corrispondere un assegno periodico all'altro, in proporzione alle proprie sostanze e ai propri redditi.

Il Tribunale, inoltre, dispone a quale dei coniugi devono essere affidati i figli, sancendo a carico dell'altro l'obbligo di contribuire al (→) *mantenimento.*

La sentenza di divorzio determina la cessazione dello stato coniugale.

Differenze con figure affini: le altre cause di scioglimento del matrimonio sono la (→) *dichiarazione di morte presunta* o la (→) *morte* di uno dei coniugi. Occorre non confondere il divorzio con l'annullamento del (→) *matrimonio.*

Dolo (elemento soggettivo dell'illecito): Rif. normativi: art. 2043 c.c.

Nozione: la nozione civilista del dolo è mutuata dal diritto penale, non presentando esso, in sede civile, caratteri peculiari. Il codice penale definisce il dolo all'art. 43: il delitto è doloso, o secondo l'intenzione, quando l'evento dannoso o pericoloso, che è il risultato dell'azione o dell'omissione e da cui la legge fa dipendere l'esistenza del delitto, è dall'agente preveduto e voluto come conseguenza della propria azione o omissione.

Disciplina: il dolo rileva ai fini del (→) *risarcimento del danno* susseguente a (→) *responsabilità* contrattuale ed extracontrattuale. Se l'inadempimento o il ritardo dipende da dolo del debitore, il risarcimento deve avere a oggetto sia i danni prevedibili sia quelli imprevedibili.

Differenze con figure affini: il dolo, come elemento intenzionale dell'illecito, consiste nell'intenzione dell'agente di realizzare un determinato risultato e si concreta nella corrispondenza tra un programma perseguito deliberatamente da una persona e l'azione da essa posta in essere; il dolo quale (→) *vizio della volontà*, invece, denota un particolare tipo di azione, quella di chi inganna o aggira, e si concreta in un determinato fatto esterno, e non meramente in un atteggiamento psicologico, come avviene per il dolo quale elemento qualificante di un atto illecito.

Dolo (vizio della volontà): Rif. normativi: artt. 1439 e 1440 c.c.

Nozione: vizio della volontà che inficia il (→) *negozio giuridico*, provocandone l'(→) *annullabilità*. Esso consegue ad artifici o raggiri con cui un soggetto induce un altro soggetto in (→) *errore*, determinandolo a porre in essere un negozio che altrimenti non sarebbe stato concluso (**dolo determinante**) o lo sarebbe stato a differenti condizioni (**dolo incidente**).

Disciplina: l'errore determinato dal dolo (a differenza dell'errore spontaneo: 1428 c.c.) è sempre rilevante, indipendentemente dal fatto che sia essenziale e riconoscibile.

Tuttavia il dolo rileva ai fini dell'annullamento del contratto soltanto quando sia stato *determinante* del consenso, cioè tale che senza di esso l'altra parte non avrebbe contrattato; deve provenire da uno dei contraenti ovvero, qualora provenga da un terzo, deve essere noto alla parte che ne ha tratto vantaggio. Sotto il primo profilo, il dolo deve presentare una vera idoneità ingannatoria, valutata non in astratto, ma in concreto e cioè in relazione alle circostanze, alla personalità e alle condizioni fisio-psichiche del soggetto.

Differenze con figure affini: occorre distinguere il dolo dal cd. *dolus bonus*, che corrisponde alla normale esaltazione pubblicitaria che, in genere, nel campo del commercio, si fa della propria merce o delle proprie prestazioni. Tale tipo di dolo non ha un'effettiva idoneità ingannatoria, poiché tutti possono valutare opportunamente la pubblicità e tenerla nel giusto conto.

Domain name: Nozione: una delle parti che compongono un indirizzo web.

Disciplina: l'ente che in Italia soprassiede alla registrazione del *domain name* è il Gruppo per l'Armonizzazione delle Reti della Ricerca (GARR), il quale assegna il *domain name* limitandosi a verificare che non sia già utilizzato da altri.

L'assenza di norme che regolino l'assegnazione ha determinato l'insorgenza di un fenomeno, definito *domain grabbing*, che consiste nel registrare come *domain name* i marchi famosi al solo fine di rivenderli poi al miglior offerente. La giurisprudenza italiana, prescindendo dalle norme che all'interno di Internet regolano l'assegnazione del *domain name*, ha affermato che l'uso di un marchio registrato come *domain name* viola la normativa sui marchi, assimilandolo quindi, per la sua capacità identificativa, al (→) *marchio* o all'(→) *insegna*.

Domicilio: Rif. normativi: artt. 43-47 c.c.

Nozione: luogo ove il soggetto stabilisce la sede principale dei propri affari e interessi. Esso costituisce una situazione di diritto che consegue alla localizzazione degli affari o interessi, non essendo necessario che il soggetto dimori effettivamente nel luogo di domicilio.

Si può distinguere tra:

- **domicilio generale volontario** (scelto liberamente): ogni soggetto può avere un solo domicilio generale;
- **domicilio generale necessario e legale** (stabilito dalla legge): il domicilio del minore è nel luogo di residenza della famiglia o del genitore con il quale convive; l'interdetto ha il domicilio del tutore;

- **domicilio speciale o eletto**: si riferisce a determinati atti o affari di una persona e vige per la sola durata del compimento dell'atto o dell'affare: l'elezione di domicilio va fatta espressamente e con atto scritto.

Differenze con figure affini: il domicilio è una delle relazioni territoriali della persona, insieme con (→) *dimora* e (→) *residenza,* rilevante per il diritto.

Dominio diretto: Nozione: diritto che spetta al proprietario che ha costituito sul bene un diritto reale di (→) *enfiteusi.*

Disciplina: il dominio diretto si riduce al diritto al canone, ma il diritto di proprietà si riespande nel caso d'estinzione del diritto dell'enfiteuta.

Dominio utile: Nozione: potere di godimento che spetta all'enfiteuta.

Disciplina: il diritto di godimento dell'enfiteuta ha la stessa ampiezza del diritto che spetta al proprietario (potendo egli mutare la destinazione del fondo e alienare il proprio diritto), ma l'enfiteuta ha l'obbligo di migliorare il fondo e di pagare al proprietario un canone periodico.

Differenze con figure affini: (→) *enfiteusi.*

Donazione: Rif. normativi: artt. 769-809 c.c.

Nozione: contratto a titolo gratuito con il quale una parte (*donante*), per spirito di liberalità, arricchisce l'altra (*donatario*), disponendo a favore di questa di un suo diritto o assumendo verso la stessa un'obbligazione.

Disciplina: il contratto di donazione richiede nell'autore la piena capacità di disporre; esso, inoltre, può avere a oggetto qualunque bene che si trova nel patrimonio del donante, mentre è vietata la donazione di beni futuri e altrui. Il contratto deve essere fatto per (→) *atto pubblico*, con due testimoni, sotto pena di nullità.

Il contratto è invalido, oltre che per le normali cause di (→) *invalidità*, anche per errore o illiceità dei (→) *motivi* che risultino dall'atto e siano stati determinanti del consenso. La donazione nulla è convalidabile mediante conferma espressa o esecuzione volontaria, dopo la morte del donante. La donazione può essere revocata per ingratitudine del donatario o per sopravvenienza di figli.

Differenze con figure affini: vanno tenute distinte:

- la **donazione remuneratoria** (770 c.c.), un tipo di donazione che si qualifica per i motivi che inducono il donante a effettuarla; è fatta in segno di riconoscenza o in considerazione dei meriti del donatario, o per speciale remunerazione, alla quale il donante non è tenuto né per legge, né per uso, né per costume sociale. In considerazione dei motivi che l'hanno determinata, la donazione remuneratoria non è soggetta a revoca per ingratitudine e per sopravvenienza di figli;
- la **donazione obnuziale** (785 c.c.), la donazione fatta in vista di un futuro matrimonio, dagli sposi tra loro o da altri a favore degli sposi o dei figli nascituri di questi. Essa si perfeziona senza bisogno di accettazione, non ha efficacia se non si verifica la condizione della successiva celebrazione del matrimonio e viene resa nulla dall'eventuale annullamento del matrimonio. Quanto agli effetti, non obbliga agli alimenti e non è revocabile;
- la **donazione indiretta** che si ha quando il donante raggiunge lo scopo di arricchire un'altra persona servendosi di atti che hanno una (→) *causa* diversa da quella della donazione (es.: nel pagamento di un debito altrui, la cui causa consiste nell'estinzione del debito, in sostanza si avvantaggia il debitore come se gli si donasse la somma dovuta per il pagamento). Tale negozio non può ritenersi tecnicamente una donazione anche se attua una liberalità, per cui non è soggetto alle regole formali tipiche della donazione. A esso, tuttavia, l'art. 809 c.c. estende l'applicabilità delle norme sulla revoca e sulla riduzione delle donazioni. Esempi di donazione indiretta: l'adempimento da parte di un terzo (1180 c.c.), la remissione del debito (1236 c.c.), la restituzione volontaria del titolo originale del credito (1237 c.c.), il contratto a favore di terzo (1411 c.c.), la rendita vitalizia a favore di terzo (1875 c.c.), l'assicurazione a favore di terzo (1920 c.c.).

E

Eccessiva onerosità: Rif. normativi: artt. 1467-1469 c.c.

Nozione: alterazione del rapporto di valore tra prestazione contrattuale e controprestazione, imputabile a eventi straordinari e imprevedibili sopravvenuti tra la stipulazione del contratto e la sua esecuzione.

Disciplina: l'eccessiva onerosità sopravvenuta legittima la parte interessata a domandare, nei *contratti a esecuzione continuata* o periodica o a esecuzione differita, la (→) *risoluzione* purché:

1. la sopravvenuta onerosità non rientri nella normale alea contrattuale;
2. la controparte non offra di modificare equamente le condizioni del contratto.

Non è invece ammissibile la risoluzione per eccessiva onerosità sopravvenuta nei *contratti aleatori*, nei quali l'assunzione del rischio è elemento naturale del contratto.

L'eccessiva onerosità sopravvenuta, nei *contratti unilaterali*, comporta soltanto la rivedibilità della prestazione, in modo che questa sia ricondotta a equità.

Eccesso di potere: Nozione: vizio di un atto legislativo che consiste nella contraddizione tra le disposizioni normative e i fini costituzionali.

Disciplina: indici sintomatici del vizio di eccesso di potere sono:

1. l'irragionevolezza o l'incoerenza della norma, che si evidenzia nella contraddizione tra le singole disposizioni dello stesso testo normativo o tra questo e le situazioni di interesse pubblico che hanno determinato il legislatore a legiferare;
2. la disparità di trattamento.

Competente a sindacare tale vizio è la Corte Costituzionale.

Eccezione: Rif. normativi: art. 2697 c.c.

Nozione: è qualunque deduzione opposta dal convenuto in giudizio, tesa a destituire di fondamento la domanda dell'attore. L'eccezione può consistere in un fatto estintivo, modificativo o impeditivo del diritto dell'attore, tale da comportare il rigetto della domanda.

Disciplina: in tema di onere della prova, chi eccepisce l'inefficacia dei fatti che costituiscono il fondamento di un diritto fatto valere in giudizio, ovvero eccepisce che il diritto si è modificato o estinto, deve provare i fatti su cui l'eccezione si fonda. Le eccezioni possono essere di *natura sostanziale*, cioè riguardare i fatti di cui si discute in causa, o di *natura processuale*, attinenti ai presupposti processuali e alle condizioni dell'azione.

Efficacia del negozio giuridico: Rif. normativi: artt. 1372-1386 c.c.

Nozione: idoneità a produrre effetti giuridici di natura costitutiva, modificativa o estintiva di una situazione o posizione giuridica.

Gli effetti giuridici del negozio possono essere:

- **costitutivi**, se sono diretti alla formazione di un rapporto giuridico;
- **modificativi**, se intervengono su un rapporto giuridico per modificarne la disciplina;
- **estintivi**, se determinano l'estinzione di un rapporto giuridico.

In relazione al loro *oggetto* si distinguono in:

- **reali**, se costituiscono o trasferiscono la proprietà o altro diritto reale o di credito;
- **obbligatori**, se costituiscono un rapporto obbligatorio.

In relazione ai *soggetti* su cui incidono possono ancora distinguersi in:

- ***erga omnes***, se possono essere fatti valere nei confronti di tutti;
- **personali**, se possono essere fatti valere soltanto nei confronti di alcuni soggetti determinati.

Efficacia della legge: Rif. normativi: art. 73 Cost., art. 10 disp. prel. c.c., L. 218/95.

Nozione: si distingue tra:

- **efficacia nel tempo**: la norma giuridica entra in vigore quando viene pubblicata sulla Gazzetta Ufficiale, decorsa la cd. *vacatio legis* (di regola 15 giorni dalla pubblicazione), che consente ai destinatari di venire a conoscenza della legge. Trascorso tale periodo, la legge diviene obbligatoria per tutti e vale il principio per cui *ignorantia legis non excusat*;

- **efficacia nello spazio**: attiene al diritto internazionale privato. La L. 218/95 regola l'applicabilità, nell'ordinamento giuridico italiano, della legge nazionale (italiana o straniera) nel caso di situazioni o rapporti giuridici che non coinvolgono soltanto cittadini italiani, o che non si siano svolti e definiti esclusivamente nel territorio italiano.

Elettorato: Rif. normativi: artt. 48, 51, 75, 84 Cost., D.P.R. 361/57, D.P.R. 223/67, L. 154/81, L. 15/92, L. 16/92, D.Lgs. 355/93, L. 30/94.

Nozione: costituisce l'esercizio di una pubblica potestà attribuita all'insieme degli elettori.

Disciplina: l'elettorato si distingue in:

- **attivo** (capacità di votare): è un *diritto soggettivo pubblico*, inquadrabile fra i *diritti politici*, e cioè fra i diritti che hanno per contenuto l'esercizio di una pubblica funzione; è attribuito a tutti i cittadini senza distinzione di sesso purché maggiorenni; il limite di età è elevato a venticinque anni per l'elettorato attivo al Senato;
- **passivo** (capacità di essere votato): è attribuito a chi non si trovi in condizioni di incapacità, indegnità, (→) *ineleggibilità*, (→) *incompatibilità*.

L'appartenenza al corpo elettorale è documentata attraverso l'iscrizione nelle liste elettorali.

Elezione di domicilio: (→) *domicilio.*

Emancipazione: Rif. normativi: artt. 390-397 c.c.

Nozione: *status* di limitata (→) *capacità di agire* che il minore degli anni 18 acquista, sempreché abbia compiuto il sedicesimo anno di età, se è autorizzato giudizialmente a contrarre matrimonio a fronte di gravi motivi.

Disciplina: gli effetti dell'emancipazione sono:

1. cessazione della potestà dei genitori o della tutela: a essi si sostituisce un altro potere, in quanto l'emancipato è sottoposto a (→) *curatela*;
2. acquisto di una limitata capacità di agire circoscritta agli atti non eccedenti l'ordinaria amministrazione.

Per gli atti eccedenti l'ordinaria amministrazione, la volontà dell'emancipato va integrata con quella del curatore, ed è di regola necessaria anche l'autorizzazione del giudice tutelare.

Emendamento: Rif. normativi: artt. 84 ss. Reg. Camera; artt. 41 ss. Reg. Senato; art. 15 L. 400/88.

Nozione: iniziativa legislativa incidentale, con carattere aggiuntivo, soppressivo, sostitutivo o modificativo di un progetto di legge, la cui titolarità spetta ai singoli membri del Parlamento.

Emulazione: Rif. normativi: art. 833 c.c.

Nozione: atto che, non avendo alcuna utilità per il proprietario, ha come unico scopo quello di nuocere o arrecare molestia ad altri (es.: piantare alberi soltanto al fine di togliere la vista panoramica al vicino senza alcun effettivo giovamento per il proprietario del fondo).

Disciplina: perché l'atto venga vietato occorre sia l'*elemento oggettivo* della mancanza di utilità per il proprietario, sia l'*elemento soggettivo* dell'intenzione di nuocere o arrecare molestia. Gli atti emulativi sono un esempio di (→) *abuso* del diritto soggettivo.

Enfiteusi: Rif. normativi: artt. 957-977 c.c.

Nozione: (→) *diritto reale* di godimento su cosa altrui che attribuisce al titolare (*enfiteuta*) lo stesso potere di godimento del fondo che spetta al proprietario, con l'obbligo di migliorare il fondo e di pagare al proprietario (*concedente*) un canone periodico, che costituisce un (→) *onere* reale.

Disciplina: l'enfiteusi può essere costituita in perpetuo o a tempo determinato. Se è costituita a tempo determinato la sua durata non può essere inferiore ai venti anni. L'enfiteusi si estingue per:

1. scadenza del termine, se si tratta di enfiteusi temporanea;
2. perimento totale del fondo;
3. non uso del diritto da parte dell'enfiteuta, protratto per venti anni;
4. (→) *affrancazione*;
5. (→) *devoluzione.*

***Engineering* (contratto di): Nozione:** contratto con il quale un committente, che intende compiere un intervento edilizio o industriale, affida all'impresa di *engineering* il compito di progettarne l'installazione e l'insediamento (cd. *consulting engineering*) oppure di avviare o eseguire per intero i lavori, di amministrare e manutenere l'opera eseguita (cd. *commercial engineering*).

Disciplina: si tratta di un *contratto consensuale*, a *effetti obbligatori*, *sinallagmatico* e *innominato*. A fronte degli obblighi assunti dalla società di *engineering*, il committente s'impegna, a seconda del tipo di contratto concluso, a mettere a disposizione il suolo su cui eseguire l'opera progettata, ad acquisire tutte le autorizzazioni e i permessi necessari per lo svolgimento dei lavori e a pagare le prestazioni della società di *engineering* in denaro o sotto forma di interessenze o partecipazioni ai propri utili futuri derivanti dall'attività intrapresa.

Differenze con figure affini: la struttura di tale contratto comprende aspetti propri dell'(→) *appalto* di servizi, del contratto d'opera e del contratto di (→) *somministrazione*.

Enti pubblici: Rif. normativi: artt. 830 e 2201 c.c., L. 70/75, L. 35/92, L. 59/97, D.Lgs. 419/99.

Nozione: persone giuridiche attraverso cui la Pubblica Amministrazione esplica l'attività amministrativa. È possibile distinguere tra:

- **enti territoriali** ed **enti istituzionali**, a seconda che il territorio sia elemento costitutivo e parte integrante dell'ente, oppure soltanto lo spazio nell'ambito del quale esso esercita le proprie competenze. Regioni, Province, Comuni, Comunità montane e Aree metropolitane sono enti territoriali;
- **enti strumentali** o ausiliari ed **enti autonomi** o indipendenti: gli enti strumentali perseguono fini propri dell'ente di riferimento e sono perciò legati a questo da vincoli di soggezione; gli enti indipendenti godono di autonomia nella determinazione del loro indirizzo politico;
- **enti locali** ed **enti nazionali**, a seconda che siano destinati a operare su tutto il territorio nazionale, oppure su un circoscritto ambito territoriale;
- **enti autarchici** ed **enti economici:** ai primi l'ordinamento riconosce almeno un minimo di potestà pubbliche, estrinsecantesi nella possibilità di compiere atti amministrativi. Gli enti economici non operano, invece, in regime di diritto amministrativo, bensì di diritto privato, e hanno a oggetto esclusivo o principale l'esercizio di un'impresa commerciale.

Disciplina: la tendenza attuale è quella di ridurre il numero degli enti, mediante:

- fusione o soppressione di enti con finalità omologhe o complementari;
- trasformazione di enti per i quali l'autonomia non sia necessaria in ufficio pubblico o struttura di università;
- liquidazione degli enti inutili;
- trasformazione in associazioni o persone giuridiche private sia degli enti che non svolgono funzioni o servizi di rilevante interesse pubblico, sia degli enti per il cui funzionamento non è necessaria la personalità di diritto pubblico;
- trasformazione di enti che godono di un alto indice di autonomia finanziaria in enti economici o in società di diritto privato.

Differenze con figure affini: al fine di distinguere gli enti pubblici da quelli privati, è utile ricorrere a una serie di indici sintomatici: presenza di controlli pubblici, ingerenza dello Stato (o delle Regioni) nella nomina e revoca dei dirigenti nonché nell'amministrazione dell'ente, partecipazione dello Stato (o di altro ente territoriale) alle spese di gestione, costituzione a iniziativa pubblica, potere di direttiva dello Stato (o di altro ente territoriale), qualificazione, da parte della legge come "ente pubblico", attribuzione di potestà pubbliche, finanziamento pubblico istituzionale.

Entrata in vigore della legge: Rif. normativi: artt. 73 e 77 Cost.

Disciplina: le **leggi** acquistano normalmente efficacia 15 giorni dopo la pubblicazione sulla Gazzetta Ufficiale; il periodo che intercorre tra la data di pubblicazione e quella di entrata in vigore è denominato *vacatio legis*. Tale periodo non è tassativo, in quanto la stessa legge può stabilirne uno diverso (più breve o più lungo) per l'entrata in vigore.

I **decreti-legge**, invece, acquistano efficacia il giorno stesso della loro pubblicazione.

Equità: Rif. normativi: artt. 1226, 1349, 1371, 1374, 1450, 1467, 1468, 2045, 2047, 2056 c.c.

Nozione: principio di contemperamento di contrapposti interessi, rilevanti secondo la coscienza sociale. Può assumere diversi aspetti:

- criterio di valutazione nella determinazione del danno o dell'eccessiva onerosità sopravvenuta;
- criterio di soluzione delle controversie;
- principio fondamentale ai fini dell'integrazione e dell'interpretazione del contratto, che contribuisce a determinarne gli effetti giuridici e a contemperare gli interessi delle parti.

Erede: Nozione: persona che, chiamata a succedere per legge o per testamento, ha accettato l'eredità, subentrando in *toto* o *pro quota* nei rapporti giuridici attivi e passivi facenti capo al defunto.

Disciplina: con la morte del (→) *de cuius*, il chiamato all'eredità non acquista *ipso iure* la qualità di erede, stante la necessità di una manifestazione di volontà diretta in tal senso, denominata (→) *accettazione.*

Differenze con figure affini: l'**erede apparente** è colui che, pur non essendo erede, si comporta come se l'eredità fosse a lui devoluta e da lui accettata, ingenerando nei terzi la ragionevole opinione di essere di fronte all'erede vero. In tale caso il vero erede ha la possibilità di agire con l'azione di (→) *petizione dell'eredità*, ma restano salvi i diritti acquistati dai terzi in buona fede dall'erede apparente in virtù di convenzioni a titolo oneroso. Se tuttavia oggetto dell'acquisto sono beni immobili o mobili registrati occorrerà, per la salvezza dell'acquisto, anche una tempestiva trascrizione.

Eredità: Nozione: l'insieme dei rapporti giuridici attivi e passivi facenti capo al (→) *de cuius.*

Disciplina: il patrimonio ereditario costituisce una (→) *universalità* di diritto, in quanto è considerato come un'unità astratta e ideale di tutti i rapporti giuridici di cui era titolare il *de cuius.*

Eredità giacente: Rif. normativi: artt. 528-532 c.c., artt. 51-*bis* disp. att. c.c.

Nozione: fino a quando il chiamato non ha accettato l'eredità, qualsiasi interessato (creditore, legatario, chiamato ulteriore) può chiedere al Tribunale la nomina di un curatore (→ *curatela*) con il compito di gestire il patrimonio ereditario fino al momento dell'accettazione o, in mancanza, della devoluzione allo Stato.

***Erga omnes* [verso tutti]: Nozione:** caratteristica tipica dei diritti assoluti (→ *diritti soggettivi*), quella cioè di garantire al titolare un potere che può essere fatto valere nei confronti di tutti i consociati.

Errore: Rif. normativi: artt. 1427-1433 c.c.

Nozione: si distingue tra:

- **errore-vizio** (o motivo), che cade su circostanze che influenzano la formazione della volontà negoziale, sostanziandosi in una falsa rappresentazione della realtà;
- **errore ostativo**, che cade sulla dichiarazione, determinando una divergenza tra volontà e dichiarazione.

Se l'errore cade su una circostanza di fatto si avrà **errore di fatto**, se riguarda una circostanza di diritto si avrà **errore di diritto**.

Disciplina: entrambi i tipi di errore determinano l'annullabilità del contratto, a condizione che l'errore sia:

1. **essenziale**· tale pertanto da aver determinato la parte a concludere il contratto. Perché ricorra il requisito dell'essenzialità è inoltre necessario che l'errore cada sulla natura o sull'oggetto del negozio, sulla qualità della cosa, o sulla persona o sulla quantità della prestazione. Non riveste carattere d'essenzialità l'errore sui (→) *motivi,* salve le eccezioni previste in materia di testamento e di donazione;
2. **riconoscibile** quando, in relazione al contenuto, alle circostanze del contratto ovvero alla qualità dei contraenti, una persona di normale diligenza avrebbe potuto rilevarlo. La *ratio* della riconoscibilità va ravvisata nella tutela dell'affidamento della controparte.

Differenze con figure affini: l'**errore di calcolo** non dà luogo all'annullamento, ma alla *rettifica del contratto* salvo che, concretandosi in errore sulla quantità, abbia assunto un'importanza determinante. Esso sussiste quando s'incorre in una svista materiale nelle operazioni aritmetiche, emendabile con la semplice ripetizione del calcolo.

Escussione (beneficio di): Rif. normativi: artt. 1944, 2268 e 2304 c.c.

Nozione: il **contratto di fideiussione** consiste nella facoltà del fideiussore di non pagare prima dell'escussione del patrimonio del debitore principale. Il beneficio d'escussione è fatto valere mediante (→) *eccezione* e deve essere espressamente pattuito; inoltre il fideiussore, che sia convenuto dal creditore e che intenda sollevare l'eccezione, ha l'onere di indicare i beni del debitore principale da sottoporre a esecuzione.

In **ambito societario** analogo beneficio è previsto dalla legge per i soci responsabili delle obbligazioni sociali nelle società di persone. Il socio di una società semplice, richiesto del pagamento di debiti sociali, ha la facoltà di domandare la preventiva escussione del patrimonio sociale, indicando i beni sui quali il creditore possa agevolmente soddisfarsi; nella società in nome collettivo e nella società in accomandita semplice i creditori sociali non possono pretendere il pagamento dai singoli soci, se non dopo l'escussione del patrimonio sociale. Nel **contratto di ipoteca,** il terzo datore d'ipoteca può opporre al creditore il *beneficium excussionis* soltanto se esso è stato espressamente convenuto.

Espromissione: Rif. normativi: art. 1272 c.c.

Nozione: modificazione soggettiva dell'obbligazione, che si verifica quando un terzo (*espromittente*), estraneo rispetto a un rapporto obbligatorio esistente tra un creditore e un debitore originario, assume verso il creditore (*espromissario*) il debito contratto dal debitore (*espromesso*), senza delega di quest'ultimo; l'intervento dell'espromittente è perciò spontaneo e si realizza mediante la conclusione di un contratto d'espromissione con il creditore-espromissario.

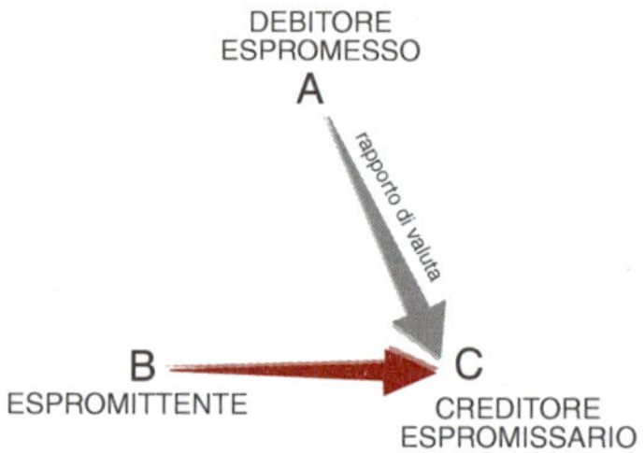

Disciplina: l'espromissione può essere **cumulativa**, avendo per effetto la responsabilità solidale del terzo espromittente e del debitore espromesso, con la conseguenza che il creditore espromissario potrà soddisfare la sua pretesa creditoria su due patrimoni; **privativa o liberatoria**, avendo per effetto la liberazione del debitore espromesso; unico obbligato resta quindi l'espromittente.

Differenze con figure affini: (→) *delegazione,* espromissione e (→) *accollo* sono contratti con i quali si sostituisce il soggetto passivo del rapporto. Si distinguono in base ai soggetti tra cui interviene l'accordo: nella delegazione esso avviene tra debitore e terzo, nell'espromissione tra terzo e creditore e nell'accollo tra debitore e terzo.

Espropriazione: Rif. normativi: artt. 42 e 43 Cost., art. 834 c.c., L. 2359/1865, L. 865/71, L. 359/92.

Nozione: istituto che attribuisce alla Pubblica Amministrazione la potestà di sacrificare, per un interesse pubblico, diritti reali altrui.

Disciplina: il potere di espropriare può essere esercitato soltanto nei casi in cui la legge lo prevede, specificandone entità e limiti (riserva relativa di legge). Soggetti passivi dell'espropriazione possono essere i privati o un'altra Pubblica Amministrazione. Titolari del potere espropriativo sono lo Stato, le Regioni e i Comuni. Beneficiari dell'espropriazione possono essere sia i privati, sia la Pubblica Amministrazione procedente, sia un altro soggetto pubblico da questo distinto. Colui che subisce l'esproprio ha diritto alla cd. *indennità di esproprio*, il cui ammontare dipende dal tipo di suolo espropriato: per le aree agricole e per quelle non edificabili è applicabile il criterio del valore agricolo medio; per le aree edificabili l'indennità è stabilita sulla media tra il valore venale e il reddito dominicale rivalutato, con ulteriore riduzione del 40% (la riduzione non è però applicabile nell'ipotesi di cessione volontaria del bene).

Estimatoria (azione): Rif. normativi: art. 1492 c.c.

Nozione: azione (detta anche *quanti minoris*) con cui, nella (→) *compravendita*, il compratore può chiedere la riduzione o il rimborso parziale del prezzo, allorché la cosa acquistata sia affetta da (→) *vizi* che la rendano inidonea all'uso cui è destinata o ne diminuiscano in modo apprezzabile il valore.

Tale azione è prevista in alternativa all'azione (→) *redibitoria,* che è un rimedio diretto a ottenere la risoluzione del contratto di compravendita, sempre in caso di vizi della cosa.

Estinzione: Nozione: consiste nel venire meno di una determinata posizione giuridica, di vantaggio o di svantaggio (→ tabella seguente).

Evizione (garanzia per): Rif. normativi: artt. 1483-1486 c.c.

Nozione: garanzia con la quale il venditore assume il rischio dello spoglio subìto dal compratore, in conseguenza di una pronuncia giudiziaria che accerti un difetto nel diritto del venditore a vantaggio di un terzo.

Disciplina: in caso di **evizione totale** il venditore deve restituire al compratore il prezzo pagato e rimborsargli le spese di contratto e le spese successive fatte per la cosa; in caso di **evizione parziale** il compratore può ottenere una riduzione del prezzo, oltre al risarcimento del danno. Si applicano, però, le norme sull'evizione totale, qualora risulti, secondo le circostanze, che il compratore non avrebbe acquistato la cosa senza la parte di cui non è divenuto proprietario.

La garanzia per evizione costituisce un effetto naturale del negozio e pertanto non occorre una specifica pattuizione che la preveda. Il compratore può, però, rinunciarvi o contentarsi di una garanzia minore, come può pattuire che ne derivino effetti più gravi.

Estinzione del diritto (art. 2934 c.c.)	**Estinzione dell'obbligazione (artt. 1176,1230-1235 c.c.)**	**Estinzione della persona giuridica (art. 27 c.c.)**
Consegue al verificarsi della (→) *prescrizione*, cioè del decorso del tempo stabilito dalla legge senza che vi siano stati atti d'esercizio, o alla (→) *rinunzia*, quale atto volontario di dismissione del diritto da parte del titolare	I fatti giuridici per effetto dei quali l'obbligazione cessa di esistere sono: a) modi di estinzione satisfattori: • (→) *adempimento* • (→) *compensazione* • (→) *confusione* b) modi di estinzione non satisfattori (estinguono l'obbligazione senza soddisfare l'interesse creditorio): • (→) *novazione* • (→) *remissione del debito* • (→) *impossibilità della prestazione,* sopravvenuta	La persona giuridica cessa di esistere: • per le cause previste dall'atto costitutivo o dallo statuto; • per il venire meno dello scopo, per raggiungimento dello stesso o per impossibilità di realizzazione; • per scioglimento disposto dall'assemblea o dal Governo; • per il venire meno di tutti gli associati

La garanzia per evizione è prevista anche in tema di (→) *divisione* ereditaria e di (→) *donazione*.

***Ex nunc* [da adesso]: Nozione:** sinonimo di *non retroattività*: indica che un dato atto giuridico esplica i suoi effetti soltanto dal momento in cui viene posto in essere.
Esempi:

- termine: gli effetti dell'atto prodottisi fino al verificarsi del termine rimangono salvi;
- abrogazione della legge: la norma deve essere applicata soltanto ai fatti verificatisi durante la sua vigenza.

***Ex tunc* [da allora]: Nozione:** sinonimo di (→) *retroattività*: indica che un dato atto giuridico esplica i suoi effetti non dal momento in cui viene posto in essere ma da un momento anteriore. Esempi:

- **avveramento** della condizione: tutti gli effetti dell'atto al verificarsi di questa vengono posti nel nulla, in quanto l'atto stesso si considera come mai esistito;
- **dichiarazione di incostituzionalità** di una legge: la norma non può più essere applicata neppure ai fatti già verificatisi;
- **decreto legge non convertito**: cadono tutti gli effetti sorti nella vigenza del decreto e si applica la vecchia norma.

F

Facoltà: Nozione: manifestazione del diritto soggettivo priva del carattere di autonomia.

Disciplina: le facoltà non si estinguono se non con l'estinzione del diritto di cui sono espressione.

Differenze con figure affini: le altre situazioni giuridiche soggettive attive sono: (→) *diritto soggettivo,* (→) *potestà,* (→) *aspettativa* e (→) *status.*

***Factoring* (contratto di): Rif. normativi:** L. 52/91, L. 260/93, D.Lgs. 385/93.

Nozione: contratto con il quale una parte (*factor*) acquista, a titolo oneroso, crediti non ancora esigibili di un'impresa, assumendo obblighi di gestione, riscossione e contabilizzazione.

Disciplina: la funzione del *factoring* è prevalentemente quella di **finanziamento** (l'impresa cedente riceve l'importo dei crediti ceduti, dedotto un corrispettivo costituente il compenso del *factor*, prima della scadenza). È configurabile, altresì, una funzione di **assicurazione**, quando il *factor* acquista il credito con assunzione del rischio d'insolvenza del debitore.

La cessione dei crediti può essere fatta ***pro-soluto***, vale a dire con il rischio dell'insolvenza del debitore ceduto a carico del *factor*, ovvero ***pro-solvendo*** quando il cedente garantisce circa la solvenza del debitore ceduto.

Fallimento: Rif. normativi: art. 2221 c.c., R.D. 267/42, L. 95/79.

Nozione: procedura concorsuale rivolta alla realizzazione coattiva e paritaria dei diritti dei creditori, attraverso la liquidazione delle attività esistenti nel patrimonio del debitore. Tale procedura è applicabile quando l'imprenditore si trova in stato di (→) *insolvenza*, non essendo più in grado di soddisfare regolarmente le proprie obbligazioni.

Disciplina: la procedura fallimentare riguarda tutti i beni del debitore e si basa sul principio della *par condicio creditorum*, per cui tutti i creditori debbono essere ugualmente soddisfatti, salve le cause legittime di prelazione. Si applica soltanto agli imprenditori commerciali, con esclusione del piccolo imprenditore, dell'imprenditore agricolo e degli enti pubblici.

Presupposti del fallimento:

1. **presupposto soggettivo**: qualità di imprenditore commerciale non piccolo del debitore, e non assoggettabilità dello stesso a una procedura di *liquidazione coatta amministrativa (→)*. L'imprenditore, inoltre, non deve aver fatto domanda di (→) *concordato preventivo* o di (→) *amministrazione controllata*;
2. **presupposto oggettivo**: stato di insolvenza.

Il fallimento può essere dichiarato su ricorso di uno o più creditori, su richiesta dello stesso debitore, su istanza del pubblico ministero o d'ufficio.

In seguito alla dichiarazione di fallimento, il nominativo del fallito è iscritto nel cd. *registro dei falliti* tenuto dalla cancelleria del Tribunale. Fin quando non sia cancellata, per effetto della *riabilitazione*, tale iscrizione comporta la perdita dell'elettorato attivo e passivo, della capacità di esercitare alcune professioni (avvocato, titolare di farmacia) e della capacità di assumere determinati uffici (tutore, giudice popolare, amministratore o liquidatore di società per azioni).

In seguito alla dichiarazione di fallimento, il fallito viene spossessato dei suoi beni e privato del potere di amministrazione su di essi. I beni restano vincolati al fallimento e sottoposti all'amministrazione del curatore.

Effetto fondamentale della sentenza dichiarativa di fallimento è il conferimento a tutti i creditori del diritto di partecipare alla distribuzione del ricavato dalla liquidazione del patrimonio del fallito, sulla base dell'importo del credito al momento della dichiarazione di fallimento.

Infine, poiché la legge ritiene facenti parte della massa attiva del fallimento anche taluni beni che hanno cessato di appartenere al debitore anteriormente alla dichiarazione di fallimento, è apprestato un rimedio volto al recupero di tali beni nel patrimonio del debitore: la *revocatoria* (→) *fallimentare.*

Fatti giuridici: Nozione: fatti o modificazioni della realtà (naturale o sociale) a cui il diritto ricollega effetti giuridici: nascita, estinzione o modificazione di un rapporto giuridico.

Disciplina: si distinguono in:

- **fatti naturali**, in cui manca del tutto la volontà umana (es.: il fulmine), o tale volontà, secondo la considerazione fatta dall'ordinamento giuridico, gioca un ruolo indifferente (es.: la semina);
- (→) **atti giuridici**, caratterizzati da un'attività umana consapevole e volontaria, posta in essere da un soggetto capace a cui l'ordinamento attribuisce il potere di modificare la realtà esterna. Tra gli atti giuridici rientrano i (→) *negozi giuridici*.

Per una schematica distizione (→ tabella a fondo pagina).

Fattispecie: Nozione: situazione giuridica considerata e disciplinata dal diritto.

Disciplina: si distingue tra:

- **fattispecie astratta**, che indica la previsione normativa relativa a quell'accadimento, con gli effetti giuridici da esso prodotti (ipotesi astrattamente considerata);
- **fattispecie concreta**, che individua il singolo fatto specifico che si è verificato. Quest'ultimo deve essere confrontato con la fattispecie astratta per verificarne la coincidenza e dedurne la produzione dell'effetto (cd. *procedimento di sussunzione*).

La fattispecie può essere:

- **semplice**: se è costituita da un solo fatto giuridico (es.: morte di un individuo);
- **complessa**: quando l'effetto tipico si produce soltanto con il verificarsi di più fatti giuridici. Quando tra i fatti che costituiscono la fattispecie sussiste un collegamento d'ordine logico e cronologico si parla di fattispecie a *formazione progressiva* o procedimento (es.: l'acquisto di un bene sotto condizione sospensiva si compone dell'atto di compravendita seguito eventualmente dall'avveramento della condizione).

Fatto compiuto (teoria del): Nozione: secondo tale teoria gli effetti delle fattispecie perfezionatesi nel vigore della vecchia legge non vengono toccati dalla nuova legge.

Disciplina: il principio della non retroattività della legge comporta che la legge nuova non possa essere applicata ai rapporti giuridici esauriti prima della sua entrata in vigore, né a quelli sorti anteriormente e ancora in vita, se in tal modo si disconoscerebbero gli effetti già verificatisi del fatto o si venisse a togliere efficacia in tutto o in parte alle conseguenze attuali e future di esso.

Fatto	qualunque modificazione della realtà esterna;
Fatto naturale	modificazione della realtà irrilevante per il diritto (es.: movimento dei pianeti);
Fatto giuridico	modificazione della realtà rilevante per il diritto (es.: trascorrere del tempo per l'usucapione);
Atto	modificazione della realtà dovuta al comportamento umano;
Atto meramente lecito	comportamento a cui la legge ricollega effetti predeterminati o prestabiliti, indipendenti dall'effettiva volontà del loro autore (es.: intimazione di pagamento, che ha l'effetto di costituire in mora il debitore indipendentemente dalla volontà del creditore);
Negozio giuridico	atto al quale la legge ricollega, nei limiti del possibile, gli effetti voluti dal soggetto che lo pone in essere;
Negozio giuridico unilaterale	negozio che si perfeziona con una sola manifestazione di volontà (es.: testamento, promessa al pubblico ecc.);
Negozio giuridico bilaterale o plurilaterale	negozio giuridico che si perfeziona con due o più manifestazioni di volontà che originano l'accordo: il contratto.

Differenze con figure affini: (→) *diritti quesiti*, (→) *apporti esauriti*.

Fideiussione: Rif. normativi: artt. 1936-1957 c.c.

Nozione: contratto stipulato tra il creditore e un terzo, con il quale il terzo costituisce a favore del creditore una garanzia personale.

Disciplina: la fideiussione è una *garanzia personale*, in forza della quale il fideiussore risponde con tutti i suoi beni dell'adempimento dell'obbligazione altrui. Il fideiussore è obbligato in *solido* con il debitore principale, ma le parti possono convenire che il fideiussore non sia tenuto a pagare prima dell'(→) *escussione* del debitore principale.

La volontà di prestare la fideiussione deve essere espressa e non può desumersi da comportamenti concludenti.

L'obbligazione fideiussoria ha **natura accessoria** e:

- non può eccedere ciò che è dovuto dal debitore, né può essere prestata a condizioni più onerose;
- non è valida se non è valida l'obbligazione principale;
- il fideiussore può opporre al creditore tutte le eccezioni che spettano al debitore principale, salvo quelle che derivano dall'incapacità.

Il fideiussore che ha pagato il debito è *surrogato* nei diritti che il creditore vantava verso il debitore e può esperire contro il debitore azione di *regresso*, facendosi rimborsare tutto ciò che ha pagato al creditore.

Differenze con figure affini: i contratti diretti a costituire una garanzia sono: la fideiussione, il (→) *contratto autonomo di garanzia* e l'(→) *anticresi*. La fideiussione si distingue dall'(→) *avallo* in quanto quest'ultimo è un'obbligazione cambiaria, per la quale vale il principio dell'autonomia, mentre la fideiussione è un'obbligazione accessoria.

Fideiussione *omnibus* [per tutte le obbligazioni]: Rif. normativi: art. 1938 c.c.

Nozione: contratto col quale il fideiussore garantisce l'adempimento di tutte le obbligazioni che un soggetto, di regola un imprenditore, assumerà nei confronti di un altro soggetto, di norma una banca, in dipendenza di una determinata specie di rapporti.

Disciplina: la fideiussione prestata per un'obbligazione futura deve prevedere esplicitamente l'importo massimo garantito.

Fiducia (rapporto di): Rif. normativi: art. 94 Cost.

Nozione: rapporto che lega il Parlamento al Governo, il quale entro 10 giorni dalla sua formazione si deve presentare davanti a ciascuna delle due Camere per ottenere la fiducia.

Disciplina: la fiducia in seguito potrà essere accordata (o revocata) sulla scorta di un atto detto (→) *mozione* di fiducia; se il Governo non ottiene la fiducia dovrà dare le dimissioni.

Filiazione: Rif. normativi: art. 30 Cost., artt. 231-290 c.c.

Nozione: rapporto che intercorre tra i genitori e i figli. Si distinguono:

- **figli legittimi**, la cui procreazione è avvenuta in costanza di matrimonio e fra marito e moglie;
- **figli naturali**, la cui procreazione è avvenuta fuori dal matrimonio ovvero in costanza di matrimonio, ma tra uno dei coniugi e persona diversa;
- **figli incestuosi**, la cui procreazione è avvenuta tra parenti o tra affini;
- **figli adottivi**.

Disciplina: per accertare lo stato di *figlio legittimo*, si fa ricorso a due presunzioni:

- **presunzione di paternità**: si presume che il marito sia il padre del figlio concepito durante il matrimonio. Questa presunzione, però, è soltanto relativa in quanto il marito può fornire la prova contraria, disconoscendo il figlio;
- **presunzione di concepimento durante il matrimonio**: si ritiene concepito nel matrimonio il figlio nato non prima di 180 giorni dalla sua celebrazione e non dopo 300 giorni dal suo scioglimento, o annullamento, o cessazione degli effetti civili. Tale presunzione è assoluta, ma soltanto nel senso che il figlio nato nel periodo suddetto si presume concepito in costanza di matrimonio; infatti, la nascita prima dei 180 giorni non comporta automaticamente l'illegittimità, che può aversi soltanto a seguito di azione per il disconoscimento. Ugualmente, il figlio nato dopo i

300 giorni è considerato legittimo se ciascuno dei coniugi o i loro eredi provino che egli è stato concepito durante il matrimonio.

I *figli naturali* si distinguono in:

- **riconoscibili**, se sono nati da persone che o non sono sposate o erano unite in matrimonio con altra persona all'epoca del concepimento;
- **irriconoscibili**, se sono nati da persone legate tra loro da vincolo di parentela (anche soltanto naturale, in linea retta all'infinito e in linea collaterale nel 2° grado) o affinità in linea retta, salvo che i genitori, al tempo del concepimento, ignorassero la parentela esistente tra loro o che sia stato dichiarato nullo il matrimonio da cui deriva l'affinità.

Il (→) *riconoscimento* consiste nella dichiarazione fatta da uno o da entrambi i genitori che una data persona è proprio figlio naturale. Esso può avvenire o nell'atto di nascita, o con apposita dichiarazione posteriore resa davanti all'ufficiale di stato civile o in atto pubblico o in un testamento.

L'art. 30 Cost. ha stabilito che è dovere e diritto dei genitori mantenere, istruire ed educare i figli, anche se nati fuori dal matrimonio; che la legge deve assicurare ai figli nati fuori dal matrimonio ogni tutela giuridica e sociale, compatibile con i diritti dei membri della famiglia legittima. La riforma del diritto di famiglia ha cercato di dare piena attuazione alle disposizioni della Costituzione, equiparando la posizione giuridica dei figli legittimi e di quelli naturali (L. 151/75).

Finestre: (→) *Luci e vedute.*

Firma digitale: **Rif. normativi:** L. 59/97, D.P.R. 513/97.

Nozione: procedura informatica che consente di attribuire a un determinato soggetto la paternità di un documento informatico.

Disciplina: la legge Bassanini ha stabilito che la firma digitale apposta su un documento informatico è parificata alla sottoscrizione prevista per i documenti cartacei.

Per la generazione di una firma digitale si ricorre a meccanismi di crittografia asimmetrica a chiave pubblica.

Fondazione: **Rif. normativi:** artt. 14-35 c.c.

Nozione: (→) *persona giuridica* il cui elemento sostanziale è costituito da un patrimonio vincolato a uno scopo.

Disciplina: il negozio unilaterale, che ha come contenuto la volontà del fondatore a che sorga la fondazione, può essere contenuto in un atto pubblico tra vivi ovvero in un testamento: in tal caso i beni che costituiranno il patrimonio della fondazione restano vincolati in attesa della nascita dell'ente.

Accanto al negozio di fondazione si pone *l'atto di dotazione*, che è diretto a fornire alla fondazione i mezzi patrimoniali necessari. La vita dell'ente è regolata da uno statuto.

Sono organi della fondazione gli amministratori, nominati secondo le prescrizioni dell'atto di fondazione, o, in mancanza, nominati dall'autorità governativa, la quale esercita anche il controllo su di essi, affinché il patrimonio dell'ente sia destinato allo scopo istituzionale.

Fondi comuni di investimento: **Rif. normativi:** L. 77/83, D.Lgs. 83/92, L. 344/93, L. 86/94, D.Lgs. 58/98, D.M. 228/99.

Nozione: gestione collettiva del risparmio, ottenuta mediante la creazione di patrimoni autonomi, suddivisi in quote, di pertinenza di una pluralità di soggetti, gestiti *in monte.*

I fondi comuni d'investimento possono essere classificati:

- in base alla forma di investimento dei capitali raccolti: fondi comuni di investimento **mobiliari**, in cui il risparmio viene investito in valori mobiliari, e fondi comuni di investimento **immobiliari**, in cui il risparmio raccolto viene investito in beni immobili;
- in base alle modalità di raccolta del risparmio: **fondi chiusi**, in cui l'investitore può ottenere il rimborso della sua partecipazione soltanto a scadenze predeterminate, e **fondi aperti** in cui l'investitore ha diritto di chiedere, in qualsiasi tempo, il rimborso della propria quota.

Disciplina: il fondo comune d'investimento è gestito o dalla società di gestione che lo ha istituito (cd. *società promotrice*) o da altra società di gestione (cd. *gestore*), mentre la custodia degli strumenti finanziari e delle disponibilità del fondo è affidata a una banca depositaria.

La società di gestione provvede, nell'interesse dei partecipanti, all'esercizio dei diritti di voto, relativi agli strumenti finanziari di pertinenza del fondo.

Il fondo comune d'investimento costituisce patrimonio autonomo, distinto dal patrimonio della società di gestione, da quello di ciascun partecipante e da ogni altro patrimonio gestito dalla medesima società. Le quote di partecipazione al fondo sono tutte di uguale valore e con pari diritti; sono rappresentate da certificati nominativi o al portatore, a scelta dell'investitore.

Fondi pensione: **Rif. normativi:** D.Lgs. 24/93, D.Lgs. 585/93, L. 335/95, D.M. 703/96, D.M. 211/97, L. 229/97.

Nozione: forma di previdenza integrativa, complementare al sistema obbligatorio pubblico, con la quale i lavoratori possono assicurarsi più elevati livelli di copertura previdenziale.

Disciplina: l'accesso è volontario e aperto a tutti, compresi i dipendenti pubblici.

Il fondo pensione può erogare:

- prestazioni pensionistiche per **vecchiaia** al compimento dell'età pensionabile stabilita dal regime obbligatorio di appartenenza, con un minimo di cinque anni di partecipazione al fondo;
- prestazioni pensionistiche per **anzianità**, soltanto in caso di cessazione dell'attività lavorativa, con un minimo di quindici anni di appartenenza al fondo e con un'età di non più di dieci anni inferiore a quella prevista per il pensionamento di vecchiaia nel regime obbligatorio di appartenenza.

Il finanziamento dei fondi pensione grava sui destinatari e, se trattasi di lavoratori subordinati, in una certa misura anche sul datore di lavoro.

Fondo patrimoniale: **Rif. normativi:** artt. 167-171 c.c.

Nozione: regime patrimoniale della famiglia stabilito convenzionalmente dai coniugi, a integrazione del regime patrimoniale adottato. Esso implica la destinazione di taluni beni per far fronte ai bisogni della famiglia.

Disciplina: il fondo patrimoniale può essere costituito da un solo coniuge, da entrambi, o anche da un terzo (nel qual caso, ove si tratti di atto tra vivi, è richiesta anche l'accettazione di entrambi i coniugi). Il fondo patrimoniale si costituisce per (→) *atto pubblico*.

Salvo che sia diversamente stabilito, la proprietà dei beni costituenti il fondo spetta a entrambi i coniugi.

I frutti del fondo devono essere impiegati per i bisogni della famiglia e amministrati secondo le regole della comunione legale. L'esecuzione forzata sui beni del fondo e sui frutti di esso non può aver luogo per debiti che il creditore conosceva essere stati contratti per scopi estranei ai bisogni della famiglia.

Differenze con figure affini: il regime legale della famiglia è la *comunione legale (→)*, mentre le convenzioni matrimoniali sono: la (→) *separazione dei beni*, il fondo patrimoniale e la (→) *comunione convenzionale*.

Fonti del diritto: **Rif. normativi:** artt. 1-9 disp. prel. c.c.

Nozione: si possono distinguere le cd. **fonti di produzione** (atti o fatti abilitati dall'ordinamento a creare le norme giuridiche che costituiscono, nel loro insieme, il cd. *diritto oggettivo*), dalle **fonti di cognizione**: i documenti e le pubblicazioni ufficiali da cui si può prendere conoscenza del diritto (es.: Gazzetta Ufficiale).

Le principali fonti di produzione del diritto italiano sono:

- la Costituzione;
- le leggi di revisione costituzionale e altre leggi costituzionali;
- le fonti primarie: regolamento parlamentare, leggi ordinarie del Parlamento, decreti legge, statuti ordinari, leggi regionali e delle Province di Trento e Bolzano, fonti comunitarie, decreti legislativi attuativi degli statuti speciali, referendum;
- le fonti subprimarie: regolamenti, ordinanze, statuti di enti minori;
- la consuetudine.

Forma: Rif. normativi: artt. 1350-1352 c.c.

Nozione: manifestazione esteriore di un atto.

Disciplina: nel nostro ordinamento vige il principio della **libertà della forma**, espressione del principio dell'autonomia contrattuale, che consente al dichiarante di emettere la dichiarazione di volontà nella forma che preferisce. Talvolta però il legislatore subordina la validità di un atto all'osservanza di **forme solenni** (nel caso di matrimonio o testamento), o impone che la volontà sia manifestata in **forma scritta** (per la compravendita di beni immobili) o mediante un **atto pubblico** (per la donazione).

Si distingue:

- **forma *ad substantiam***: è richiesta dall'ordinamento per la validità del negozio (il negozio privo della forma necessaria è nullo). La prescrizione di una determinata forma *ad substantiam* risponde a una duplice esigenza: richiamare l'attenzione del dichiarante sull'importanza dell'atto che compie e predisporre una documentazione dell'atto stesso;
- **forma *ad probationem***: è richiesta dalla legge per la prova del negozio. In questo caso il contratto non può essere provato per testimoni o per presunzioni semplici, ma occorre un documento scritto dal quale risulti che una volontà è stata manifestata;
- **forma convenzionale**: quando le parti possono stabilire la necessità (*ad probationem* o *ad substantiam*) dell'osservanza di una determinata forma per un futuro negozio che dovranno stipulare. Tale determinazione volontaria non è però possibile quando è stabilita dalla legge una determinata forma.

Formulari (contratto concluso mediante): Rif. normativi: art. 1342 c.c.

Nozione: modalità di conclusione del contratto mediante l'adesione di uno dei contraenti a uno schema *standard* predisposto unilateralmente dal proponente.

Disciplina: le clausole aggiunte ai moduli o ai formulari prevalgono su quelle prestampate, qualora siano incompatibili con esse, anche se queste ultime non sono state cancellate. Inoltre, è predisposta, ai fini dell'efficacia del contratto, la specifica approvazione per iscritto di clausole più onerose.

Differenze con figure affini: (→) *condizioni generali di contratto*, (→) *clausole vessatorie*.

Forza maggiore: Nozione: sinonimo di caso fortuito.

Disciplina: la forza maggiore è:

- causa di esonero da responsabilità (contrattuale ed extracontrattuale);
- causa di estinzione dell'obbligazione, qualora la prestazione sia divenuta impossibile senza colpa del debitore;
- causa impeditiva della dichiarazione dello stato di adottabilità.

La forza maggiore di carattere transitorio esclude la rilevanza dello stato d'abbandono, ai fini dell'adozione.

Franchigia: Nozione: parte di danno che resta a carico dell'assicurato in fase di liquidazione del sinistro.

Disciplina: la franchigia può essere **relativa** (non dà luogo alla liquidazione se il danno rientra nel limite della franchigia stessa, mentre se il danno è superiore viene liquidato per intero senza applicazione di franchigia), o **assoluta** (stabilisce un limite entro il quale il danno resta sempre a carico dell'assicurato).

***Franchising* (contratto di): Nozione:** contratto con il quale un produttore di beni o servizi (*franchisor*) concede a un distributore al dettaglio (*franchisee*), giuridicamente ed economicamente da lui indipendente, la facoltà di entrare a far parte della propria catena di distribuzione.

Disciplina: è un contratto atipico, di durata, con prestazioni reciproche, volto a creare e mantenere un rapporto di collaborazione e d'integrazione tra due parti nel settore del commercio e della distribuzione.

Il *franchisor* s'impegna a rifornire il *franchisee* dei beni previsti in contratto, a consentirgli l'uso dei propri segni distintivi, a fornirgli assistenza tecnica e commerciale, a garantirgli l'esclusiva per la zona o il settore commerciale. Il *franchisee* acquisisce il diritto di sfruttare brevetti, marchi, ditta, insegna, formule o segreti commerciali appartenenti al *franchisor*, contro la prestazione di un corrispettivo, composto di una quota fissa (*diritto di entrata*) e di una quota variabile proporzionale al giro di affari (*royalties*).

Frutti: Nozione: prodotti derivanti da un bene produttivo che si possono raccogliere periodicamente senza alterare la destinazione della *cosa madre*. Si possono distinguere due tipi di frutti:

- **naturali**: provengono direttamente dalla cosa, vi concorra o no l'opera dell'uomo (prodotti agricoli, legna, parti degli animali, prodotti delle miniere). Diventano beni autonomi soltanto al momento della separazione. I frutti naturali appartengono al proprietario della cosa che li produce; tuttavia, la loro proprietà può essere attribuita ad altri dalla legge (es.: all'usufruttuario) o in virtù di un atto negoziale;
- **civili**: provengono indirettamente da un bene e rappresentano il corrispettivo del godimento che altri ha su questo bene (interessi, canoni).

Disciplina: i frutti civili debbono presentare il carattere della periodicità; essi si acquistano col decorso del tempo in ragione della durata del diritto.

Una particolare disciplina è prevista per le restituzioni dei frutti a carico del **possessore**: se è **in buona fede**, fa suoi i frutti maturati fino alla domanda giudiziale, mentre deve restituire quelli percepiti e percipiendi dopo la domanda giudiziale; se è **in mala fede**, deve restituire tutti i frutti maturati prima e dopo la domanda giudiziale.

Fungibilità : (→) *beni*.

Fusione di società: Rif. normativi:
artt. 2501–2504-*sexies* c.c., D.Lgs. 22/91.

Nozione: fenomeno in virtù del quale due o più società si concentrano in una sola, o mediante l'**incorporazione** di una sola in una o più altre, o mediante la **fusione** propriamente detta, che si realizza con la costituzione di una società nuova, che assorbe le precedenti. In entrambi i casi la società che risulta dalla fusione o dall'incorporazione subentra in tutti i diritti e gli obblighi delle società estinte.

Disciplina: la fusione può avvenire tra società dello stesso tipo o di tipo diverso: in questa seconda ipotesi, oltre alla fusione, si ha anche una *trasformazione*.

Gli amministratori delle società partecipanti alla fusione devono redigere un **progetto di fusione** da sottoporre all'approvazione delle assemblee delle società medesime e da iscrivere nel registro delle imprese dei luoghi ove hanno sede le società partecipanti.

Gli amministratori devono redigere poi, con l'osservanza delle norme sul bilancio d'esercizio, la situazione patrimoniale delle società stesse (**bilancio di fusione**), riferita a una data non anteriore di oltre quattro mesi dal giorno in cui il progetto di fusione è depositato nella sede della società a disposizione dei soci che devono deliberare in ordine all'approvazione.

La fusione deve essere deliberata da ciascuna delle società partecipanti mediante l'approvazione del relativo progetto, per la quale approvazione vanno osservate le prescrizioni sulle modificazioni dell'atto costitutivo.

Successivamente si procederà alla stipulazione dell'atto di fusione, stipulazione che deve sempre essere fatta per (→) *atto pubblico*.

La società che risulta dalla fusione o quella incorporante assume i diritti e gli obblighi delle società assorbite, che si estinguono in seguito all'avvenuta fusione. Le singole società che si fondono cessano conseguentemente di esistere come organizzazioni autonome, e la società nuova o incorporante acquisisce soci, lavoratori, patrimoni e organizzazione delle società estinte.

Futures: Nozione: contratti con cui le parti si impegnano ad acquistare (o vendere) a una data futura:

- un prodotto finanziario come titoli, valute, monete o metalli preziosi *(financial futures)*;
- una merce che viene trattata nelle borse merci (*commodity futures*).

Disciplina: il contratto sarà perfezionato in un momento futuro, quando verrà effettivamente ceduto il bene e sarà pagato il corrispettivo: il prezzo però sarà quello fissato all'atto dell'assunzione dell'impegno di acquistare o vendere, non tenendosi conto delle variazioni intervenute dal momento dell'assunzione dell'impegno a quello della sua effettiva esecuzione.

G

Garanzia di buon funzionamento: Rif. normativi: art. 1512 c.c.

Nozione: garanzia accessoria al contratto di (→) *compravendita*, in virtù della quale il compratore viene garantito in ordine al funzionamento del bene secondo il suo uso normale.

Disciplina: il compratore, facendo valere tale garanzia, può ottenere la sostituzione o la riparazione della cosa difettosa. La garanzia di buon funzionamento non può considerarsi un elemento naturale del negozio, occorrendo per la sua sussistenza un *patto espresso.*

Garanzia patrimoniale: (→ tabella a fondo pagina).

Garanzia per evizione: (→) *evizione,* (→) *compravendita.*

Garanzia per vizi: (→) *vizi,* (→) *compravendita,* (→) *appalto.*

Garanzia a prima richiesta: (→) *contratto autonomo di garanzia.*

Gazzetta Ufficiale (G.U.): Rif. normativi: art. 73 Cost., D.P.R. 1092/85.

Nozione: (→) *fonte di cognizione* del diritto, pubblicata dal Poligrafico dello Stato a cura del Ministro della Giustizia.

Disciplina: oltre agli atti normativi, nella G.U. sono pubblicati tutti gli atti di interesse pubblico, nonché gli avvisi e le inserzioni di cui sia obbligatoria la pubblicità.

Si presume che il testo pubblicato sulla G.U. sia conforme all'originale, ma è ammessa la prova contraria.

Gestione di affari altrui: Rif. normativi: artt. 2028-2032 c.c.

Nozione: si verifica quando un soggetto (*gestore*) si prende cura spontaneamente, senza esservi obbligato e senza averne avuto incarico dall'interessato (*dominus*), di uno o più affari patrimoniali altrui.

Disciplina: affinché dalla gestione di affari altrui derivino obbligazioni a carico sia del gestore sia del *dominus* è necessario che:

1. la gestione sia stata utilmente iniziata, facendo riferimento alla valutazione che avrebbe effettuato il *dominus* al momento dell'inizio dell'affare;
2. il *dominus* non abbia vietato la gestione;
3. il gestore sia consapevole di trattare affari altrui, ossia di avvantaggiare il *dominus* e di non aver nessun obbligo in tal senso;
4. l'affare sia lecito;
5. il gestore sia capace di agire.

Qualora nella fattispecie concreta ricorrano i requisiti sopraelencati, il gestore ha l'obbligo di continuare la gestione intrapresa finché l'interessato non sia in condizione di provvedervi da sé ed è sottoposto a tutti gli obblighi del mandatario (diligenza del buon padre di famiglia, obbligo di rendiconto ecc.). Dal canto suo, il *dominus* deve adempiere agli obblighi che gli derivano dai negozi compiuti dal gestore in suo nome.

Garanzia generica	Garanzia specifica	
	Garanzie personali	**Garanzie reali**
Garanzia rappresentata dall'assoggettamento di tutti i beni presenti e futuri del debitore all'azione esecutiva del creditore nella ipotesi di inattuazione del rapporto obbligatorio. Gli strumenti di tutela di tale garanzia sono: • l'azione (→) *surrogatoria* • l'azione (→) *revocatoria*	Aumentano il numero dei soggetti passivi e, quindi, dei patrimoni sui quali può soddisfarsi il creditore: • (→) *fideiussione* • (→) *avallo* • (→) *contratto autonomo di garanzia* • (→) *anticresi*	Determinati beni vengono riservati al soddisfacimento del creditore: • (→) *pegno* • (→) *ipoteca* • (→) *privilegio*

Gioco e scommessa (contratti di): Rif. normativi: artt. 1933-1935 c.c.

Disciplina: è utile distinguere due ipotesi:

- se il gioco o la scommessa sono proibiti (es.: il gioco d'azzardo) il negozio è illecito e nessun diritto sorge a favore del vincitore, il quale è anche tenuto a restituire ciò che il perdente abbia eventualmente pagato;
- se il gioco è lecito, il vincitore non ha azione, ma il perdente non può ripetere quanto abbia spontaneamente pagato (→) *obbligazioni naturali*. L'azione è, invece, ammessa se si tratta di giochi o scommesse relative a competizioni sportive (Totocalcio) o di lotterie autorizzate.

Girata: Rif. normativi: artt. 2008-2015 c.c.

Nozione: negozio giuridico *cartolare* (risultante dal titolo), *unilaterale* e *astratto*, contenente un ordine di pagamento. Consiste in una dichiarazione scritta sul titolo e sottoscritta, con la quale il girante, possessore attuale del titolo, ordina al debitore cartolare di effettuare il pagamento del titolo stesso a un altro soggetto (*giratario*). La girata, pertanto, attribuisce al portatore del titolo la legittimazione a esercitare i diritti nascenti dalla cambiale.

Si distinguono:

- **girata in bianco**: si effettua con la sola sottoscrizione del girante e senza indicazione del giratario. Il giratario può riempirla con il proprio nome o con quello di altra persona o girare ancora in bianco il titolo ad altri. In questo caso, il titolo circola come un *titolo al portatore*, mediante il semplice trasferimento del possesso;
- **girata per procura o per incasso**: ha come effetto il trasferimento dell'esercizio dei diritti derivanti dal titolo. Il giratario agisce come un mandatario del girante, e non può girare ad altri il titolo se non per procura;
- **girata in garanzia o in pegno**: il titolo viene trasferito a favore del giratario a titolo di (→) *pegno*. Il giratario (*creditore pignoratizio*), però, non può disporre del diritto e potrà a sua volta girare il titolo soltanto per procura.

Disciplina: la girata è presente nei (→) *titoli di credito all'ordine* e presenta una duplice funzione:

- trasferimento del credito;
- funzione di garanzia: il girante diviene anch'egli obbligato cambiario ed è solidalmente responsabile per l'accettazione e per il pagamento della cambiale.

La girata deve essere *incondizionata* e ogni eventuale condizione si ha per non apposta, mentre la girata *parziale* è nulla.

Giudice naturale: Rif. normativi: art. 25 Cost.

Nozione: il giudice naturale è il giudice precostituito per legge, individuato sulla base di criteri precisi e predeterminati rispetto all'insorgere della controversia.

Disciplina: i criteri per la determinazione del giudice naturale sono enunciati dalle norme che regolano la competenza per materia, per valore, per territorio o funzionale, definendo la quota di giurisdizione spettante a ciascun giudice.

Giudice ordinario: Rif. normativi: art. 102 Cost., R.D. 12/41.

Nozione: giudici istituiti e regolati dalle norme sull'(→) *ordinamento giudiziario*. Nel disegno del Costituente la funzione (→) *giurisdizionale* avrebbe dovuto essere esercitata soltanto dal giudice ordinario. Tale disposizione, però, non si è potuta attuare interamente, dal momento che già l'art. 103 Cost. dà rilevanza costituzionale a tre giudici speciali: Consiglio di Stato, Corte dei Conti e Tribunali Militari.

Giudice di pace: Rif. normativi: L. 374/91, L. 468/99, D.Lgs. 507/99, D.Lgs. 274/00.

Nozione: magistrati onorari appartenenti all'ordine giudiziario e che esercitano la giurisdizione in materia civile e penale e, riguardo alla prima, hanno anche funzione conciliativa in sede non contenziosa.

Disciplina: i giudici di pace sono nominati con decreto del Ministro della Giustizia, tra i cittadini italiani laureati in giurisprudenza, che hanno superato l'esame d'abilitazione all'esercizio della professione forense, d'età compresa tra i 30 e i 70 anni, dotati dei requisiti indicati dalla legge istitutiva.

Durano in carica quattro anni (prorogabili una sola volta) e ricevono per la loro attività un'indennità per ogni udienza e per ogni sentenza o verbale di conciliazione.

Giudice togato e giudice onorario: Rif. normativi: artt. 102 e 106 Cost., D.Lgs. 51/98.

Nozione: la giurisdizione ordinaria viene esercitata, di regola, da **giudici togati**, ossia da magistrati di carriera, nominati mediante concorso pubblico. In casi particolari sono nominati senza concorso i cd. **giudici onorari**, non legati allo Stato da un rapporto di pubblico impiego; hanno funzioni temporanee e svolgono l'incarico a titolo gratuito (salve le indennità previste per le singole udienze o per le sentenze, a titolo di rimborso spese).

I giudici onorari sono:

- il giudice di pace;
- il giudice onorario di Tribunale;
- gli esperti delle sezioni specializzate;
- il vice procuratore onorario;
- gli esperti del Tribunale per i minorenni;
- i giudici popolari delle Corti d'Assise.

Giudizio di costituzionalità delle leggi:

Rif. normativi: artt. 134, 136, 137 Cost.

Nozione: funzione esercitata dalla (→) *Corte Costituzionale* volta a valutare la legittimità costituzionale delle leggi e degli atti aventi forza di legge.

Disciplina: il giudizio di costituzionalità si può instaurare:

- **in via principale**: l'impugnazione della legge è compiuta direttamente con ricorso alla Corte Costituzionale, al di fuori e in mancanza di qualsiasi controversia giudiziaria in atto. Tale impugnazione è consentita al Governo, alle Giunte delle Regioni e alle Province di Trento e Bolzano;
- **in via incidentale**: l'impugnazione ha origine da una controversia pendente innanzi all'autorità giudiziaria ordinaria o speciale. Nel corso di tale controversia, se viene eccepita l'incostituzionalità della legge da applicare, il giudice, accertata la non manifesta infondatezza e la rilevanza della questione, rinvia gli atti alla Corte Costituzionale, sospendendo la causa, affinché la Corte decida la questione.

Giurisdizionale (funzione): Rif. normativi: artt. 101-104 Cost.

Nozione: insieme alla funzione legislativa e a quella esecutiva, la funzione giurisdizionale è una delle funzioni tipiche con cui si esplica la sovranità dello Stato; consiste nella potestà, pubblica e autonoma, di garantire la concreta applicazione delle norme dell'ordinamento giuridico. Essa è attribuita a particolari organi dello Stato, che costituiscono il Potere giudiziario.

Scopo della funzione giurisdizionale è quello di dichiarare il diritto da applicare nella situazione controversa, e nel costringere chi rifiuti di assoggettarvisi a osservarlo.

Classificazioni: l'ordinamento italiano ripartisce la funzione giurisdizionale fra i seguenti ordini distinti.

Giurisdizione ordinaria: è esercitata da magistrati ordinari, istituiti secondo le norme dell'ordinamento giudiziario e soggetti amministrativamente al Consiglio Superiore della Magistratura. Tale giurisdizione si distingue in:

- **penale**: ha per oggetto l'accertamento delle responsabilità penali e la conseguente applicazione della pena;
- **amministrativa**: riguarda controversie sulla violazione di norme sostanziali di diritto amministrativo che insorgono tra le pubbliche amministrazioni e tra pubblica amministrazione e privati;
- **costituzionale**: ha il compito di sindacare la conformità delle leggi alla Costituzione, di risolvere i conflitti tra i poteri dello Stato e le Regioni e i conflitti tra le Regioni e di giudicare sulle accuse mosse al Presidente della Repubblica;
- **civile**: ha a oggetto le materie che la legge non affida alla giurisdizione penale e a quella amministrativa. Essa si distingue a sua volta in:
  - **contenziosa**, caratterizzata da una controversia tra più soggetti che si presentano davanti al giudice in posizione contrapposta;
  - **esecutiva**, che ha la funzione di attuare i comandi ai quali la legge riconosce particolare efficacia;

- **volontaria**, nella quale non vi è una controversia da risolvere, ma un negozio da gestire con l'intervento di un terzo imparziale: interdizione, inabilitazione, assenza e morte presunta.

Giurisdizione speciale: ha per oggetto particolari controversie, secondo un criterio di specializzazione, richiesto dalla natura tecnica di ciascuna esse;

Giurisdizione contabile: è esercitata dalla Corte dei Conti nelle controversie concernenti il contenzioso contabile, la responsabilità civile dei dipendenti nei confronti della Pubblica Amministrazione e la materia pensionistica.

Giurisdizione in materia di acque pubbliche: è affidata ai Tribunali regionali delle acque pubbliche e, in secondo grado, al Tribunale superiore delle acque pubbliche.

Giurisdizione militare: è svolta dai Tribunali Militari per i reati militari commessi da soggetti appartenenti alle forze armate.

Giurisdizione tributaria: è esercitata dalle Commissioni tributarie regionali e provinciali.

Giurisprudenza: **Nozione:** in senso *oggettivo*, è costituita dall'insieme delle pronunce emesse dagli organi a cui è demandato l'esercizio del potere giurisdizionale; in senso *soggettivo*, indica l'insieme dei suddetti organi.

Disciplina: la giurisprudenza non rientra tra le fonti del diritto: ciò trova conferma nel principio secondo cui le sentenze passate in giudicato hanno effetto soltanto tra le parti, i loro eredi e gli aventi causa (2909 c.c.).

Godimento (diritto di): **Nozione:** consiste nel diritto di godere di un determinato bene, traendone alcune o tutte le utilità.

Si distinguono:

- (→) ***diritti reali* di godimento**: attribuiscono al titolare un potere immediato su un bene, efficace *erga omnes*, che si esercita senza bisogno dell'intervento di altri soggetti (es.: usufrutto, enfiteusi, uso, abitazione, servitù, superficie);
- **diritti personali di godimento**: attribuiscono al titolare il diritto di pretendere da un altro soggetto (debitore) la concessione dell'uso di una cosa (es.: locazione, affitto, *leasing*, comodato).

Governo: **Rif. normativi:** artt. 92-100 Cost., L. 400/88.

Nozione: organo cui è affidata la funzione d'individuare e tradurre in concreti programmi d'azione l'indirizzo politico espresso dal corpo elettorale e dal Parlamento. Il Governo è un organo:

- **costituzionale**: fa parte dell'organizzazione dello Stato e partecipa alla funzione di direzione politica dello stesso;
- **complesso**: è costituito da più organi con competenze autonome;
- **di parte**: esprime la volontà dei gruppi parlamentari che lo sostengono con la *fiducia,* per cui, a differenza che nel Parlamento, non sono presenti a nessun titolo le minoranze;
- **con funzioni politiche, legislative, esecutive e di controllo**: è al vertice del potere esecutivo e ai singoli Ministeri fanno capo tutti i settori amministrativi dello Stato.

Disciplina: per quanto concerne la procedura relativa alla formazione del Governo si distinguono le seguenti fasi:

- **crisi**: quando il Governo perde il rapporto di fiducia che lo lega al Parlamento;
- **dimissioni**: possono essere *obbligatorie,* in seguito a voto di sfiducia delle Camere, *volontarie* nei casi di cd. sfiducia implicita o tacita e di crisi extraparlamentare, *formali,* a seguito dell'elezione del Presidente della Repubblica. Nonostante le dimissioni, il Governo resta in carica per il disbrigo degli affari di ordinaria amministrazione, sino alla nomina del nuovo Governo;
- **consultazioni**: il Presidente della Repubblica consulta gli ex-Presidenti della Repubblica, i Presidenti delle due Camere, quindi i capi dei Gruppi parlamentari con i segretari dei rispettivi partiti;
- **conferimento dell'incarico**: accertato, a seguito delle consultazioni, l'orientamento di maggioranza delle forze politiche presenti in Parlamento, il Presidente della Repubblica incarica la persona che gli sembra più idonea a formare il nuovo Governo;
- **nomina del nuovo Presidente del Consiglio**: se l'incaricato riesce a formare un Governo, compilando una lista di Ministri di gradimento alla maggioranza del Parlamento, il Presidente della Repubblica è tenuto a nominarlo Presidente del Consiglio con decreto;

- **giuramento e fiducia**: prima di assumere le funzioni, il Presidente del Consiglio e i Ministri debbono prestare giuramento nelle mani del Capo dello Stato; entro dieci giorni dal decreto di nomina, il Governo si presenta davanti a ciascuna Camera per ottenere il voto di fiducia, che deve essere motivato e votato per appello nominale al fine di impegnare direttamente i parlamentari nella responsabilità di tale concessione di fronte all'elettorato. La fiducia costituisce condizione risolutiva per la sopravvivenza del Governo.

Gratuito patrocinio: Rif. normativi: art. 24 Cost., R.D. 3282/23, L. 1034/71, L. 533/73, L. 217/90, L. 134/01, L. 437/01.

Nozione: diritto civile costituzionalmente garantito a tutti (cittadini e non) che consiste nell'assistenza legale gratuita alle persone non abbienti.

Disciplina: l'istanza viene presentata dall'interessato o dal difensore attraverso richiesta scritta. L'ammissione al gratuito patrocinio produce il rilascio gratuito di copie e atti processuali necessari per l'esercizio del diritto di difesa, nonché l'anticipazione dello Stato delle spese processuali e degli onorari. L'istanza va proposta al giudice presso cui pende il procedimento o a quello competente per il merito.

Gravidanza e puerperio: Rif. normativi: art. 2110 c.c., L. 1204/71, D.Lgs. 645/96, D.Lgs. 151/01.

Nozione: stato della lavoratrice cui è connessa una speciale disciplina protettiva, finalizzata alla tutela della salute della gestante e del nascituro.

Disciplina: la cd. *astensione obbligatoria* consiste nella sospensione dell'attività lavorativa, con il diritto alla conservazione del posto di lavoro, per il periodo che va da due mesi prima a tre mesi dopo il parto, o secondo i termini di flessibilità previsti dalla legge. È previsto altresì il *divieto di licenziamento* della donna nel periodo tra l'inizio della gestazione fino a un anno di distanza dal parto e *riposi giornalieri* e *congedi* per le malattie del figlio.

Il D.Lgs. 151/01 ha altresì istituito i congedi di paternità e i congedi parentali di cui può usufruire il padre lavoratore in alternativa ai corrispondenti congedi di cui non usufruisca la madre.

Gruppi parlamentari: Rif. normativi: art. 72 Cost., artt. 14 e 15 Reg. Camera, artt. 14 e 15 Reg. Senato.

Nozione: proiezione dei partiti politici in seno al Parlamento.

Disciplina: costituiscono il raccordo tra ordinamento parlamentare e sistema partitico e sono le articolazioni politiche fondamentali delle istituzioni parlamentari.

Tutti i senatori e i deputati devono dichiarare a quale gruppo parlamentare intendono iscriversi, in quanto l'elezione di un parlamentare nella lista di un partito non comporta l'automatica iscrizione nel gruppo parlamentare dello stesso. Qualora i parlamentari non esercitino questa loro facoltà sono iscritti d'ufficio nel cd. *gruppo misto*.

Il parlamentare che si dissocia dal suo gruppo parlamentare non decade dalla posizione di membro del Parlamento, carica che conserva per tutta la legislatura.

Guardasigilli: Nozione: con il termine guardasigilli si designa il Ministro della Giustizia, il quale controfirma i decreti muniti del sigillo dello Stato.

Guerra: Rif. normativi: artt. 11, 52, 78 e 87 Cost.

L'Italia ripudia la guerra come strumento d'offesa alla libertà degli altri popoli e come mezzo di risoluzione delle controversie internazionali: di conseguenza l'Italia può entrare in stato di guerra soltanto a scopi difensivi.

Lo stato di guerra viene deliberato dalle Camere che conferiscono al Governo i poteri necessari. La dichiarazione di guerra, invece, viene affidata al Presidente della Repubblica nella sua qualità di organo di rappresentanza dello Stato nell'ordinamento internazionale.

H

Holding: **Nozione:** società finanziaria che detiene e gestisce partecipazioni azionarie in diverse imprese, al fine di orientare la loro attività conformemente alla strategia globale del gruppo.

Home banking: **Nozione:** insieme di servizi bancari a disposizione dei clienti, i quali ne possono usufruire "a domicilio" mediante telefono, videoterminali o collegamenti diretti con i *computer* della banca, senza doversi recare personalmente presso gli sportelli.

L'*home banking* comprende servizi quali la verifica delle operazioni eseguite, il controllo delle carte di credito e l'effettuazione di alcuni tipi di pagamento.

I

Illecito (atto): **Rif. normativi:** art. 2043 c.c.

Nozione: qualsiasi fatto, doloso o colposo, che cagioni ad altri un danno ingiusto.

Disciplina: gli atti illeciti sono fonte di obbligazione, in quanto da essi deriva l'obbligo di (→) *risarcimento del danno* a carico del loro autore.

La struttura dell'atto illecito è costituita da un *elemento oggettivo*, consistente in un fatto che cagiona un danno e da un *elemento soggettivo*, rappresentato dal (→) *dolo* o dalla (→) *colpa*.

Il fatto dannoso può essere causato da un comportamento positivo (commissivo) o da un comportamento omissivo, quando, però, colui che ne è autore aveva il dovere giuridico di agire e non l'ha fatto.

Per il sorgere della responsabilità, si richiede che tra la condotta e l'evento intercorra un nesso di (→) *causalità*.

Pertanto una condotta umana può considerarsi causa di un evento quando ne costituisce una *condicio sine qua non*, in quanto senza di essa l'evento non si sarebbe verificato; ovvero quando l'evento, al momento della condotta, era prevedibile come verosimile conseguenza di essa.

Inoltre, il fatto deve causare un *danno ingiusto*. Si ha danno ingiusto quando il fatto contrasta con un dovere giuridico e non sia altrimenti autorizzato e si risolve nella lesione di un diritto soggettivo.

Illegalità del negozio: **Rif. normativi:** artt. 1343-1345, 1354 e 1418 c.c.

Nozione: il negozio è illegale quando la (→) *causa* è contraria a (→) *norma imperativa* o all'(→) *ordine pubblico*.

Disciplina: l'illiceità della causa produce la nullità del negozio. Se è stata eseguita una prestazione in esecuzione di un negozio avente causa illegale, chi l'ha eseguita ha diritto a ottenere la restituzione di ciò che ha dato (2033 c.c.: *ripetizione dell'indebito*).

Differenze con figure affini: si ha (→) *immoralità del negozio* se la causa è contraria al (→) *buon costume*.

Imitazione servile: **Rif. normativi:** art. 2598 n.1 c.c.

Nozione: atto di concorrenza sleale consistente nell'imitazione fedele e pedissequa dei prodotti di un concorrente, tale da creare confusione nel pubblico sulla provenienza dei prodotti stessi.

Differenze con figure affini: l'imitazione servile deve riguardare le parti appariscenti o comunque esterne del prodotto, mentre ne sono escluse tutte le forme idonee a costituire oggetto di (→) *brevetto*.

Immagine (diritto all'): **Rif. normativi:** art. 2 Cost., art. 10 c.c., L. 633/41.

Nozione: diritto della personalità, che consiste nella possibilità di vietare che altri facciano abuso della propria immagine.

Disciplina: l'esposizione e la pubblicazione dell'immagine altrui senza il consenso della persona ritratta sono vietate:

- quando la riproduzione dell'immagine non sia giustificata dalla notorietà della persona, da necessità di giustizia, da scopi scientifici o dal collegamento a fatti, avvenimenti, cerimonie svoltesi in pubblico;
- se arrecano pregiudizio al decoro o alla reputazione della persona ritratta o dei suoi congiunti.

La sanzione è quella dell'inibizione dell'uso, oltre al risarcimento del danno.

Immedesimazione: (→) *rapporto organico*.

Immissioni: Rif. normativi: art. 844 c.c.

Nozione: fumo, calore, esalazioni, rumori e scuotimenti che, provenendo da un fondo, si propagano al fondo vicino.

Disciplina: la tematica delle immissioni rientra nell'ambito dei limiti al diritto di proprietà. Il proprietario di un fondo non può impedire le immissioni derivanti dal fondo del vicino, se esse non superano la normale tollerabilità, avuto anche riguardo alla condizione dei luoghi.

Si distinguono immissioni:

- **intollerabili**: danno luogo al risarcimento del danno e all'inibizione dell'attività lesiva;
- **superiori alla normale tollerabilità ma consentite**: se, nel giudizio di comparazione con le ragioni della proprietà, le esigenze della produzione vengono ritenute prevalenti, il giudice può autorizzare la continuazione delle immissioni verso corresponsione di un equo indennizzo;
- **tollerabili**: in questo caso il proprietario del fondo che le subisce non riceve alcuna tutela e non può impedirle. Il giudizio circa il superamento della normale tollerabilità va fatto sulla base di criteri oggettivi, avendo riguardo alle condizioni dei luoghi.

Immoralità del negozio: Rif. normativi: artt. 1343-1345, 1354, 1418 e 2035 c.c.

Nozione: il negozio si dice immorale se la causa è contraria al (→) *buon costume*.

Disciplina: l'immoralità della causa produce la nullità del negozio. Qualora l'immoralità sia *unilaterale*, è concessa la ripetizione dell'indebito, mentre se l'immoralità è *bilaterale* essa non è ammissibile.

Differenze con figure affini: si ha (→) *illegalità del negozio* quando la causa è contraria a (→) *norma imperativa* o all'(→) *ordine pubblico*.

Immunità parlamentari: Rif. normativi: art. 68 Cost., L.Cost. 3/93.

Nozione: immunità penali riconosciute ai membri del Parlamento al fine di garantire l'indipendenza delle assemblee legislative.

Disciplina: i Parlamentari:

- non possono essere perseguiti per le opinioni espresse e i voti dati nell'esercizio delle loro funzioni;
- non possono essere sottoposti a perquisizione personale e domiciliare né essere o mantenuti in detenzione senza autorizzazione della Camera d'appartenenza, salvo che in esecuzione di una sentenza irrevocabile di condanna, ovvero in flagranza;
- non possono essere soggetti a intercettazione di conversazioni o comunicazioni e a sequestro di corrispondenza senza autorizzazione della Camera d'appartenenza.

La L.Cost. 3/93 ha abrogato l'istituto dell'autorizzazione della Camera di appartenenza a procedere penalmente contro i parlamentari.

Trattandosi di prerogative e non di privilegi personali, le immunità sono *irrinunciabili*.

Imparzialità (principio di): Rif. normativi: art. 97 Cost., L. 241/90.

Nozione: principio in base al quale l'attività amministrativa deve esplicarsi senza alcuna discriminazione.

Tale principio costituisce un corollario del principio d'uguaglianza in attuazione del quale, dinanzi a circostanze uguali (o equiparabili), la Pubblica Amministrazione deve assumere atteggiamenti identici.

Espressione del principio di imparzialità è l'ultimo comma dell'art. 97 Cost., il quale subordina l'accesso agli impieghi nella Pubblica Amministrazione alla partecipazione, con esito positivo, al relativo pubblico concorso.

Disciplina: la violazione del principio d'imparzialità comporta l'illegittimità, sotto il profilo dell'eccesso di potere, degli atti amministrativi posti in essere senza un'adeguata ponderazione comparativa dei vari interessi, pubblici e privati, su cui l'atto *de quo* incide.

Impedimenti (al matrimonio): (→) *matrimonio*.

Impedimento del Presidente della Repubblica: Rif. normativi: art. 86 Cost.

Nozione: impossibilità per il Presidente della Repubblica di esercitare le sue funzioni.

Disciplina: in caso di impedimento temporaneo le funzioni presidenziali vengono esercitate dal Presidente del Senato; in caso di impedimento permanente il Presidente della Camera dei Deputati indice l'elezione del nuovo Presidente della Repubblica entro quindici giorni, salvo il maggior termine previsto se le Camere sono sciolte o mancano meno di tre mesi alla loro cessazione.

Impiego pubblico: **Nozione:** rapporto di lavoro e d'impiego alle dipendenze delle amministrazioni pubbliche.

Disciplina: il D.Lgs. 29/93 ha spostato il rapporto intercorrente tra la Pubblica Amministrazione e i suoi dipendenti dall'ambito amministrativo a quello privatistico, mediante l'estensione dei principi e delle norme dettate per il rapporto di impiego privato, al fine di migliorare l'efficienza e la produttività dell'amministrazione pubblica.

Fonte della disciplina del rapporto di lavoro è la contrattazione collettiva, che è nazionale e decentrata e si svolge, salvo i casi d'esclusione previsti dalla legge, su tutte le materie relative al rapporto di lavoro. In sede di contrattazione collettiva, l'Agenzia per la Rappresentanza Negoziale rappresenta la pubblica amministrazione.

Il rapporto di lavoro, che sorge con la stipula del contratto individuale di lavoro, è disciplinato dalle disposizioni del codice civile (artt. 2082-2134 c.c.) e dalle leggi sul rapporto di lavoro subordinato nell'impresa. Lo Statuto dei Lavoratori si applica alle pubbliche amministrazioni a prescindere dal numero dei dipendenti.

Impossibilità della prestazione: **Rif. normativi:** artt. 1256-1259 c.c.

Nozione: l'impossibilità della prestazione per causa non imputabile al debitore è una causa di (→) *estinzione* dell'obbligazione a carattere non satisfattorio. Nei contratti corrispettivi l'impossibilità della prestazione fa venir meno la giustificazione del diritto alla controprestazione dando luogo alla risoluzione di diritto del contratto.

Disciplina: l'estinzione dell'obbligazione si verifica qualora l'impossibilità della prestazione sia:

- **oggettiva**, riguardando la prestazione in sé e per sé considerata, indipendentemente dalle vicende soggettive del debitore;
- **assoluta**, tale da non consentire in alcun modo di adempiere, nemmeno con uno sforzo estremo;
- **sopravvenuta**, successiva cioè alla conclusione del negozio. L'impossibilità originaria determina, invece, la (→) *nullità* del negozio;
- **definitiva**, ossia l'impedimento alla prestazione non deve essere di natura temporanea;
- **totale**, nel senso che per aversi estinzione dell'obbligazione è necessario che l'impossibilità riguardi tutta la prestazione. Se, invece, la prestazione è divenuta impossibile soltanto in parte, il debitore si libera dall'obbligazione eseguendo la prestazione per la parte che è rimasta possibile.

In caso di contratto con obbligazioni corrispettive, la parte liberata per l'impossibilità della prestazione non può chiedere la controprestazione, e deve restituire quella che abbia già ricevuta. Se la prestazione di una parte è divenuta soltanto parzialmente impossibile, l'altra parte ha diritto a una corrispondente riduzione della prestazione e può recedere dal contratto, qualora non abbia un interesse apprezzabile all'adempimento parziale.

Impotenza: **Rif. normativi:** art. 122 c.c., L. 151/75.

Nozione: incapacità di generare (*impotentia generandi*) o di avere rapporti sessuali completi (*impotentia coeundi*).

Disciplina: l'impotenza rileva, ai fini dell'annullamento del matrimonio, quando si traduca in un errore sulle qualità personali del coniuge. L'azione per far annullare il matrimonio per impotenza va proposta entro un anno dalla scoperta dell'anomalia.

L'impotenza rileva altresì ai fini del *disconoscimento di* (→) *paternità*.

Differenze con figure affini: nel diritto canonico l'*impotentia coeundi* è considerata causa di nullità del matrimonio, quando sia perpetua e antecedente al matrimonio. Non è considerata, invece, causa di nullità la sterilità o *impotentia generandi*.

Imprenditore: **Rif. normativi:** artt. 2082-2093 c.c.

Nozione: colui che esercita professionalmente un'attività economica organizzata al fine della produzione o dello scambio di beni o servizi. Perché si abbia la figura dell'imprenditore è necessario che:

1. esista un'attività di produzione di beni o servizi oppure di scambio degli stessi;
2. l'attività sia svolta professionalmente, vale a dire in modo abituale, anche se non necessariamente in modo continuativo ed esclusivo;
3. l'attività sia svolta mediante un'organizzazione di mezzi e/o persone;
4. l'attività esercitata sia "economica", ossia venga svolta con uno scopo di lucro o, quanto meno, con criteri di economicità.

Classificazioni:

- **imprenditore agricolo** (2135 c.c.): colui che esercita un'attività diretta alla coltivazione del fondo, alla (→) *silvicoltura*, all'allevamento del bestiame e attività connesse. Tale imprenditore è escluso dall'obbligo della tenuta delle scritture contabili ma non è assoggettabile al fallimento e alle altre procedure concorsuali;
- **imprenditore commerciale** (2195 c.c.): è qualità che si acquista per il solo fatto di esercitare professionalmente un'attività economica di natura non agricola. L'imprenditore commerciale è sottoposto al fallimento, è tenuto all'iscrizione nell'albo delle imprese e alla tenuta delle scritture contabili;
- **piccolo imprenditore** (2083 c.c.): è tale il coltivatore diretto del fondo, l'artigiano, il piccolo commerciante e colui che esercita un'attività professionale organizzata prevalentemente con il lavoro proprio e dei componenti della famiglia. È esonerato dalla tenuta delle scritture contabili, non può essere sottoposto, in caso d'insolvenza, alla procedura fallimentare né alle altre procedure concorsuali, ma deve iscriversi in una sezione speciale del registro delle imprese.

Impresa: **Rif. normativi:** artt. 2188-2221 c.c.

Nozione: attività economica organizzata, esercitata professionalmente dall'imprenditore, diretta alla produzione o allo scambio di beni e servizi.

Differenze con figure affini: l'(→) *azienda* è il complesso di beni organizzati dall'imprenditore per l'esercizio dell'impresa.

Impresa famigliare: **Rif. normativi:** art. 230-*bis* c.c., L. 151/75, L. 203/82.

Nozione: impresa alla quale collaborano in via continuativa il coniuge, i parenti entro il terzo grado e gli affini entro il secondo grado dell'imprenditore.

Disciplina: si tratta di una fattispecie residuale, nel senso che si ha impresa famigliare soltanto quando non è configurabile un altro tipo di rapporto (società, rapporto di lavoro subordinato, ecc.).

Nell'ambito di tale impresa, i famigliari che prestano la loro attività:

- hanno diritto al mantenimento secondo le condizioni patrimoniali della famiglia;
- partecipano agli utili, ai beni acquistati con essi e agli incrementi dell'azienda in proporzione alla qualità e quantità del lavoro prestato;
- adottano a maggioranza le decisioni più importanti relative alla gestione dell'azienda.

In caso di divisione ereditaria o di trasferimento dell'azienda, i famigliari hanno *diritto di prelazione* sulla stessa.

Imputazione dei pagamenti: **Rif. normativi:** artt. 1193-1195 c.c.

Nozione: istituto che ricorre quando un soggetto, che ha una pluralità di debiti nei confronti dello stesso creditore, dichiara a quale di essi intende adempiere con un pagamento.

Disciplina: il debitore non può imputare il pagamento al capitale, piuttosto che agli interessi e alle spese, senza il consenso del creditore. Il pagamento fatto in conto di capitale e d'interessi deve essere imputato prima agli interessi.

In mancanza di un'espressa imputazione da parte del debitore, il pagamento deve essere imputato:

- innanzitutto al debito scaduto;
- tra più debiti scaduti, a quello meno garantito;
- tra più debiti ugualmente garantiti, al più oneroso per il debitore;
- tra più debiti ugualmente onerosi al più antico.

Se tali criteri non soccorrono, l'imputazione è fatta proporzionalmente ai vari debiti.

Inabilitazione: Rif. normativi: artt. 415-432 c.c.

Nozione: stato di diminuita capacità d'agire di una persona maggiorenne che, per le sue condizioni psichiche e fisiche, non è in grado di provvedere da sé alla cura dei propri interessi patrimoniali.

Disciplina: le ipotesi nelle quali è possibile chiedere l'inabilitazione sono:

- **infermità abituale di mente**, non tanto grave da giustificare l'(→) *interdizione;*
- **prodigalità (**abitudine a spendere in modo disordinato e smisurato in relazione alle condizioni economiche del soggetto, dedizione a giochi d'azzardo ecc.), tale da esporre il soggetto o la sua famiglia a gravi pregiudizi economici;
- **abuso di bevande alcoliche o di stupefacenti**, quando tali pratiche espongano il soggetto o la sua famiglia a *grave pregiudizio economico*;
- **sordomutismo** o **cecità** dalla nascita o dalla prima infanzia, che non siano state accompagnate da un'educazione correttiva tale da assicurare al soggetto una sufficiente autonomia psicofisica.

Istituto a protezione dell'inabilitato è la (→) *curatela*, nella quale il curatore integra la dichiarazione di volontà dell'inabilitato quando questi compie atti di *straordinaria amministrazione*. Gli atti eventualmente compiuti senza l'osservanza delle formalità prescritte sono *annullabili* su istanza dell'inabilitato o dei suoi eredi o aventi causa. L'inabilitato può compiere autonomamente gli atti di *ordinaria amministrazione*.

Inadempimento: Rif. normativi: artt. 1218-1229 c.c.

Nozione: mancato o inesatto adempimento della prestazione derivante da un contratto a prestazioni corrispettive.

Disciplina: (→ tabella seguente)

<table>
<tr><th colspan="4">Inadempimento</th></tr>
<tr><th colspan="2">Assoluto
L'adempimento non può più verificarsi per impossibilità sopravvenuta della prestazione:</th><th colspan="2">Relativo
L'adempimento può ancora verificarsi. L'altro contraente può chiedere:</th></tr>
<tr><td>a) impossibilità imputabile al debitore:
alla prestazione originaria si sostituisce il risarcimento (danno emergente + lucro cessante)</td><td>b) impossibilità non imputabile al debitore:
estinzione dell'obbligazione (1256-1463 c.c.); la parte liberata non può chiedere la controprestazione e deve restituire quella ricevuta</td><td>a) la manutenzione del contratto:
adempimento della prestazione originaria e risarcimento del danno</td><td>b) la risoluzione del contratto e il risarcimento del danno</td></tr>
</table>

Differenze con figure affini: lo stato d'(→) *insolvenza,* che consiste nell'impossibilità di soddisfare regolarmente le obbligazioni assunte, non va confuso con l'inadempimento, in quanto l'imprenditore, pur essendo solvibile, può non adempiere a una determinata obbligazione perché ritiene di non esservi tenuto.

Inalienabilità: **Nozione:** condizione giuridica di un bene o di un diritto che non può essere ceduto.

Disciplina: l'inalienabilità può essere:

- **legale** (1024 c.c.): ossia prevista dalla legge, come nel caso dei beni demaniali e dei diritti di uso e abitazione;
- **convenzionale** (1379 c.c.): il divieto di alienazione stabilito per contratto ha effetto soltanto fra le parti (la sua violazione determina l'obbligo di risarcire il danno alla controparte, non incidendo sull'acquisto del terzo) e non è valido se non è contenuto entro convenienti limiti di tempo e se non risponde a un apprezzabile interesse di una delle parti.

Incapacità: **Nozione:** condizione di una persona che non è idonea da sola ad acquistare ed esercitare diritti e ad assumere obblighi.

Disciplina: l'incapacità si distingue in:

- **incapacità legale**: minore età, interdizione, inabilitazione. Può essere **assoluta**, nel caso di minore o persona interdetta, oppure **relativa**, per il minore emancipato o l'inabilitato: a questi ultimi soggetti è consentito di compiere soltanto atti d'ordinaria amministrazione, essendo necessaria l'assistenza del curatore per quelli di straordinaria amministrazione;
- **incapacità naturale**: è l'incapacità di intendere e di volere, dovuta a qualsiasi causa, anche transitoria (infermità di mente, sonnambulismo, suggestione ipnotica, delirio febbrile, ubriachezza). Consiste nell'inettitudine psichica in cui viene a trovarsi un soggetto, normalmente capace, nel momento in cui compie un determinato atto. L'atto compiuto in stato di incapacità naturale è annullabile su istanza dell'interessato; tuttavia si pone l'esigenza di tutelare l'affidamento delle persone che hanno confidato nella validità dell'atto e, pertanto, per gli atti unilaterali, l'annullabilità è ammessa in tutti i casi in cui dall'atto può derivare un grave pregiudizio per il suo autore, mentre per l'annullabilità dei contratti è richiesto, oltre al pregiudizio, anche la malafede dell'altro contraente. Per l'annullamento di atti quali testamento, donazione, matrimonio è sufficiente la dimostrazione dell'incapacità naturale.

Inchiesta parlamentare: **Rif. normativi:** art. 82 Cost.

Nozione: indagine disposta da ciascuna Camera al fine di acquisire elementi di conoscenza in ordine a una materia di pubblico interesse. Le inchieste parlamentari sono condotte da apposite Commissioni parlamentari formate proporzionalmente ai Gruppi parlamentari.

L'inchiesta parlamentare è atto di controllo del Parlamento sul Governo e sulla P.A. e rientra nel potere ispettivo che la Costituzione riconosce singolarmente a ciascuna Camera.

Differenze con figure affini: (→) *interrogazione,* (→) *interpellanza,* (→) *mozione.*

Incompatibilità: **Nozione:** situazione per cui una stessa persona non può ricoprire, nel medesimo tempo, diversi uffici o diverse cariche.

Disciplina: il soggetto che si trova investito di più cariche o funzioni, incompatibili tra loro, è costretto a optare per una di esse. In mancanza di scelta, si presume che il soggetto abbia optato per una e si considera decaduto dall'altra.

La Costituzione individua alcune ipotesi d'incompatibilità per chi riveste la carica di deputato o senatore; questi non possono contemporaneamente:

- ricoprire rispettivamente la carica di senatore o di deputato (65 Cost.);
- ricoprire l'ufficio di Presidente della Repubblica (84 Cost.);
- essere componenti del Consiglio Superiore della Magistratura (104 Cost.) o della Corte Costituzionale (135 Cost.);
- ricoprire la carica di consigliere regionale (122 Cost.).

Incorporazione: (→) *fusione di società.*

Incostituzionalità della legge: (→) *giudizio di costituzionalità delle leggi.*

Indebito (pagamento dell'): Rif. normativi: artt. 2033-2040 c.c.

Nozione: atto con cui taluno esegue un pagamento non dovuto. Si distingue in:

- **indebito oggettivo**, quando si adempie un debito che non esiste, ovvero un debito cui si è tenuti, ma l'adempimento avviene nei confronti di una persona che non ha diritto a ricevere il pagamento. In tal caso, per la restituzione è necessario e sufficiente che il *solvens* fornisca la prova di aver eseguito una prestazione oggettivamente non dovuta, per inesistenza di un qualunque titolo idoneo a giustificarla sul piano causale, ovvero dovuta, ma non al soggetto nei cui confronti è stata effettuata;
- **indebito soggettivo**, quando un soggetto, che non è debitore, paga a un creditore quanto a costui è dovuto da un terzo. In quest'ipotesi, per la restituzione, è necessario che il *solvens* abbia pagato in base a un errore scusabile, non dipendente da omissione di diligenza.

Indegnità a succedere: Rif. normativi: artt. 463-466 c.c.

Nozione: condizione in cui si trova chi abbia compiuto determinati atti costituenti reato o comunque moralmente o socialmente riprovevoli, contro il testatore o la sua libertà testamentaria, che dà luogo a incapacità a mantenere ciò che ha ricevuto. È indegno a succedere colui che:

- abbia volontariamente ucciso o tentato di uccidere il *de cuius*, o il coniuge o un discendente o un ascendente del medesimo;
- abbia commesso a danno di tali persone un delitto punibile con le norme sull'omicidio;
- abbia calunniosamente denunziato tali persone per un reato punibile con l'ergastolo o con la reclusione non inferiore nel minimo a tre anni ovvero abbia falsamente testimoniato contro di esse;
- abbia con dolo o violenza coartato la volontà del *de cuius*, inducendolo a fare, revocare o modificare il testamento ovvero l'abbia impedito;
- abbia soppresso, celato o alterato il testamento del *de cuius*;
- abbia falsificato un testamento o abbia fatto scientemente uso di un testamento falso.

Differenze con figure affini: mentre l'indegnità a succedere è un'incompatibilità morale del successibile con un particolare soggetto, l'(→) *incapacità* a succedere è l'inidoneità di una persona a subentrare nei rapporti che facevano capo a un qualunque altro soggetto.

Individuazione: (→) *specificazione.*

Inefficacia del negozio giuridico: Nozione: il negozio giuridico, pur essendo valido, non produce effetti a causa di un fatto esterno al negozio stesso. L'inefficacia può essere:

- **originaria**, necessariamente transitoria, altrimenti non si distinguerebbe dalla (→) *nullità,* oppure **successiva,** riscontrabile nei negozi sottoposti a condizione sospensiva o a termine iniziale;
- **assoluta**, che opera sia tra le parti sia rispetto ai terzi (es.: contratto simulato), oppure **relativa,** che opera soltanto nei confronti dei terzi (es.: contratto immobiliare non trascritto).

Differenze con figure affini: (→) *invalidità.*

Ineleggibilità: Nozione: impedimento giuridico, preesistente all'elezione, a divenire soggetto passivo del rapporto elettorale.

Disciplina: le cause d'ineleggibilità possono ricondursi alla possibilità di influenzare in qualche modo la scelta degli elettori carpendone il consenso, alla possibilità di scorretto esercizio delle funzioni che i candidati, una volta eletti, sono chiamati a svolgere, per un potenziale conflitto di funzioni o interessi.

Conseguenze dell'esistenza di cause d'ineleggibilità sono:

1. l'invalidità dell'elezione, se la causa si è verificata prima dell'elezione;
2. la decadenza dall'ufficio di parlamentare, se la causa si è verificata successivamente.

Inesistenza del negozio giuridico:

Nozione: vizio dell'atto talmente grave da non permettere l'identificazione del negozio neanche sul piano sociale (es: matrimonio fra due persone dello stesso sesso; testamento orale).

Disciplina: tale atto non ha alcuna rilevanza giuridica e non è pertanto confermabile o convertibile.

Differenze con figure affini: (→) *invalidità.*

Infermità di mente: (→) *inabilitazione,* (→) *incapacità,* (→) *interdizione.*

Inibitoria (azione): **Nozione:** azione mediante la quale si chiede la cessazione di un comportamento lesivo di un interesse giuridicamente rilevante.

Disciplina: l'azione inibitoria è uno strumento di tutela preventivo, volto a impedire o far cessare il comportamento lesivo. Essa è prevista per la tutela di alcuni diritti della personalità, del diritto di proprietà, per le immissioni e per la concorrenza sleale.

Iniziativa legislativa: **Rif. normativi:** artt. 71, 99 e 121 Cost.

Nozione: primo atto del procedimento legislativo per la formazione delle leggi ordinarie.

Disciplina: titolari del potere di iniziativa sono:

- il Governo, mediante i disegni di legge;
- i singoli Parlamentari;
- il corpo elettorale, mediante la proposta di un progetto di legge sottoscritta da almeno 50.000 elettori iscritti nelle liste per l'elezione delle Camere;
- il C.N.E.L., limitatamente alle materie economiche e sociali;
- i Consigli regionali;
- i Consigli comunali.

L'iniziativa legislativa si esercita con la presentazione (indifferentemente alla Camera o al Senato) di un progetto di legge, redatto in capi e articoli. A seguito della presentazione, ogni Camera è tenuta a deliberare sul progetto di legge.

Insegna: **Rif. normativi:** artt. 2564 e 2568 c.c.

Nozione: contraddistingue i locali nei quali si svolge l'attività dell'imprenditore a contatto con il pubblico.

Disciplina: è previsto l'obbligo di non utilizzare, per attività identiche o similari, insegne uguali o comunque tali da creare confusione nel pubblico.

L'insegna può corrispondere alla ditta e, in questo caso, la tutela dell'insegna è un riflesso della tutela della ditta; può, tuttavia, anche avere un contenuto diverso ed essere formata sia mediante una denominazione sia mediante figure o simboli.

Differenze con figure affini: (→) *marchio,* (→) *ditta.*

Insider trading: **Rif. normativi:** L. 157/91, D.Lgs. 58/98.

Nozione: speculazione in Borsa da parte di soggetti che, approfittando di informazioni privilegiate, ottengono un illecito vantaggio rispetto ad altri operatori.

Disciplina: la fattispecie viene inquadrata nell'ambito dell'abuso di informazioni privilegiate e, come tale, è vietata.

Insolvenza (stato di): **Nozione:** impossibilità di soddisfare regolarmente le obbligazioni assunte per mancanza dei mezzi occorrenti e per l'impossibilità di procurarsi tali mezzi mediante ricorso al credito.

Disciplina: l'insolvenza acquista rilevanza giuridica soltanto quando si manifesta all'esterno. Ciò avviene, di solito, mediante reiterati inadempimenti, ma la legge fallimentare prevede altre figure sintomatiche, come la fuga o la latitanza dell'imprenditore, la chiusura dei locali, il trafugamento, la sostituzione o la diminuzione fraudolenta dell'attivo. Oltre a rilevare come presupposto per la dichiarazione del fallimento, l'insolvenza viene in rilievo quale causa di decadenza dal beneficio del termine: se il debitore diviene insolvente, il creditore può esigere immediatamente la prestazione, qualunque sia il termine stabilito per l'adempimento.

Differenze con figure affini: lo stato di insolvenza non va confuso con l'(→) *inadempimento,* in quanto l'imprenditore, pur essendo solvibile, può non adempiere a una determinata obbligazione perché ritiene di non esservi tenuto e, al contrario, può essere insolvente anche se continua ad adempiere alle obbligazioni ma con mezzi rovinosi.

Institore: Rif. normativi: artt. 2203-2208 c.c.

Nozione: ausiliario dell'imprenditore preposto all'esercizio di un'impresa commerciale.

Disciplina: la procura institoria deve essere sottoscritta dall'imprenditore, autenticata e depositata presso il (→) *registro delle imprese*, onde consentire ai terzi interessati di prenderne visione; eventuali modifiche devono essere altresì trascritte.

L'institore può compiere tutti gli atti pertinenti all'esercizio dell'impresa cui è preposto (assumere e licenziare, stare in giudizio), salvo le limitazioni contenute nella procura. In mancanza di un'autorizzazione espressa l'institore non può alienare o ipotecare i beni immobili del preponente.

Integrazione del contratto: Rif. normativi: artt. 1339 e 1374 c.c.

Nozione: consiste nell'integrazione delle lacune che si presentano nel regolamento negoziale.

Disciplina: le fonti d'integrazione del contratto sono la legge, gli usi, l'equità.

L'integrazione del contratto può essere:

- **cogente**, quando determina coattivamente il rapporto contrattuale nonostante la diversa volontà delle parti. In tal caso è prevista la sostituzione legale delle clausole vietate con quelle imposte dalla legge. Tale sostituzione impedisce che la nullità di singole clausole determini l'invalidità dell'intero negozio;
- **suppletiva**, quando determina il contenuto del rapporto in mancanza di una differente regolamentazione a opera delle parti.

Interdizione: Rif. normativi: artt. 414-432 c.c., art. 32 c.p.

Nozione: stato d'incapacità prodotto da un provvedimento del giudice.

Disciplina: l'incapacità si distingue in:

- **giudiziale**: quando colui che si trova affetto da abituale infermità di mente è dichiarato, con sentenza, incapace di provvedere ai propri interessi. Sulla base della sentenza d'interdizione, il giudice tutelare nomina con decreto il (→) *tutore*. Tutti gli eventuali atti giuridici compiuti dall'interdetto posteriormente al provvedimento d'interdizione sono annullabili su istanza del tutore, dell'interdetto o dei suoi eredi o aventi causa. L'interdizione giudiziale è revocata quando viene meno uno dei suoi due presupposti (infermità mentale o incapacità di provvedere ai propri interessi);
- **legale**: pena accessoria che consegue alla condanna all'ergastolo o alla reclusione per un tempo non inferiore a cinque anni e che comporta la perdita della capacità di agire. Decorre dal momento in cui la condanna diviene definitiva e perdura per tutta la durata della pena principale.

Differenze con figure affini: due sono gli elementi di distinzione tra la disciplina dell'interdizione legale e quella dell'interdizione giudiziale:

- l'incapacità dell'interdetto legale concerne tutti gli atti di natura patrimoniale, ma non si estende agli atti aventi carattere personale o famigliare (l'interdetto legale può quindi contrarre matrimonio o riconoscere il figlio naturale);
- l'annullabilità degli atti di natura patrimoniale compiuti dall'interdetto legale non è posta nell'esclusivo interesse dell'interdetto: infatti, chiunque vi abbia interesse può far valere la sua incapacità.

Interessi: Rif. normativi: artt. 1224, 1282, 1283 e 1284 c.c., D.M. 290/01.

Nozione: frutti civili del denaro, che rappresentano il corrispettivo del godimento di questo.

Circa la fonte, si distinguono:

- **interessi legali**: ogni credito di somme liquide ed esigibili produce interessi di pieno diritto. L'ammontare degli interessi legali è attualmente stabilito nella misura del 3%;
- **interessi convenzionali**: previsti dalla volontà delle parti, le quali, se fissano un tasso diverso da quello legale, devono stabilirlo per iscritto. La pattuizione di interessi usurari rende nulla la relativa clausola e fa sì che gli interessi non siano dovuti.

In base alla funzione, si hanno:

- **interessi moratori**: che conseguono a un ritardo dell'adempimento. Si tratta di una forma di risarcimento del danno provocato al creditore per il mancato godimento, durante il periodo di ritardo, delle somme spettantegli;

- **interessi corrispettivi**: che sono dovuti per la sola esistenza di un credito in denaro liquido ed esigibile; costituiscono il prezzo dell'utilità conseguita da chi ha goduto il capitale;
- **interessi compensativi**: prodotti da un credito liquido, anche se non esigibile; costituiscono il compenso per il godimento di una cosa fruttifera;
- **interessi usurari**: quelli superiori ai tassi medi praticati da banche e intermediari finanziari, rilevati trimestralmente dal Ministro del Tesoro, ove risultino sproporzionati. Sono sempre usurari i tassi che superano del 50% i tassi pubblicati. Ove siano convenuti interessi usurari, la clausola è *nulla* e non sono dovuti interessi (1815 c.c.).

Interessi legittimi: **Nozione:** situazione giuridica soggettiva tutelata soltanto in quanto coincidente con la tutela dell'interesse pubblico. Gli interessi legittimi possono essere intesi anche come pretesa del singolo alla legittimità dell'atto amministrativo, ovvero a un corretto esercizio del potere da parte della Pubblica Amministrazione. Secondo tale tesi, gli interessi legittimi trovano la loro fonte nel principio di (→) *legalità* che impone alla Pubblica Amministrazione, nell'esercizio delle sue potestà, di astenersi dal porre in essere provvedimenti illegittimi.

Disciplina: sia il diritto soggettivo sia l'interesse legittimo hanno alla base un interesse materiale protetto dall'ordinamento, ma si distinguono in base:

- al *grado di protezione* accordato dall'ordinamento: il diritto soggettivo consta di poteri atti a soddisfare sempre e pienamente, con o senza la mediazione di un'altrui condotta, l'interesse materiale, mentre l'interesse legittimo è tutelato non immediatamente e pienamente, bensì in funzione della realizzazione dell'interesse pubblico generale attraverso l'esercizio del potere pubblico;
- alle *forme di protezione*, in quanto la titolarità del diritto soggettivo legittima il privato a ottenere, in sede amministrativa o giurisdizionale, soltanto pronunce di natura reintegratoria o risarcitoria mentre l'interesse legittimo offre possibilità di tutele più ampie e differenziate tanto in sede procedimentale quanto in quella processuale.

Differenze con figure affini: le altre situazioni giuridiche soggettive attive sono: (→) *diritto soggettivo,* (→) *potestà,* (→) *facoltà,* (→) *aspettativa* e (→) *status*.

Interpellanza: **Rif. normativi:** artt. 136 ss. Reg. Camera, artt. 154 ss. Reg. Senato.

Nozione: atto ispettivo consistente nella domanda rivolta per iscritto da un parlamentare al Governo (o a un dato Ministro) per conoscere i motivi o gli intendimenti della condotta politica rispetto a una data questione.

Differenze con figure affini: l'interpellanza va illustrata dal presentatore e discussa in Assemblea, mentre l'(→) *interrogazione* può ricevere risposta anche in Commissione. Il parlamentare, che non si ritenga soddisfatto della risposta data dal Governo e intenda promuovere una discussione, può presentare una (→) *mozione*.

Interposizione di persona: **Nozione:** si ha quando un soggetto appare o è titolare di una situazione giuridica, mentre in realtà tale situazione è in titolarità di un altro soggetto o a questi è destinata.

Interposizione può essere:

- **fittizia**: consegue a una (→) *simulazione relativa soggettiva*. Consiste nell'attribuzione della qualità di parte a un soggetto estraneo al negozio che si stipula. L'interposto si limita unicamente a prestare il proprio nome, mentre titolare del rapporto giuridico è un soggetto diverso. È il caso di chi, non volendo per ragioni fiscali apparire acquirente di un immobile, si accordi con il venditore per fare apparire che l'acquisto è stato fatto da un terzo;
- **reale**: tale fattispecie viene inquadrata nella (→) *rappresentanza indiretta* e si verifica quando una persona agisce per conto di un'altra, ma in nome proprio, divenendo, pertanto, titolare in proprio del rapporto conseguente al contratto stipulato, con l'obbligo giuridico di trasferire tale posizione a colui per conto del quale ha agito.

Interpretazione della legge: Rif. normativi: artt. 12-14 disp. prel. c.c.

Nozione: consiste nella ricerca e nella spiegazione del senso della norma stessa, per determinare la volontà del legislatore.

In relazione ai soggetti che la compiono, essa può essere:

- **giudiziale**: se è compiuta dal giudice nell'esercizio della funzione giurisdizionale;
- **dottrinale**: se è compiuta, senza alcuna forza vincolante, dagli studiosi di materie giuridiche;
- **autentica**: se è compiuta dal legislatore per chiarire il significato di norme preesistenti, mediante norme con efficacia retroattiva ed *erga omnes*.

In relazione ai risultati l'interpretazione può essere:

- **dichiarativa**: se i risultati dell'interpretazione letterale coincidono con quelli dell'interpretazione logica;
- **estensiva**: se l'ambito d'applicazione della norma è più esteso di quanto si ricava dalla sola formulazione letterale;
- **restrittiva**: nel caso contrario al precedente.

Interpretazione del contratto: Rif. normativi: artt. 1362-1371 c.c.

Disciplina: le regole di interpretazione del contratto vengono suddivise in:

- **regole d'interpretazione soggettiva**, che sono dirette a ricercare la volontà delle parti che si è estrinsecata nell'atto;
- **regole d'interpretazione oggettiva**, che pongono canoni interpretativi sussidiari, diretti a dare un significato al negozio quando le regole di interpretazione soggettiva non riescono a individuare la reale volontà delle parti.

Esiste poi una norma di chiusura, in virtù della quale il contratto deve, in ogni caso, essere interpretato secondo buona fede.

Interrogazione: Rif. normativi: artt. 128 ss. Reg. Camera e artt. 145 ss. Reg. Senato.

Nozione: atto ispettivo di carattere politico, consistente nella domanda rivolta per iscritto da un parlamentare, solitamente di minoranza, al Governo o a un Ministro su una determinata situazione: si chiede, cioè, se il Governo o il Ministro sia o meno a conoscenza di un dato fatto, se quel fatto sia vero o falso, e quali iniziative al riguardo si intendano adottare.

Disciplina: all'interrogazione, di regola, il Governo risponde oralmente e di solito in Commissione.

Differenze con figure affini: mentre l'(→) *interpellanza* va illustrata dal presentatore e discussa in Assemblea, l'interrogazione può ricevere risposta anche in Commissione. Il parlamentare, che non si ritenga soddisfatto della risposta data dal Governo e intenda promuovere una discussione, può presentare una (→) *mozione*.

Interversione del possesso: Rif. normativi: artt. 1164 e 1141 c.c.

Nozione: mutamento della detenzione in (→) *possesso* o mutamento del possesso corrispondente all'esercizio di un diritto reale su cosa altrui, in possesso corrispondente all'esercizio del diritto di proprietà.

Disciplina: per aversi interversione occorre una causa proveniente da un terzo o un'opposizione del possessore contro il diritto del proprietario. Dal momento in cui è avvenuta l'interversione comincia a decorrere il tempo necessario per l'(→) *usucapione* del diritto di proprietà.

Invalidità del matrimonio: (→) *matrimonio.*

Invalidità del negozio: Rif. normativi: artt. 1418-1446 c.c.

Nozione: mancanza di una circostanza intrinseca del negozio.

Disciplina: l'invalidità può assumere due aspetti: la (→) *nullità* e l'(→) *annullabilità,* a seconda che le norme violate siano state poste a tutela di un interesse generale o di un interesse particolare dei contraenti.

Differenze con figure affini: (→ tabella seguente).

Inesistenza		• Difformità sostanziale di contenuto tra proposta e accettazione • Mancanza di una dichiarazione negoziale affidabile
Invalidità	**Nullità**	• contrarietà a norme imperative • mancanza di uno dei requisiti del contratto (accordo, causa, oggetto, forma) • illiceità della causa (contrarietà a buon costume, norme imperative, ordine pubblico) • illiceità dei motivi • mancanza dei requisiti dell'oggetto (possibilità, liceità, determinatezza)
	Annullabilità	• vizi del consenso (errore, violenza, dolo) • incapacità • conflitto d'interessi
Inefficacia	Mancanza di idoneità dell'atto giuridico a produrre i suoi effetti (alcuni esempi sono rappresentati dal contratto simulato – valido ma inefficace – e dal contratto sottoposto a condizione o termine prima che l'evento si sia verificato)	

Invenzione industriale: Rif. normativi: artt. 2584-2591 c.c.

Nozione: attività creativa, suscettibile di una concreta utilizzazione, idonea a essere applicata nel campo della tecnica industriale. Requisiti dell'invenzione industriale:

- novità intrinseca (originalità);
- novità estrinseca (non divulgazione);
- industrialità (idoneità all'impiego pratico o industriale).

Disciplina: all'inventore fanno capo due serie di diritti:

- **diritto morale**, che è un diritto della personalità, perpetuo, inalienabile e imprescrittibile, che si sostanzia nel diritto di paternità dell'invenzione;
- **diritto patrimoniale**, che consiste nel diritto allo sfruttamento economico esclusivo dell'invenzione e consegue all'acquisto del (→) *brevetto*. Con l'ottenimento del brevetto, l'inventore ha la facoltà esclusiva di attuare l'invenzione, di disporne e di trarne profitto, con la preclusione e il divieto per ogni terzo di utilizzare l'invenzione e di riprodurla. Il diritto d'esclusiva sullo sfruttamento economico dell'invenzione si estingue dopo 20 anni dalla concessione del brevetto.

Differenze con figure affini: si ha **invenzione del prestatore di lavoro** quando l'invenzione è avvenuta durante lo svolgimento del rapporto di lavoro.

Si distinguono tre ipotesi:

- se il rapporto di lavoro ha per oggetto lo svolgimento di un'attività inventiva retribuita, tutti i diritti patrimoniali derivanti dall'invenzione sono acquistati dal datore di lavoro (**invenzioni di servizio**);
- nel caso in cui l'attività inventiva non sia oggetto contrattuale del rapporto, i diritti patrimoniali vengono conferiti al datore di lavoro e il lavoratore ha diritto a un equo compenso (**invenzioni aziendali**);
- se il rapporto di lavoro non ha per oggetto alcuna attività inventiva, ma l'invenzione si è prodotta grazie all'esperienza che il lavoratore ha acquisito nell'azienda o utilizzando i mezzi della stessa, i diritti patrimoniali sono acquistati dal dipendente e il datore di lavoro ha un diritto di prelazione, dietro corrispettivo monetario, per l'acquisto del brevetto o lo sfruttamento dell'invenzione (**invenzioni occasionali**).

Il diritto di paternità dell'invenzione, in ogni caso, spetta al prestatore di lavoro.

Ipoteca: Rif. normativi: artt. 2808-2898 c.c.

Nozione: (→) *diritto reale* di garanzia, concesso dal debitore (o da un terzo) su un bene a garanzia di un credito; tale diritto attribuisce al creditore il potere di espropriare il bene e di essere soddisfatto con preferenza, rispetto a eventuali altri creditori, sul prezzo ricavato.

Disciplina: possono essere oggetto d'ipoteca beni immobili, beni mobili registrati, rendite dello Stato, oltre al diritto di superficie, dell'enfiteuta, del nudo proprietario, dell'usufruttuario e del concedente.

L'ipoteca si costituisce mediante iscrizione (con carattere costitutivo del diritto) nell'apposito registro presso l'ufficio dei registri immobiliari.

Si distingue tra:

- **ipoteca legale**: quando è la legge che attribuisce ad alcuni creditori, in considerazione della causa del credito o della qualità del creditore, il diritto di ottenere l'iscrizione ipotecaria indipendentemente dalla volontà del debitore (es.: l'ipoteca che spetta all'alienante, sull'immobile alienato, a garanzia dell'adempimento degli obblighi derivanti dal contratto);
- **ipoteca giudiziale**: chi ha ottenuto una sentenza di condanna al pagamento di una somma o all'adempimento di un'obbligazione ha titolo per iscrivere ipoteca, anche se la sentenza non ha forza esecutiva o è sottoposta a gravame;
- **ipoteca volontaria**: nasce da contratto o da dichiarazione unilaterale di volontà da parte del concedente. È necessario l'atto pubblico o la scrittura privata sotto pena di nullità.

Differenze con figure affini: mentre l'ipoteca ha per oggetto beni immobili, beni mobili registrati e rendite dello Stato che restano nel materiale godimento del proprietario, il (→) *pegno* ha per oggetto beni mobili, il cui possesso passa al creditore.

Irregolarità: Nozione: il negozio giuridico si dice irregolare quando, pur non avendo difetti che ne comportino l'invalidità o l'inefficacia, non è completamente conforme al modello indicato dalla norma giuridica.

Disciplina: la sanzione dell'atto irregolare consiste in una penalità a carico di chi lo ha posto in essere. Così è per alcune norme del diritto matrimoniale: mancata pubblicazione (134 c.c.) e inosservanza del lutto vedovile (140 c.c.).

Istituzione di erede: Rif. normativi: artt. 624-648 c.c.

Nozione: disposizione patrimoniale (che forma il contenuto tipico del testamento) con cui il testatore designa il suo successore a titolo universale.

Disciplina: l'istituzione d'erede, nel momento dell'apertura della successione, fa sorgere in capo al nominato un diritto potestativo all'acquisto dell'eredità, da esercitarsi mediante l'(→) *accettazione.*

Italgiure: Nozione: banca dati giuridica *on line* predisposta dal Centro Elettronico di Documentazione della Corte di Cassazione. Contiene 42 archivi di documenti giuridici, riguardanti legislazione, dottrina, bibliografia, consultabili attraverso un linguaggio d'interrogazione particolarmente complesso e articolato (*Italgiurefind*) o attraverso un particolare *software* (*Easy Find*) messo a disposizione dallo stesso Centro.

K

***Know-how* (contratto di): Nozione:** contratto sinallagmatico atipico, con il quale un imprenditore (*concedente*), dietro compenso, s'impegna a trasferire a un altro imprenditore (*concessionario*) le proprie tecniche o i propri ritrovati non brevettabili, da utilizzare nel processo produttivo o distributivo.

Disciplina: oggetto del *know-how* è il trasferimento di una tecnologia, un metodo la cui sperimentata applicazione fa conseguire a chi lo utilizza un migliore sfruttamento della propria capacità produttiva.

Differenze con figure affini: il contratto di *know-how* può essere una delle eventuali componenti del contratto di (→) *engineering,* nel senso che in quest'ultimo contratto, tra le varie prestazioni dedotte, può esservi un *know-how* relativo al processo produttivo da installare, ovvero alla stessa costruzione dell'impianto.

L

Lavori preparatori: Nozione: attività che precede l'approvazione degli atti legislativi, comprendente l'illustrazione della proposta di legge e il relativo dibattito.

Disciplina: i lavori preparatori sono rilevanti ai fini dell'interpretazione della norma, sebbene non abbiano alcuna efficacia vincolante per l'interprete.

Lavoro (diritto-dovere al): Rif. normativi: artt. 1-4 Cost., art. 23 Dichiarazione Universale dei Diritti dell'Uomo.

Disciplina: il diritto-dovere al lavoro non dà luogo a un diritto soggettivo perfetto di ottenere il posto di lavoro, bensì indica un principio fondamentale che indirizza il legislatore ordinario a promuovere l'effettività di tale diritto con una politica del pieno impiego e con la lotta alla disoccupazione. Il cittadino, pur essendo tenuto a svolgere un'attività lavorativa, è libero di sceglierla e, comunque, anche se il 2° comma dell'art. 4 Cost. parla di dovere, esso non è un dovere giuridico, bensì un dovere esclusivamente morale.

***Leasing* (contratto di): Rif. normativi:** L. 259/93.

Nozione: contratto con cui una parte concede all'altra il godimento di un bene, verso il corrispettivo di un canone periodico, per un certo periodo di tempo, alla scadenza del quale chi ha ricevuto in godimento il bene può:

- restituire il bene;
- proseguire nel godimento, versando un canone inferiore;
- acquistare in proprietà il bene, pagando una somma ulteriore;
- richiedere la sua sostituzione con altro bene.

Tipologie:

- ***leasing* operativo**: un'impresa produttrice concede a quella utilizzatrice la temporanea disponibilità di beni strumentali, per un periodo di tempo inferiore alla loro vita economica, verso un corrispettivo periodico, fornendo un servizio di assistenza e manutenzione. Pur essendo un contratto atipico, è riconducibile allo schema della (→) *locazione*, del noleggio o dell'(→) *affitto*;
- ***leasing* finanziario**: contratto di finanziamento con cui una società finanziaria acquista, per conto di un'impresa, un bene a questa necessario per la sua attività, cedendolo in godimento alla stessa. Trattasi di un contratto atipico a cui, per analogia, si ritengono applicabili, in quanto compatibili, le norme sulla locazione e sulla vendita con riserva di proprietà. Tale contratto è stato finora oggetto dell'attenzione del legislatore soltanto ai fini della concessione di agevolazioni fiscali (L. 517/75, L. 183/76, L. 416/81, L. 64/86);
- ***leaseback*** (o *sale and lease back*): contratto in virtù del quale il proprietario di un bene immobile chiede un mutuo all'impresa di *leasing* cedendo, a garanzia del proprio debito, la proprietà del bene: egli rimane nel godimento del bene versando, quale corrispettivo, un canone, che in realtà rappresenta una quota di rateizzazione del mutuo. Il cessionario restituirà il bene in proprietà all'alienante-mutuatario soltanto se questi avrà adempiuto la propria obbligazione. Secondo la giurisprudenza, il contratto di *leaseback* non viola il divieto del (→) *patto commissorio* e come tale è lecito, salvo quando in concreto risulti una evidente sproporzione fra credito garantito e valore del bene trasferito in proprietà alla società di *leasing*.

Legalità (principio di): Rif. normativi: artt. 25, 101, 111, 113 Cost., art. 4 disp. prel. c.c., art. 5 L. 2248/65, allegato E.

Nozione: principio in virtù del quale i pubblici poteri sono soggetti alla legge.

Disciplina: il principio di legalità può essere visto sotto diversi profili:

- in virtù del principio della **preferenza della legge**, gli atti dei pubblici poteri non possono contenere disposizioni in contrasto con la legge. Si parla, in tal caso, di *supremazia della legge* rispetto agli atti del potere esecutivo e giurisdizionale. Contro le sentenze degli organi giurisdizionali è sempre possibile ricorrere in Cassazione per violazione di legge;

- in virtù del **principio di legalità in senso formale**, gli atti dei pubblici poteri devono essere autorizzati dalla legge;
- in virtù del **principio di legalità in senso sostanziale**, gli atti dei pubblici poteri devono essere disciplinati compiutamente dalla legge.

Nel nostro ordinamento il principio di legalità condiziona non soltanto il Potere esecutivo e quello giurisdizionale, ma anche quello legislativo. In base all'art. 134 Cost., infatti, la legge ordinaria non può violare la Costituzione e le altre leggi costituzionali e le controversie insorte sulla legittimità costituzionale della legge ordinaria sono affidate e risolte dalla Corte Costituzionale.

Legato: Rif. normativi: artt. 588, 649-673, 756 c.c.

Nozione: disposizione *mortis causa* a titolo particolare, in base alla quale un soggetto (*legatario*) succede in uno o più determinati diritti reali o in uno o più rapporti determinati, che facevano capo al *de cuius.*

Classificazioni: in relazione alla *fonte* il legato si distingue in:

- **legato testamentario**, che trae origine da una disposizione testamentaria;
- **legato *ex lege***, che trae origine da una norma di legge.

In relazione agli *effetti* si parla di legato:

- **reale**, che attribuisce al legatario la proprietà o altro diritto reale sopra un bene o anche un diritto di credito determinato;
- **obbligatorio**, che attribuisce al legatario un diritto di credito che nasce dal testamento e fa sorgere un'obbligazione a carico dell'onerato.

In relazione al *contenuto* si distingue tra legati:

- **di specie**, che hanno per oggetto il diritto di proprietà su un bene determinato (649 c.c.);
- **di genere** o di quantità, per esempio denaro (653 c.c.);
- **liberatori**, che liberano il legatario da un'obbligazione (658 c.c.);
- **di credito**, che consistono in una (→) *cessione del credito* dal testatore al legatario (658 c.c.);
- **di debito**, che consistono nell'attribuzione di un legato fatta dal testatore a un suo creditore menzionando il debito. Il legato si presume essere fatto a scopo di pagamento;
- **di cose altrui**, che sono disposizioni nulle se non risulta che il testatore fosse a conoscenza che la cosa legata apparteneva a un altro (651 e 652 c.c.).

Il **sublegato** ricorre quando il soggetto che è tenuto alla prestazione oggetto del legato è, anziché l'erede, un altro legatario. Il sublegatario è, accanto al legatario, un chiamato alla successione a titolo particolare.

Il **prelegato** è il legato, gravante a carico di tutta l'eredità, nel quale il beneficiario sia uno dei coeredi. Costui, pertanto, cumula le due qualità di coerede (onerato) e di legatario (onorato); ciò avviene in forza di due separate attribuzioni patrimoniali: istituzione d'erede e attribuzione di legato.

Il **legato in sostituzione di legittima** (551 c.c.) è una disposizione testamentaria a titolo particolare effettuata a favore di uno dei legittimari in sostituzione della quota di legittima: il legittimario può scegliere di rinunziare al legato e chiedere la legittima, ovvero di conseguire il legato, perdendo il diritto di chiedere un supplemento nel caso che il valore di esso sia inferiore a quello della legittima.

Disciplina: l'acquisto del legato ha luogo *ipso iure*, senza che occorra accettazione.

Legge: Rif. normativi: artt. 70-82, 117 Cost., L.Cost. 3/01.

Nozione: la legge **in senso formale** è un atto deliberato dalle due Camere o dagli altri organi cui è costituzionalmente attribuita la funzione legislativa (Consigli regionali) secondo il procedimento disciplinato dalla Costituzione, dai Regolamenti parlamentari e dagli Statuti regionali. La legge **in senso materiale** è un atto a contenuto normativo, indipendentemente dall'organo che l'ha posto in essere e quale che sia il procedimento della sua formazione.

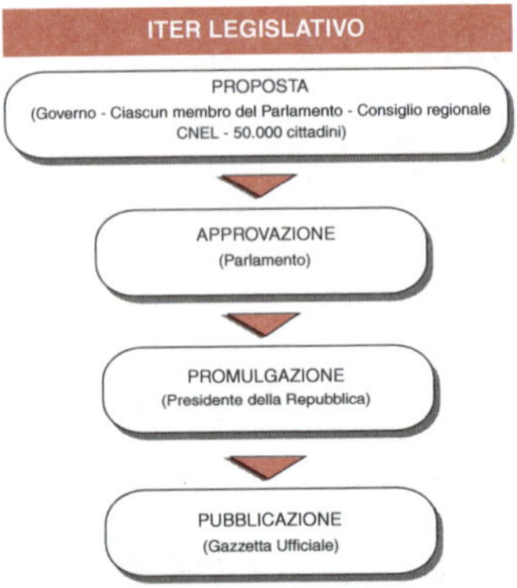

Classificazioni:

- **legge ordinaria**: è deliberata dal Parlamento secondo il procedimento disciplinato dalla Costituzione e dai Regolamenti parlamentari. La legge ordinaria:
  - è idonea a modificare o abrogare qualsivoglia disposizione vigente, fatta eccezione per quelle di rango costituzionale;
  - è in grado di resistere all'abrogazione e alla modificazione da parte di fonti a essa subordinate;
  - può essere soggetta al controllo di conformità alla Costituzione e alle altre disposizioni di rango costituzionale, da parte della Corte Costituzionale;
  - può essere sottoposta a *referendum* abrogativo ex art. 75 Cost.;
- **legge costituzionale** (138 Cost.): contiene norme che si aggiungono a quelle della Costituzione o che le abrogano o modificano (in questi due ultimi casi si parla più propriamente di **legge di revisione costituzionale**). Ha la stessa forza giuridica della Costituzione per cui, nel contrasto tra una norma della Costituzione e una legge costituzionale successiva, il criterio interpretativo è quello per cui la norma posteriore nel tempo abroga la norma anteriore incompatibile. La legge costituzionale è comunque vincolata al rispetto dei principi supremi dell'ordinamento;
- **legge stralcio**: legge, promulgata per motivi d'urgenza, che disciplina un aspetto circoscritto di un fatto regolato da un provvedimento legislativo di più ampio respiro, che si ritiene possa seguire un lungo e laborioso *iter* legislativo;
- **legge provvedimento**: non regola in via generale e astratta ma provvede per il caso concreto. Essa pone problemi di tutela delle situazioni giuridiche soggettive, che possono essere lese dal suo contenuto: mentre, infatti, contro gli atti della Pubblica Amministrazione è sempre ammessa la tutela davanti al giudice, la legge provvedimento può essere impugnata soltanto davanti alla Corte Costituzionale mediante la promozione di un giudizio in via incidentale;
- **legge regionale**: le Regioni sono titolari di potestà normativa che si esplica attraverso l'emanazione di atti che, sotto il profilo formale e procedurale, sono assimilabili alle leggi formali dello Stato. Le Regioni hanno potestà legislativa in riferimento a ogni materia non espressamente riservata alla legislazione dello Stato (117 Cost.);
- **legge di interpretazione autentica**: ha lo scopo di chiarire il senso di norme preesistenti, ovvero di imporre una delle possibili varianti di senso compatibili con il tenore letterale delle stesse, sia al fine di eliminare eventuali incertezze interpretative, sia al fine di rimediare a interpretazioni giurisprudenziali divergenti con la linea politica voluta dal legislatore.

Legittima (quota di): Rif. normativi: artt. 553-564 c.c.

Nozione: quota del patrimonio di cui non si può disporre, né a titolo di liberalità, né *mortis causa* (cd. quota indisponibile o riserva) in quanto spettante per legge a soggetti, denominati (→) *legittimari* o riservatari, legati al *de cuius* da stretti rapporti di parentela o da un rapporto di coniugio.

Disciplina: quando la quota di legittima è intaccata per effetto di donazioni oppure di disposizioni *mortis causa*, si ha **lesione della legittima**. Per reintegrarla, occorre agire con l'azione di (→) *riduzione* volta a far porre parzialmente nel nulla gli atti che hanno prodotto la lesione stessa. Allorché il testatore imponga pesi o condizioni sulla quota di un legittimario, questi sono nulli e si considerano come non apposti.

Differenze con figure affini: la legge ha posto deroghe all'intangibilità della quota di legittima con l'istituto del (→) *legato* in sostituzione di legittima.

Legittimari: Rif. normativi: artt. 536-552 c.c.

Nozione: coloro a cui la legge attribuisce il diritto intangibile a una quota del patrimonio del *de cuius*, indipendentemente dalle disposizioni testamentarie. I legittimari sono: il coniuge, i figli legittimi (compresi i legittimati e gli adottivi) o i loro discendenti (che succedono per rappresentazione), i figli naturali o i loro discendenti, gli ascendenti legittimi.

Disciplina: i legittimari, se il defunto ha leso con il testamento o per mezzo di donazioni i diritti loro riservati, devono, entro 10 anni dall'apertura della successione, agire in (→) *riduzione* per ottenere quanto loro spetta per legge, altrimenti restano valide ed efficaci le disposizioni lesive del testatore.

Legittimazione del figlio naturale: Rif. normativi: artt. 280-290 c.c.

Nozione: istituto in virtù del quale il figlio naturale, riconosciuto o riconoscibile, può acquistare lo *status* di figlio legittimo.

Disciplina: la legittimazione può avvenire:

- per susseguente matrimonio, quando i due genitori naturali, dopo la nascita del figlio, si sposano tra loro; gli effetti si producono dal giorno del matrimonio, se il riconoscimento è avvenuto con l'atto di matrimonio o anteriormente, oppure dal giorno del riconoscimento, se questo è avvenuto dopo il matrimonio;
- per provvedimento del giudice, qualora vi sia l'impossibilità o un ostacolo gravissimo a celebrare il matrimonio.

Differenze con figure affini: la caratteristica dell'istituto, che lo differenzia dal (→) *riconoscimento del figlio naturale*, è costituita principalmente dal fatto che la decorrenza degli effetti è *ex tunc* per il riconoscimento, *ex nunc* per la legittimazione.

Legittimità costituzionale: Rif. normativi: artt. 134-137 Cost.

Nozione: la legge ordinaria deve essere conforme alla Costituzione, non potendosi porre in contrasto con essa.

Disciplina: se nel corso di un procedimento giudiziario sorge un dubbio sulla costituzionalità della legge che deve essere applicata, il giudice deve rinviare la stessa alla Corte Costituzionale che, con apposito procedimento, ne verifica la costituzionalità.

Lesione di legittima: (→) *legittima (quota di).*

Liberalità d'uso: Rif. normativi: art. 770, 2° comma c.c.

Nozione: liberalità che si suole fare in occasione di servizi resi (es.: mance) o comunque in conformità agli usi, purché la remunerazione non ecceda i limiti di una normale proporzionalità.

Disciplina: non è una donazione e quindi è valida anche in mancanza dell'atto pubblico.

Differenze con figure affini: si differenzia dalla (→) *donazione remuneratoria* per il motivo che spinge alla liberalità, che nel caso di liberalità d'uso è quello di conformare il proprio comportamento al comune modo di fare.

Libretto di deposito a risparmio: Rif. normativi: artt. 1835-1838 c.c.

Nozione: documento che la banca rilascia al cliente a seguito della conclusione di un contratto di (→) *deposito* a risparmio. Su di esso devono essere annotate tutte le operazioni compiute. Le annotazioni contenute nel libretto, firmate dall'impiegato della banca addetto al servizio, fanno piena prova dei rapporti tra banca e depositante.

Disciplina: il libretto può essere: nominativo, nominativo pagabile al portatore, al portatore, al portatore con l'intestazione di un nome.

Libri contabili: (→) *scritture contabili.*

Libri sociali: Rif. normativi: artt. 2421 e 2422 c.c.

Nozione: sono documenti di cui la legge prescrive la redazione alle società, al fine di consentire l'individuazione della composizione sociale e l'attività degli organi sociali: libro soci, libro delle obbligazioni, libro delle adunanze e delle deliberazioni delle assemblee, libro delle adunanze e delle deliberazioni del Consiglio d'Amministrazione, libro delle adunanze e delle deliberazioni del Collegio Sindacale ecc.

Disciplina: i libri sociali devono essere regolarmente tenuti: prima di essere messi in uso devono essere numerati progressivamente in ogni pagina e bollati; a essi si applicano le norme previste all'art. 2219 c.c. per la regolare tenuta dei libri contabili.

Libro giornale: Rif. normativi: artt. 2214-2220 c.c., L. 383/01.

Nozione: libro contabile obbligatorio nel quale vengono rilevati cronologicamente i fatti aziendali e i valori da questi generati.

Disciplina: ogni registrazione che viene effettuata nel libro giornale si dice *articolo*, costituito dalla data dell'operazione, dalla specificazione dei conti da addebitare e da accreditare, dalla descrizione dell'operazione e dai valori determinati dall'operazione. Le registrazioni del libro giornale si riportano nel libro mastro, effettuando gli addebitamenti e gli accreditamenti dei conti secondo le indicazioni contenute negli articoli. Il libro giornale è una scrittura obbligatoria non soltanto ai fini civilistici ma anche ai fini fiscali.

Il libro giornale deve essere tenuto secondo le norme di un'ordinata contabilità, anche su supporto informatico, ed è conservato per dieci anni.

Libro degli inventari: Rif. normativi: artt. 2214-2220 c.c., L. 383/01.

Nozione: libro contabile obbligatorio che comprende l'inventario redatto all'inizio dell'esercizio dell'impresa (*inventario d'apertura*) e poi quelli redatti successivamente ogni anno (*inventari annuali*); vi si devono indicare e valutare le attività e le passività relative all'impresa, nonché le attività e le passività dell'imprenditore estranee alla stessa.

Disciplina: il libro degli inventari, come il (→) *libro giornale*, prima di essere messo in uso deve essere numerato progressivamente in ogni pagina; inoltre, deve essere compilato annualmente entro il termine di presentazione della dichiarazione dei redditi e sottoscritto dall'imprenditore.

Licenza d'uso del *software* (contratto di): Rif. normativi: L. 633/41, L. 248/2000.

Nozione: contratto attraverso il quale il fornitore cede, dietro corrispettivo, al licenziatario il diritto di utilizzare in modo non esclusivo il programma e la relativa documentazione.

Disciplina: il licenziatario, in quanto titolare del solo diritto d'uso e non della proprietà del *software*, non può né conoscere il suo funzionamento né intervenire su di esso per apportare modifiche o aggiornamenti tranne quelle modifiche necessarie per ottenere l'interconnessione del programma con quelli eventualmente già in uso.

Liquidazione dell'attivo nel fallimento:

Rif. normativi: artt. 104-109 R.D. 267/42.

Nozione: fase della procedura fallimentare che ha la funzione di convertire in denaro i beni del fallito, ai fini del soddisfacimento dei creditori.

Disciplina: lo stato attivo del fallimento è formato da tutti i beni appartenenti al fallito e da quelli che, per effetto dell'azione (→) *revocatoria*, sono ritornati, ai soli fini della procedura fallimentare, nel patrimonio del fallito medesimo. L'accertamento di tale stato, che prelude alla liquidazione, ha luogo mediante la formazione dell'inventario e la presa in consegna dei beni inventariati da parte del curatore.

La liquidazione ha inizio dopo la pronuncia del decreto che rende esecutivo lo stato passivo e a essa deve procedere il curatore sotto la direzione del giudice delegato, sentito il comitato dei creditori.

Differenze con figure affini: la liquidazione dell'attivo nella (→) *liquidazione coatta amministrativa* è compiuta dal commissario liquidatore, che ha, all'uopo, tutti i poteri necessari e opera con la più assoluta libertà di forme, salve le autorizzazioni dell'autorità che vigila sulla liquidazione e i pareri del comitato di sorveglianza.

Liquidazione coatta amministrativa: Rif. normativi: artt. 194-237 R.D. 16-3-1942.

Nozione: procedura concorsuale, prevista dalla legge fallimentare per quelle particolari categorie di imprese il cui dissesto economico ha notevoli ripercussioni sociali, o perché lo Stato vi è direttamente impegnato o per gli interessi di cui esse sono portatrici.

Disciplina: presupposti della liquidazione coatta amministrativa sono alternativamente: lo stato di insolvenza (come per gli altri procedimenti concorsuali); le violazioni di norme o di atti amministrativi che comportino l'irregolare funzionamento dell'impresa; la presenza di motivi di pubblico interesse che impongano, a giudizio insindacabile della pubblica autorità, la soppressione dell'ente.

La liquidazione coatta amministrativa è disposta dalla Pubblica Amministrazione con decreto pubblicato nella Gazzetta Ufficiale.

Gli organi della liquidazione coatta amministrativa sono:

- il commissario liquidatore;
- l'autorità amministrativa di vigilanza;
- il comitato di sorveglianza.

Nella liquidazione coatta amministrativa si trasferiscono al commissario liquidatore la *disponibilità* e l'*amministrazione* dei beni. Egli forma lo *stato passivo*, provvede alla *liquidazione dell'attivo* e alla *distribuzione delle somme ricavate*. Gli atti e i pagamenti, posti in essere dal debitore successivamente alla pubblicazione del provvedimento di liquidazione coatta amministrativa, sono inefficaci.

Liquidazione del danno: Rif. normativi: artt. 1224, 1226, 2056 c.c.

Nozione: determinazione dell'ammontare del danno.

Disciplina: la liquidazione si ottiene con una sentenza di condanna, al termine di un processo civile di cognizione. Se non può essere provato nel suo preciso ammontare, il danno è liquidato dal giudice con valutazione equitativa (1226 e 2056 c.c.). Le parti possono preventivamente accordarsi nel senso che, in caso d'inadempimento o di ritardo nell'adempimento, uno dei contraenti è tenuto a una determinata prestazione (→ *clausola penale*). Tale accordo assolve, quindi, a una funzione di preventiva liquidazione a opera delle parti.

Liquidazione della società: Rif. normativi: artt. 2275-2283 c.c.

Nozione: procedura per mezzo della quale si provvede all'estinzione dei debiti e alla ripartizione dell'eventuale residuo attivo tra i soci di una disciolta società.

Disciplina: al verificarsi di una causa di scioglimento, la società entra nel cd. *stato di liquidazione* e gli amministratori hanno l'obbligo di prendere i provvedimenti necessari: nelle società di persone devono convocare tutti i soci per la nomina dei liquidatori, quando non siano nominati nel contratto sociale; nelle società di capitali devono convocare l'assemblea per le deliberazioni necessarie e per la nomina dei liquidatori.

Il procedimento di liquidazione si articola in due fasi:

- estinzione dei debiti;
- ripartizione dell'attivo.

Per le società non registrate il completamento del procedimento liquidativo produce l'estinzione delle stesse; per le società registrate il completamento della liquidazione produce l'obbligo, a carico dei liquidatori, di chiedere la cancellazione della società dal registro delle imprese.

Dopo la cancellazione, i creditori delle società rimasti eventualmente insoddisfatti potranno agire (2312, 2456 c.c.) contro i soci fino alla concorrenza delle somme da questi riscosse in base al bilancio finale di liquidazione; potranno inoltre agire contro i liquidatori qualora il mancato pagamento sia dipeso da loro colpa.

Locazione (contratto di): Rif. normativi: artt. 1571-1614 c.c., L. 392/78, L. 359/92, 431/98, L. 2/02.

Nozione: contratto con il quale una parte (*locatore*) si obbliga a far godere all'altra (*conduttore*) una cosa mobile o immobile, per un dato tempo, verso un determinato corrispettivo.

Disciplina: gli obblighi principali del locatore sono:

1. consegnare la cosa al conduttore in buono stato di manutenzione;
2. mantenere la cosa in buono stato locativo in modo che la stessa possa servire all'uso pattuito;
3. garantire il pacifico godimento della cosa durante la locazione.

Il conduttore, invece, deve:

1. prendere in consegna la cosa e servirsene per l'uso convenuto o che può altrimenti presumersi dalle circostanze, osservando, nel farlo, la *diligenza del buon padre di famiglia*;
2. pagare il corrispettivo o canone pattuito;
3. restituire la cosa, alla fine della locazione, nello stato in cui l'ha ricevuta.

Una disciplina peculiare hanno i contratti aventi a oggetto gli **immobili urbani**. Vanno a questo proposito distinte:

- la **locazione per uso abitativo**: la materia è stata profondamente innovata dalla L. 431/98 e dalla L. 2/02. Mentre in precedenza la durata del contratto e la determinazione del canone locativo erano predeterminati per legge (cd. *equo canone*), con la riforma si è inteso privilegiare l'autonomia contrattuale dei soggetti interessati, prevedendo due schemi contrattuali:
  - quello *libero*, che permette la libera determinazione del canone a fronte di una durata di 4 anni + 4 anni;
  - quello *concertato*, rispetto al quale la determinazione del canone è affidata ad accordi da stipularsi su base locale tra le associazioni maggiormente rappresentative dei proprietari e degli inquilini. La durata è stabilita in 3 anni + 2 anni, e sono previsti particolari sgravi fiscali per i locatori.

  La nuova legge ha poi introdotto l'obbligo della forma scritta *ad substantiam* per i contratti di locazione, precedentemente prevista soltanto per le locazioni di durata ultranovennale.
- la **locazione a uso diverso da quello abitativo**: la determinazione iniziale del canone è rimessa alla libera contrattazione delle parti; la durata del contratto non può essere inferiore a 6 anni, se l'immobile è adibito ad attività industriali, commerciali e artigianali ovvero ad attività di interesse turistico, a 9 anni se l'immobile è destinato ad attività alberghiera. Tali termini sono rinnovabili in mancanza di tempestiva disdetta.

Differenze con figure affini: (→) *affitto.*

Locazione finanziaria: (→) *leasing.*

Luci e vedute: **Rif. normativi:** artt. 900-907 c.c.

Nozione: le **luci** danno passaggio alla luce e all'aria e per esse è prescritta un'altezza minima, atta a impedire l'esercizio della veduta sul fondo vicino; le **vedute dirette** o *prospetti* permettono di affacciarsi e per esse sono previste dalla legge determinate distanze. Si parla di **vedute oblique**, quando il fondo del vicino può essere veduto soltanto guardando da un lato: per esse sono previste distanze diverse da quelle prescritte per le vedute dirette.

Le disposizioni in materia di luci e vedute integrano i limiti legali al diritto di proprietà, posti nell'interesse privato. Esse contemperano l'esigenza del proprietario dell'immobile di ricevere aria e luce con quella del proprietario confinante di non essere esposto alla curiosità altrui.

M

Maggioranza (principio di): Nozione: il principio di maggioranza costituisce il fondamento del funzionamento degli organi collegiali. La maggioranza può essere:

- **relativa**: è quella raggiunta con il maggior numero dei voti, a prescindere dal rapporto degli stessi con il totale dei votanti;
- **assoluta**: pari ad almeno la metà + 1 dei votanti;
- **qualificata**: pari ad almeno i 3/5 o i 2/3 dei votanti.

Disciplina: nel calcolo della maggioranza occorre tenere presente il numero legale o *quorum*: per la validità delle deliberazioni, spesso la legge richiede la maggioranza assoluta dei presenti, ed è controverso se, ai fini del computo della maggioranza, debbano o meno contarsi come votanti gli astenuti.

Maggioranza di governo: Nozione: schieramento politico che sostiene il Governo.

Disciplina: se un solo partito politico raggiunge la maggioranza assoluta, tale partito determinerà l'indirizzo politico del Parlamento, la composizione e l'indirizzo del Governo (cd. *governo di maggioranza*). Se invece nessun partito raggiunge tale maggioranza, la formazione della compagine governativa può essere raggiunta attraverso la coalizione di più partiti ideologicamente vicini, decisi a governare insieme.

Maggiore età: (→) *capacità d'agire.*

Maggioritario: Nozione: sistema elettorale che prevede la suddivisione del territorio nazionale in collegi uninominali, nei quali si presentano i candidati di più partiti o coalizioni: vincente risulta essere il candidato che ottiene il maggior numero di voti.

Disciplina: a seconda del *quorum* di voti richiesti per vincere, si può distinguere tra:

- **maggioritario assoluto**, quando è richiesta la maggioranza assoluta dei voti del collegio (50% + 1);
- **maggioritario relativo**, nell'ipotesi in cui sia sufficiente ottenere anche un solo voto in più rispetto agli altri candidati, indipendentemente dalla percentuale di consensi ricevuti. Poiché questa formula è penalizzante per i partiti più piccoli, rappresenta uno stimolo alla formazione di coalizioni tra partiti ideologicamente affini.

Magistratura: Rif. normativi: artt. 101-110 Cost., R.D. 12/41, R.D.Lgs. 511/46, L. 392/51, L. 117/88.

Nozione: complesso degli organi che costituiscono il Potere giudiziario, potere dello Stato autonomo e indipendente, titolare della funzione giurisdizionale in materia civile, penale, amministrativa e costituzionale.

Disciplina: l'art. 102 della Costituzione stabilisce che la funzione giurisdizionale è esercitata dai magistrati ordinari istituiti e regolati dalle norme sull'ordinamento giudiziario e che non possono essere istituiti giudici straordinari o speciali. Tale disposto non è stato attuato interamente, dal momento che la Costituzione stessa prevede giudici speciali: il Consiglio di Stato, la Corte dei Conti e i Tribunali militari.

La magistratura è, nel nostro ordinamento, destinataria di norme che ne assicurano l'imparzialità e l'indipendenza.

Mala fede: (→) *buona fede.*

Mandato (contratto di): Rif. normativi: artt. 1703-1730 c.c.

Nozione: contratto con il quale una parte (*mandatario*) si obbliga a compiere uno o più atti giuridici per conto dell'altra parte (*mandante*).

Disciplina: si tratta di un contratto consensuale, bilaterale, a effetti obbligatori, di natura personale; può essere a titolo gratuito, ma nel silenzio delle parti si presume oneroso.

Il mandato può essere:

- **generale**, se ha per oggetto la cura degli interessi globali del mandante relativamente agli atti di ordinaria amministrazione;
- **speciale**, se riguarda affari determinati;

- **con** (→) ***rappresentanza*** se il mandatario agisce in nome e per conto del mandante mediante la spendita del nome;
- **senza rappresentanza**, quando il mandatario agisce in nome proprio e acquista i diritti e assume gli obblighi derivanti dal negozio che va a compiere per incarico del mandante. In tal caso si instaura un rapporto diretto tra terzo e mandatario, salvo l'obbligo di quest'ultimo di ritrasferire al mandante il diritto acquistato.

Il mandante è obbligato:

1. a somministrare al mandatario i mezzi necessari per l'esecuzione del mandato;
2. a rimborsargli le anticipazioni e le spese;
3. a pagargli l'eventuale compenso.

Il mandatario è tenuto a eseguire il mandato con l'*ordinaria diligenza* e a rendere conto del suo operato al mandante.

Il mandato si estingue per scadenza del termine, compimento dell'affare da parte del mandatario, morte, interdizione o inabilitazione del mandatario o del mandante, rinunzia del mandatario o revoca, nei casi consentiti, da parte del mandante.

Differenze con figure affini: il mandato va distinto dalla (→) *procura*. Il primo, infatti, è un contratto mediante il quale il mandante attribuisce il potere e il mandatario assume l'obbligo di compiere atti giuridici; la procura, invece, è un atto unilaterale che conferisce, con efficacia verso terzi, il potere di agire in nome e per conto del *dominus negotii*.

Mantenimento (diritto al): **Nozione:** diritto a ricevere un assegno periodico che consenta di conservare un determinato tenore di vita.

Disciplina: tale diritto è riconosciuto, nella sentenza di separazione, al coniuge al quale non è stata addebitata la responsabilità della separazione.

Differenze con figure affini: il diritto agli (→) *alimenti* si distingue dal mantenimento perché quest'ultimo è commisurato al tenore di vita dell'obbligato, prescindendo dal bisogno del beneficiario. Inoltre il mantenimento deve assicurare al beneficiario un tenore di vita adeguato alle sostanze e al reddito dell'obbligato, mentre gli alimenti comprendono soltanto il necessario.

Manutenzione (azione di): **Rif. normativi:** art. 1170 c.c.; art. 703 c.p.c.

Nozione: azione possessoria concessa al possessore di un bene immobile o di un'universalità di mobili contro le *molestie* o le *turbative* di fatto o di diritto e lo *spoglio* non violento o non clandestino. Tale azione è diretta a ottenere dal giudice un provvedimento che ordini l'immediata cessazione della turbativa o la restituzione della cosa sottratta.

Disciplina: il possesso tutelabile deve essere ultrannuale, continuo e non interrotto, non acquistato con violenza o con clandestinità. Il termine per proporre l'azione è di *un anno* dalla molestia o dallo spoglio.

Differenze con figure affini: sono *azioni a difesa della proprietà*:

- **azioni petitorie**:
  - azione di (→) *rivendicazione*;
  - azione (→) *negatoria*;
  - azione di (→) *regolamento dei confini*;
  - azione per l'(→) *apposizione di termini*;
  - azione (→) *confessoria.*

Sono *azioni a difesa del possesso*:

- **azioni possessorie**:
  - azione di (→) *reintegrazione*;
  - azione di manutenzione;
- **azioni di nunciazione**:
  - (→) *denuncia di nuova opera*;
  - (→) *denuncia di danno temuto.*

Marchio: **Rif. normativi:** artt. 2569-2574 c.c., R.D.929/42, D.Lgs. 480/92, D.Lgs. 198/96.

Nozione: segno distintivo del prodotto.

Disciplina: può consistere tanto in un emblema, quanto in una denominazione o in un segno, purché presenti carattere distintivo, e cioè abbia il carattere della novità, non sia contrario alla legge, all'ordine pubblico o al buon costume, non sia generico e non veritiero.

Il diritto esclusivo all'utilizzazione di un segno quale marchio dei propri prodotti si acquista con la registrazione effettuata presso l'Ufficio Italiano Brevetti e Marchi, istituito presso il Ministero dell'Industria, del Commercio e dell'Artigianato. La registrazione e il relativo diritto di esclusiva hanno efficacia per 10 anni dalla registrazione della domanda.

Contro chiunque usi il suo marchio contraffatto il titolare può esercitare:

- l'**azione inibitoria**, diretta a ottenere che l'altro soggetto cessi dall'usare il marchio contraffatto;
- l'**azione di rimozione**, diretta a ottenere la distruzione del marchio contraffatto ed eventualmente dei prodotti posti in vendita con esso;
- l'**azione di risarcimento** del danno derivante dall'uso che altri abbiano fatto del marchio.

Chi ha fatto uso di un marchio non registrato ha la possibilità di continuare a usarlo, nonostante la registrazione da altri ottenuta, nei limiti in cui anteriormente se n'è avvalso (→ *preuso*). Il marchio non registrato è tutelato mediante l'azione di concorrenza sleale (2599, 2600 c.c.).

Differenze con figure affini: è detto **marchio celebre** quello che ha acquisito una particolare rinomanza (es.: Coca Cola) e per il quale il divieto di confondibilità si estende all'intero mercato onde evitare che imprenditori, anche operanti in aree merceologiche diverse, possano avvantaggiarsi della somiglianza del proprio marchio con quello rinomato. Con il D.Lgs. 480/92 è stata però riconosciuta la legittimità del contratto di (→) *merchandising* attraverso il quale un imprenditore acquista, dietro pagamento di un corrispettivo, il diritto a usare un marchio celebre anche per contrassegnare beni di un genere del tutto diverso.

Massa ereditaria: (→) *asse ereditario.*

Massimale: Nozione: valore massimo, espresso in denaro, convenuto nella polizza di assicurazione, nei limiti del quale l'assicuratore è tenuto a corrispondere all'assicurato il risarcimento del danno derivante dal verificarsi di un sinistro.

Matrimonio: Rif. normativi: artt. 29-30 Cost., artt. 79-148 c.c.; L. 898/70, L. 151/75.

Nozione: negozio giuridico bilaterale che si perfeziona con il consenso dei nubendi e che ha per effetto la costituzione dello stato coniugale e per causa la comunione di vita spirituale e materiale tra i coniugi.

Disciplina: per contrarre matrimonio occorrono:

- il raggiungimento della maggiore età;
- la capacità di intendere e di volere, per cui l'interdetto giudiziale non può contrarre matrimonio;
- la mancanza di un vincolo matrimoniale precedente (cd. libertà di stato), salvo che il precedente matrimonio sia stato sciolto, sia nullo o sia stato annullato;
- la mancanza di determinati vincoli di parentela o affinità tra gli sposi;
- la mancanza del cd. *impedimentum criminis*: è vietato, cioè, il matrimonio tra chi è stato condannato per omicidio consumato o tentato e il coniuge della persona offesa dal delitto;
- il decorso di almeno 300 giorni dalla data di annullamento, scioglimento o cessazione degli effetti civili del precedente matrimonio della donna che passa a nuove nozze (*lutto vedovile*).

I più importanti **doveri reciproci** dei coniugi sono:

- la **coabitazione**, che consiste nella normale convivenza di marito e moglie, e cioè nella comunione di casa e di vita sessuale;
- la **fedeltà**, che consiste nell'obbligo per i coniugi di astenersi da rapporti sessuali con altra persona;
- l'**assistenza** morale e materiale, nel senso che ciascun coniuge deve far fronte alle esigenze anche materiali dell'altro, allorché questi non sia in grado di provvedervi;
- la **collaborazione** nell'interesse della famiglia;
- la **contribuzione** ai bisogni della famiglia, nel senso che entrambi i coniugi sono tenuti, ciascuno in relazione alle proprie scstanze e alla propria capacità di lavoro professionale o casalingo, a contribuire ai bisogni della famiglia.

Il **matrimonio è invalido** (117-129-*bis* c.c.) quando mancano i requisiti richiesti dalla legge per il matrimonio oppure questo sia inficiato da altri specifici vizi, che sono:

- vincolo di precedente matrimonio (117 e 124 c.c.);
- vincolo di parentela, affinità, adozione o affiliazione (87 e 117 c.c.);
- *impedimentum criminis* (88 e 117 c.c.);
- difetto di età (84 e 117 c.c.);
- interdizione (85 e 119 c.c.) o l'incapacità d'intendere e di volere di uno degli sposi (120 c.c.);
- vizio della volontà, quale violenza, timore di eccezionale gravità o errore sull'identità della persona oppure sulla qualità personale dell'altro coniuge (122 c.c.);
- simulazione (123 c.c.).

In generale, si distinguono:

- **annullabilità assoluta** e **annullabilità relativa**, cioè ipotesi in cui il matrimonio può essere annullato a istanza di chiunque vi abbia un interesse attuale e ipotesi in cui la legittimazione ad agire spetta, invece, soltanto ad alcune persone espressamente determinate dalla legge;
- **annullabilità insanabile** e **annullabilità sanabile**, in altre parole ipotesi in cui non vi è possibilità di sanatoria (come ad esempio nel caso di matrimonio di un soggetto già coniugato) e ipotesi in cui il decorso di un certo periodo di tempo determina la sanatoria della causa d'invalidità.

In alcuni casi, poi, l'inosservanza di un requisito richiesto dalla legge non determina l'invalidità del matrimonio, ma soltanto la sua *irregolarità*: ciò avviene nei casi previsti dagli artt. 89, 93-101 e 134 e ss. c.c.

Il matrimonio è **inesistente** quando nella fattispecie manchi anche quel minimo di elementi necessari perché si possa identificare in essa un matrimonio.

Matrimonio concordatario: Rif. normativi: art. 34 Conc. 11-2-1929; art. 8 L. 121/85.

Nozione: matrimonio celebrato secondo le norme del diritto canonico che, in base agli accordi tra Stato e Chiesa, può produrre effetti non soltanto religiosi, ma anche civili.

Disciplina: il matrimonio celebrato secondo le norme del diritto canonico acquista effetti civili soltanto successivamente alla trascrizione nei registri dello stato civile. Presupposto della trascrizione è che siano state effettuate le pubblicazioni e che il ministro del culto cattolico abbia trasmesso (entro 5 giorni) l'atto di matrimonio all'ufficiale di stato civile.

Mediazione (contratto di): Rif. normativi: artt. 1754-1765 c.c., L. 39/89, D.P.R. 287/00.

Nozione: contratto a prestazioni corrispettive, che vincola il cliente del mediatore a corrispondergli la provvigione per il caso che questi lo metta in contatto con altri per la conclusione di affari. È mediatore colui che, in posizione d'imparzialità, mette in relazione due o più parti per la conclusione di un affare, senza essere legato ad alcuna di esse da rapporti di collaborazione, di dipendenza o di rappresentanza.

Disciplina: se il contratto non è concluso, il mediatore non ha diritto ad alcun compenso, ma soltanto al rimborso delle spese da parte di chi lo abbia incaricato. Il mediatore ha soltanto l'onere, e non l'obbligo, di svolgere l'attività interpositiva; tuttavia egli ha il dovere di comunicare alle parti tutte le circostanze a lui note che possono influire sulla conclusione dell'affare, consentendo così alle parti una più esatta valutazione in ordine alla convenienza e alla sicurezza dell'operazione economica.

Merchandising: Rif. normativi: D.Lgs. 480/92.

Nozione: contratto con cui un soggetto, titolare di un (→) *marchio celebre*, concede a un altro soggetto (detto *licenziatario*) il diritto di utilizzare tale marchio per la produzione e commercializzazione di beni merceologicamente diversi da quelli da lui prodotti.

Di *merchandising* si parla anche per il contratto col quale il creatore di un personaggio di fantasia concede, in cambio di un corrispettivo, che tale personaggio sia usato come marchio di prodotti altrui.

Ministero: **Rif. normativi:** art. 95 Cost., L. 400/88, D.Lgs. 300/99, L. 317/01, D.P.R. 315/01.

Nozione: organo dell'amministrazione centrale dello Stato preposto alla cura di un determinato settore.

Disciplina: la legge determina il numero, le attribuzioni e l'organizzazione dei Ministeri.

La materia è stata recentemente oggetto di un'incisiva riforma che ha delineato un modello di Stato meno accentrato, che si fonda su un nuovo riparto di competenze fra amministrazione centrale, amministrazione periferica ed enti territoriali. Questo processo di trasferimento di funzioni ha reso indispensabile razionalizzare e riordinare l'organizzazione dei Ministeri, al fine di eliminare, trasformare, ridimensionare, e accorpare, secondo i casi, le strutture interessate dal conferimento di funzioni. Attualmente i Ministeri sono 14:

- Ministero degli Affari esteri;
- Ministero dell'Interno;
- Ministero della Giustizia;
- Ministero della Difesa;
- Ministero dell'Economia e delle Finanze;
- Ministero per le Attività produttive;
- Ministero delle Comunicazioni;
- Ministero delle Politiche agricole e forestali;
- Ministero Dell'ambiente e della tutela del territorio;
- Ministero delle Infrastrutture e dei Trasporti;
- Ministero del Lavoro e delle politiche sociali;
- Ministero della Salute;
- Ministero dell'Istruzione, dell'università e della ricerca;
- Ministero per i Beni e le attività culturali.

Per quanto concerne l'articolazione interna dei Ministeri, sono previsti due modelli di organizzazione: un modello di applicazione generale, fondato sui *dipartimenti*, e un modello adottato soltanto per il Ministero degli affari esteri, per il Ministero della difesa e per il Ministero per i beni e le attività culturali, fondato sulle *direzioni generali*.

Ministro: **Rif. normativi:** artt. 92, 93, 95, 96 Cost.

Nozione: organo costituzionale dotato di:

- *funzioni politiche*: i Ministri collegialmente collaborano all'attuazione dell'indirizzo politico del Governo,
- *funzioni amministrative*: ogni Ministro, in quanto a capo del proprio Ministero, dirige un particolare settore della Pubblica Amministrazione.

Disciplina: i Ministri sono nominati con decreto del Presidente della Repubblica, su proposta del Presidente del Consiglio dei Ministri. Sono responsabili *politicamente* per gli atti che hanno compiuto riuniti nel Consiglio dei Ministri e individualmente per gli atti compiuti da ciascuno nell'esercizio del proprio ufficio.

Differenze con figure affini: i *Ministri senza portafoglio* sono Ministri che, in base ai compiti (politici) loro affidati, non sono responsabili di un dicastero particolare e, quindi, non hanno funzioni amministrative.

Minore: **Nozione:** persona fisica sfornita della (→) *capacità di agire* perché non ha ancora compiuto il diciottesimo anno d'età.

Disciplina: la cura degli interessi del minore è affidata ai genitori o al tutore che, in qualità di rappresentanti legali, possono compiere tutti gli atti di ordinaria amministrazione e, con l'autorizzazione del giudice tutelare, anche gli atti di straordinaria amministrazione.

Gli atti compiuti personalmente dal minore possono essere annullati su richiesta dei suoi rappresentanti legali o dallo stesso minore quando abbia raggiunto la maggiore età. L'annullamento non è ammissibile qualora il minore abbia, con raggiri, occultato la propria minore età. Se un atto è annullato per incapacità legale di una delle parti, il minorenne ha diritto a farsi restituire tutto quanto abbia dato all'altro, mentre non è tenuto, da parte sua, a restituire la prestazione ricevuta se non nei limiti in cui è stata rivolta a suo vantaggio.

Una seppur limitata capacità d'agire è riconosciuta al minore nei casi in cui sia lavoratore, autore di un'opera dell'ingegno, qualora abbia compiuto 16 anni oppure abbia contratto matrimonio.

Mobbing: Nozione: forma di intimidazione psicologica esercitata sul luogo di lavoro attraverso attacchi ripetuti da parte dei colleghi o del datore di lavoro, allo scopo di minare psicologicamente la persona in modo da provocarne il licenziamento o indurla alle dimissioni. In genere il *mobbing* si concretizza in emarginazione del dipendente, critiche continue e ingiustificate al suo operato, assegnazione di compiti dequalificanti e nella compromissione dell'immagine sociale nei confronti di clienti e superiori; non è tuttavia escluso che forme estreme di *mobbing* possano portare a un vero e proprio sabotaggio del lavoro del dipendente o collega.

Disciplina: qualora vengano accertate procedure di *mobbing,* il lavoratore ha diritto al risarcimento del danno biologico, a carico dell'azienda la quale, a norma dell'art. 2087 c.c., è tenuta a garantire l'integrità fisio-psichica dei propri dipendenti e, quindi, a impedire e scoraggiare con efficacia contegni aggressivi e vessatori da parte di preposti e responsabili, nei confronti dei rispettivi sottoposti.

Modelli di utilità: Rif. normativi: art. 2592 c.c. R.D. 1411/40, L. 265/77.

Nozione: innovazione tecnologica, consistente in una nuova forma idonea a dare a un prodotto industriale una particolare efficacia o comodità di applicazione o d'impiego.

Disciplina: la tutela brevettuale per i modelli di utilità ha durata decennale e va soggetta alle norme sui brevetti per (→) *invenzione industriale.*

Differenze con figure affini: dai modelli di utilità si devono distinguere i (→) *disegni ornamentali*, che consistono in un'innovazione puramente estetica e la cui tutela brevettuale è di 15 anni.

Modo: Rif. normativi: artt. 647, 648, 671, 793, 794 c.c.

Nozione: clausola accessoria che si appone a una liberalità allo scopo di limitarla.

Disciplina: il modo riduce gli effetti dell'attribuzione patrimoniale, ma non ne costituisce il corrispettivo né rappresenta la causa del negozio, che resta l'attribuzione a titolo gratuito. Il modo può essere visto come un (→) *motivo* di particolare rilevanza.

Gli effetti dell'inadempimento del modo è la risoluzione del contratto, quando il modo ha assunto un tale rilievo nella volizione del testatore o del donante che la risoluzione stessa è prevista nell'atto come conseguenza dell'inadempimento o se l'adempimento dell'onere ha costituito il solo motivo determinante della disposizione.

Differenze con figure affini: il modo si distingue dalla (→) *condizione* sospensiva, in quanto il modo obbliga ma non sospende, cioè non paralizza l'efficacia del negozio; si distingue dalla condizione risolutiva, in quanto la risoluzione della liberalità per inadempimento del modo opera *ex nunc* restando salvi gli acquisti effettuati dai terzi, mentre l'avverarsi della condizione risolutiva opera *ex tunc.*

A volte il modo viene indicato con il termine (→) *onere.*

Monte Titoli: Rif. normativi: L. 289/86, D.Lgs. 58/98.

Nozione: società per azioni a cui è demandata la gestione accentrata dei servizi di custodia e di amministrazione di determinate categorie di valori mobiliari, al fine di ridurre le operazioni di manipolazione fisica dei titoli e alleggerire gli oneri di gestione a carico del sistema creditizio. I valori mobiliari sono immessi nel sistema da intermediari abilitati (banche, imprese di investimento, agenti di cambio nonché società ed enti emittenti) che, a loro volta, li hanno ricevuti in deposito. La Monte Titoli è, dunque, società depositaria di secondo grado.

Disciplina: la Monte Titoli è tenuta a restituire ai titolari (per mezzo dei loro intermediari) non gli stessi identici titoli, ma soltanto medesime quantità di titoli della stessa specie. Vengono creati tanti gruppi di titoli a seconda delle diverse specie e tanti conti quanti sono gli intermediari partecipanti: ogni operazione da essi disposta sarà eseguita dalla Monte Titoli attraverso rapide scritture contabili (*giroconti*).

Mora del creditore: Rif. normativi: artt. 1206-1217 c.c.

Nozione: fattispecie che si verifica quando il creditore rifiuta, senza legittimo motivo, di ricevere il pagamento offertogli dal debitore, ovvero ometta di compiere gli atti preparatori per il ricevimento della prestazione.

Disciplina: per *costituire in mora* il creditore, il debitore deve fare offerta di adempiere la prestazione secondo le modalità seguenti:

- **offerta solenne**, compiuta da un pubblico ufficiale (l'offerta può essere *reale* o *per intimazione*), oppure **offerta secondo gli usi**, che fa decorrere gli effetti della mora non dal giorno dell'offerta ma da quello del deposito;
- deposito;
- giudizio di convalida di offerta reale, nel quale sono accertate la ritualità dell'offerta e del deposito, e la legittimità del rifiuto opposto dal creditore.

La mora del creditore produce i seguenti *effetti*:

1. il rischio dell'impossibilità sopravvenuta della prestazione resta a carico del creditore;
2. il debitore deve essere risarcito dei danni derivanti dalla mora, nonché rimborsato dalle spese sostenute per la custodia e la conservazione della cosa dovuta;
3. il debitore non è più tenuto a corrispondere gli interessi e i frutti della cosa.

La mora del creditore non estingue l'obbligazione, con la conseguenza che il debitore, per ottenere la liberazione da essa, dovrà procedere al deposito della cosa nella forma di cui all'art. 1212 c.c., con la successiva accettazione del creditore o la convalida giudiziale.

Differenze con figure affini: in seguito alla mora del creditore, il debitore non deve più gli interessi e i frutti, può pretendere il risarcimento del danno e il rimborso delle spese e il rischio del caso fortuito è a carico del creditore. Invece, in seguito alla (→) *mora del debitore)*, il debitore deve risarcire il danno e il rischio del caso fortuito rimane in capo al debitore anche in caso d'impossibilità sopravvenuta della prestazione.

Mora del debitore: Rif. normativi: artt. 1218-1221 c.c.

Nozione: consiste in un ritardo ingiustificato del debitore nell'adempimento della prestazione.

Disciplina: il debitore può essere costituito in mora in due modi:

- **mora *ex re***, nei casi in cui il debitore è in mora senza bisogno di alcuna attività del creditore. Questo avviene:
  - quando si tratta di obbligazioni a termine da eseguirsi presso il domicilio del creditore e il termine sia scaduto;
  - quando il debito derivi da atto illecito;
  - quando il debitore dichiari per iscritto di non voler adempiere, rendendo così superflua una richiesta del creditore;
- **mora *ex persona***, nei casi in cui è richiesta un'intimazione formale ad adempiere (per mezzo dell'ufficiale giudiziario o più semplicemente per iscritto senza bisogno di formule sacramentali).

Gli effetti della mora sono:

1. il rischio dell'impossibilità sopravvenuta, che prima della mora grava sul creditore, passa in capo al debitore, che è tenuto a indennizzare il primo anche delle conseguenze della forza maggiore verificatasi dopo la mora, salvo che dimostri che l'oggetto della prestazione sarebbe ugualmente perito presso il creditore;
2. il risarcimento del danno: in base ai principi generali, il debitore è responsabile del ritardo ed è tenuto a risarcire il danno che il creditore per esso abbia subito. Per le obbligazioni pecuniarie sono previsti i cd. (→) *interessi* moratori;
3. l'interruzione della prescrizione del diritto di credito.

Differenze con figure affini: in seguito alla (→) *mora del creditore*, il debitore non deve più gli interessi e i frutti, può pretendere il risarcimento del danno e il rimborso delle spese e il rischio del fortuito è a carico del creditore. Invece, in seguito alla mora del debitore, il debitore deve risarcire il danno e il rischio del fortuito rimane in capo al debitore anche in caso d'impossibilità sopravvenuta della prestazione.

Morte: Rif. normativi: artt. 459, 979 c.c., L. 578/93.

Nozione: cessazione irreversibile di tutte le funzioni dell'encefalo per un intervallo di tempo tale da non consentire alcuna possibilità di sopravvivenza.

Disciplina: la morte ha l'effetto di estinguere i diritti e i rapporti strettamente personali dell'individuo (es.: matrimonio). Per quanto riguarda i diritti e i rapporti di contenuto patrimoniale, alcuni di essi terminano (come, per esempio, il diritto di usufrutto che non può continuare dopo la morte dell'usufruttuario), ma la maggior parte si trasmette agli eredi, secondo le norme che regolano la successione *mortis causa*.

Morte presunta: (→) *dichiarazione di morte presunta.*

***Mortis causa* (atti): Nozione:** atti giuridici destinati a produrre i loro effetti soltanto dal momento della *morte* del loro autore. Più in generale, gli atti *mortis causa* sono diretti a regolare la vicenda successoria.

Motivo: Rif. normativi: artt. 787 s., 1345 c.c.

Nozione: è la ragione soggettiva che spinge un soggetto a concludere un negozio giuridico.

Disciplina: i motivi individuali restano estranei al contenuto del negozio e sono quindi giuridicamente irrilevanti. I motivi diventano giuridicamente rilevanti nei seguenti casi:

- se la loro realizzazione viene a formare oggetto di una clausola contrattuale o di una condizione;
- se i motivi sono noti alla controparte e sono da considerarsi come presupposto della negoziazione (→ *presupposizione*);
- motivo illecito comune a entrambe le parti (1345 c.c.);
- nella donazione, il motivo illecito unilaterale del donante risulta dall'atto ed è il solo che ha determinato alla liberalità;
- negli atti gratuiti l'errore sul motivo è causa di impugnabilità se risulta dall'atto ed è il solo che ha determinato la liberalità.

Differenze con figure affini: (→) *causa.*

Mozione: Rif. normativi: artt. 110, 113, 138 Reg. Camera, art. 157 Reg. Senato.

Nozione: richiesta, fatta da un membro del Parlamento alla Camera a cui appartiene, di procedere alla discussione e votazione su un determinato oggetto su cui una precedente (→) *interpellanza* ha lasciato insoddisfatto l'interpellante.

Disciplina: può essere proposta, indipendentemente da precedenti interpellanze, purché sia richiesta da almeno 10 deputati, o da 8 senatori o da un presidente di un gruppo parlamentare.

Tipologie:

- **mozione di fiducia**: dichiarazione di giudizio motivata, che impegna il Governo a una determinata politica, illustrata alle Camere al momento della presentazione del Governo per ottenerne la fiducia. Deve essere votata per appello nominale e la presentazione deve avvenire entro 10 giorni dalla formazione del Governo;
- **mozione di sfiducia**: deve essere firmata da almeno un decimo dei componenti della Camera per assicurare il voto di una sufficiente quantità di parlamentari e non può essere messa in discussione prima di tre giorni dalla sua presentazione, per evitare votazioni a sorpresa. Deve essere motivata e contenere l'indicazione delle ragioni per cui non si ritiene più di avallare l'orientamento politico del Governo in carica;
- **mozione di sfiducia individuale**: la possibilità di votare una mozione di sfiducia nei confronti di un singolo Ministro senza coinvolgere l'intero Consiglio non è esplicitamente prevista dalla Costituzione: ciò nonostante essa è stata ammessa nel regolamento della Camera dei Deputati; al Senato, invece, pur non essendo specificamente disciplinata, è stata ammessa già a partire dal 1984. Sull'argomento è intervenuta la Corte Costituzionale (sent. n. 7/96) che ha affermato l'ammissibilità della mozione di sfiducia individuale in base all'art. 95 Cost., il quale prevede, accanto alla responsabilità collegiale per gli atti del Governo, anche la responsabilità individuale.

Differenze con figure affini: (→) *interrogazione,* (→) *interpellanza.*

Muciana (presunzione): Rif. normativi: art. 70 R.D. 267/42.

Nozione: si presume che i beni acquistati a titolo oneroso dal coniuge dell'imprenditore fallito nei 5 anni precedenti alla dichiarazione di fallimento siano stati acquistati con denaro del fallito e si considerano, di conseguenza, di sua proprietà.

Disciplina: da tale presunzione deriva al curatore il potere di apprendere senz'altro al fallimento detti beni, come se gli stessi appartenessero direttamente al fallito; si tratta comunque di una presunzione, che ammette la prova contraria.

La presunzione muciana non è applicabile quando tra i coniugi vige il regime della comunione legale dei beni. La Corte di Cassazione (sent. n. 13149/95) ha ritenuto tacitamente abrogato l'istituto, anche in regime di separazione dei beni, in quanto inconciliabile con la vigente disciplina della famiglia.

Multa penitenziale: Rif. normativi: artt. 1373, 3° comma e 1386 c.c.

Nozione: corrispettivo pattuito dalle parti quando viene convenzionalmente riconosciuta a una o a entrambe la facoltà di recedere dal contratto.

Differenze con figure affini: se il corrispettivo è consegnato alla controparte al momento della conclusione del contratto, si avrebbe il diverso istituto della (→) *caparra penitenziale.*

Multiproprietà: Rif. normativi: D.Lgs. 427/98.

Nozione: sussiste allorché più soggetti siano proprietari di uno stesso bene immobile, essendo però legittimati a godere della cosa soltanto per un determinato periodo dell'anno, dovendo ciascun titolare consentire l'esercizio dell'analogo diritto degli altri in un periodo diverso, secondo il rispetto dei turni prestabiliti.

Disciplina: la disciplina introdotta dal D.Lgs. 427/98 si sostanzia in una forma di tutela dell'acquirente ispirata alla trasparenza del contratto e prevede:

- l'obbligo per il venditore di fornire in maniera dettagliata, nella fase delle trattative, tutte le informazioni necessarie a far sì che il compratore prenda, in ordine all'acquisto, una decisione ponderata e consapevole;
- la possibilità, sempre per il compratore, di recedere dal contratto;
- il divieto per il venditore di esigere somme di denaro, a qualsiasi titolo, fino alla scadenza del termine previsto per l'esercizio del diritto di recesso.

Oggetto del contratto è un diritto reale su un immobile per un periodo determinato o determinabile nell'anno, non inferiore a una settimana, per non meno di un triennio. Il contratto deve essere stipulato, a pena di nullità, per iscritto.

Muro: Rif. normativi: artt. 874-888 c.c.

Nozione: costruzione in muratura, con carattere di stabilità, rilevante, per legge, a vari fini; in particolare, il codice disciplina la comunione forzosa e l'edificazione in aderenza al muro di confine.

Disciplina: salva prova contraria, il muro divisorio tra due edifici, cortili, giardini, orti, recinti nei campi, si presume in comproprietà fino alla sua sommità.

I contitolari del muro comune partecipano alle spese per la riparazione e le ricostruzioni; ciascuno di essi può, con le dovute cautele, appoggiare e inserire nel muro comune travi e catene; può, inoltre, costringere il vicino alla partecipazione (nella misura del 50%) alle spese dei muri di cinta, divisori di cose, cortili e giardini siti nei centri abitati.

Mutuo (contratto di): Rif. normativi: artt. 1813-1822 c.c.

Nozione: contratto con il quale una parte (*mutuante*) consegna all'altra (*mutuatario*) una determinata quantità di denaro o di altre cose fungibili, e l'altra si obbliga a restituire altrettante cose della stessa specie e qualità.

Disciplina: il mutuo ha per oggetto cose consumabili e fungibili, delle quali la proprietà passa al mutuatario. È un contratto reale, che si perfeziona soltanto con la consegna della cosa.

Qualora il mutuo abbia a oggetto una somma di denaro si presume oneroso, con obbligo del mutuatario di pagare gli interessi sulla somma ricevuta. Se il mutuatario si rende inadempiente all'obbligo di corrispondere gli interessi, il mutuante può chiedere la risoluzione del contratto.

Si ha **mutuo di scopo** quando al mutuatario viene imposto di utilizzare la somma, ottenuta a mutuo, per un certo scopo: in caso di mancato svolgimento dell'attività volta al compimento dello scopo il mutuante può chiedere la risoluzione del contratto per inadempimento.

Differenze con figure affini: (→ tabella seguente).

Mutuo (art. 1813 c.c.)	Quasi usufrutto (art. 995 c.c.)	Deposito irregolare (art. 1782 c.c.)
Ha per oggetto: • denaro • cose fungibili	Ha per oggetto: • cose consumabili	Ha per oggetto: • denaro • cose fungibili
Il mutuatario ha la facoltà di servirsi dell'oggetto	L'usufruttuario ha il diritto di servirsi dell'oggetto	Il depositario ha la facoltà di servirsi dell'oggetto
Il mutuatario acquista la proprietà dell'oggetto	L'usufruttuario acquista la proprietà dell'oggetto	Il depositario acquista la proprietà dell'oggetto
È un diritto di credito	È un diritto reale	È un diritto di credito
È un contratto reale: la proprietà e l'obbligo di restituzione sorgono con la consegna	È un contratto consensuale: la proprietà e l'obbligo di restituzione sorgono per effetto del consenso	È un contratto reale, cui si applicano le norme relative al mutuo

Mutuo dissenso: Rif. normativi: art. 1372 c.c.

Nozione: il contratto può essere sciolto soltanto per le cause ammesse dalla legge o per mutuo dissenso. Quest'ultimo si sostanzia in una convenzione risolutoria con la quale le parti estinguono un precedente vincolo contrattuale che non abbia ancora prodotto effetti traslativi.

N

Nascita: Rif. normativi: artt. 1, 236, 687, 803 c.c.

Nozione: (→) *fatto giuridico* al quale la legge ricollega l'acquisto della (→) *capacità giuridica.*

Disciplina: il documento attestante tale evento, denominato atto di nascita, è considerato prova della filiazione legittima.

Differenze con figure affini: (→) *nascituro.*

Nascituro (capacità del): Rif. normativi: artt. 1, 462, 784 c.c.

Disciplina: benché l'acquisto della capacità giuridica coincida con la nascita, la legge consente l'attribuzione di diritti a soggetti non ancora venuti a esistenza, subordinatamente all'evento della loro nascita. Le ipotesi previste dal codice sono:

- i nascituri già concepiti sono capaci di succedere *mortis causa* e di ricevere per donazione;
- i nascituri non concepiti sono capaci di ricevere per testamento e per donazione purché siano figli di una determinata persona vivente al tempo della morte del testatore, o al tempo della donazione.

Negatoria (azione): Rif. normativi: art. 949 c.c.

Nozione: azione con cui il titolare di un diritto di proprietà chiede:

1. che sia dichiarata l'inesistenza dei diritti affermati da altri sul bene oggetto del proprio diritto, quando ha motivo di temerne pregiudizio;
2. che siano fatte cessare le turbative o le molestie che altri arrechi al medesimo.

Disciplina: presupposto dell'azione è l'affermazione, da parte di un terzo, di un diritto reale limitato sul bene (es.: servitù, usufrutto), eventualmente accompagnata da molestie o turbative di fatto. In base al principio per cui la proprietà si presume libera da pesi, nell'azione negatoria l'onere della prova incombe sul convenuto, che deve dimostrare l'esistenza di quei diritti che egli afferma di vantare. Il proprietario può limitarsi a dare la prova della sua proprietà, dimostrando di essere proprietario in base a un titolo idoneo.

Differenze con figure affini: sono *azioni a difesa della proprietà*:

- **azioni petitorie**:
  - azione di (→) *rivendicazione*;
  - azione negatoria;
  - azione di (→) *regolamento dei confini*;
  - azione per l'(→) *apposizione di termini;*
  - azione (→) *confessoria.*

Sono *azioni a difesa del possesso*:

- **azioni possessorie**:
  - l'azione di (→) *reintegrazione*;
  - l'azione di (→) *manutenzione*;
- **azioni di nunciazione**:
  - (→) *denuncia di nuova opera*;
  - (→) *denuncia di danno temuto.*

***Negotiorum gestio*:** (→) *gestione di affari.*

***Negotium mixtum cum donatione* [contratto misto con donazione]: Nozione:** contratto con il quale le parti stabiliscono un corrispettivo di gran lunga inferiore a quello che sarebbe dovuto, con l'intento l'una di arricchire l'altra.

Disciplina: gli elementi del *negotium mixtum cum donatione* sono:

1. sproporzione tra le due prestazioni;
2. intenzionalità della sproporzione (altrimenti il negozio sarebbe rescindibile);
3. volontà di attuare una liberalità;
4. conoscenza di questa finalità da parte dell'altro.

Differenze con figure affini: il *negotium mixtum cum donatione* è un'ipotesi di **donazione indiretta** (→ *negozio indiretto*), nella quale si utilizzano atti che hanno una causa diversa dalla donazione per raggiungere lo scopo di arricchire una persona. Altri esempi di donazione indiretta sono: l'adempimento da parte di un terzo (1180 c.c.), la remissione del debito (1236 c.c.), la restituzione volontaria del titolo originale del credito (1237 c.c.), il contratto a favore di terzo (1411 c.c.), la rendita vitalizia a favore di terzo (1875 c.c.), l'assicurazione a favore di terzo (1920 c.c.).

Negozio fiduciario: Nozione: negozio con il quale un soggetto (*fiduciante*) trasferisce un diritto a un altro soggetto (*fiduciario*), con l'obbligo per quest'ultimo di esercitarlo per il soddisfacimento di determinati interessi del trasferente o di un terzo.

Disciplina: caratteristica peculiare del negozio fiduciario è l'eccedenza della forma giuridica prescelta rispetto allo scopo perseguito: ad esempio, si compie un atto di alienazione, ma in realtà si vuole far godere ad altri un beneficio (*fiducia cum amico*), o prestare una garanzia reale (*fiducia cum creditore*).

Il codice non disciplina la figura del negozio fiduciario, tuttavia si ritiene ammissibile la categoria in base al generale principio dell'autonomia negoziale, che consente ai privati di stipulare contratti anche al di fuori dei tipi previsti dalla legge, purché diretti a realizzare interessi meritevoli di tutela.

In particolare, si ritiene che il negozio fiduciario si strutturi come un negozio tipico, cui è apposto un patto (*pactum fiduciae*) avente natura obbligatoria, che limita gli effetti di questo.

Negozio in frode alla legge: **Rif. normativi:** art. 1344 c.c.

Nozione: contratto diretto a eludere l'applicazione di una norma imperativa, pur nel rispetto formale della legge. Esempio: si licenzia e si riassume più volte con un contratto a tempo determinato un lavoratore, invece di stipulare un contratto di lavoro a tempo indeterminato; si stipula una vendita con patto di riscatto per nascondere un patto commissorio.

Disciplina: per siffatti negozi la legge sancisce la (→) *nullità* e la ripetibilità della prestazione; quest'ultima è però esclusa se il negozio è bilateralmente immorale, ex art. 2035 c.c.

Sotto il profilo strutturale, il negozio in frode alla legge si caratterizza per la presenza di due elementi:

- *elemento oggettivo*: l'idoneità del negozio a raggiungere un risultato analogo a quello vietato;
- *elemento soggettivo*: l'intenzione fraudolenta, cioè il proposito di eludere la norma imperativa.

La sussistenza del solo elemento oggettivo non è sufficiente a rendere illecito il negozio.

Negozio giuridico: **Nozione:** particolare figura di (→) *atto giuridico* con cui i privati provvedono a regolare da sé i propri interessi e a cui l'ordinamento ricollega effetti giuridici conformi al risultato voluto.

Disciplina: il codice civile contiene una disciplina generale del (→) *contratto*, ma non del negozio giuridico. Tuttavia la disciplina del contratto può essere applicata anche agli atti negoziali non contrattuali: l'art. 1324 c.c., infatti, impone l'osservanza delle norme che regolano i contratti (in quanto compatibili) anche per gli atti unilaterali tra vivi aventi contenuto patrimoniale.

Classificazioni:

- **negozi giuridici unilaterali e plurilaterali**: a seconda che la manifestazione di volontà provenga da una sola o da due o più parti. I negozi unilaterali si distinguono in:
  - *recettizi*, che per produrre effetti devono essere portati a conoscenza di una determinata persona, alla quale devono essere comunicati o notificati;
  - *non recettizi*, che producono effetti con la sola manifestazione di volontà (es.: il testamento);
- **negozi giuridici patrimoniali e non patrimoniali**: i negozi non patrimoniali generalmente attengono alla sfera dei rapporti famigliari (es.: matrimonio), mentre i negozi patrimoniali riguardano rapporti economicamente valutabili;
- **negozi giuridici a titolo oneroso e a titolo gratuito**: i primi danno luogo a una attribuzione a favore di un soggetto e a una prestazione a carico dello stesso (es.: compravendita). Nei negozi a titolo gratuito, invece, un soggetto acquisisce un vantaggio senza alcun correlativo sacrificio (es.: donazione, remissione del debito, mutuo gratuito);
- **negozi giuridici *mortis causa* o *inter vivos***: tale distinzione si basa sulla circostanza che la morte del soggetto che pone in essere il negozio sia assunta o meno a elemento essenziale della causa negoziale. Tipico negozio *mortis causa* è il testamento;
- **negozi giuridici causali o astratti**: si definisce causale un negozio nel quale la causa assurge a elemento essenziale (1325 c.c.), mentre il negozio è astratto se la sua validità prescinde dal requisito della causa. Diversa dall'**astrazione sostanziale** è l'**astrazione processuale**, che non è vera astrazione, ma soltanto un'ipotesi di inversione dell'onere della prova;

- **negozi giuridici recettizi o non recettizi**: i primi sono quelli che, per produrre effetti, devono essere portati a conoscenza della persona, alla quale sono diretti e a cui vanno, perciò comunicati o notificati (es.: la disdetta). Possono essere recettizi soltanto i negozi unilaterali;
- **negozi giuridici solenni o non solenni**: a seconda che per la loro validità sia richiesta una determinata forma. Ad esempio, i negozi che hanno a oggetto la proprietà o altro diritto reale su beni immobili devono essere stipulati per iscritto (1350 c.c.).

Negozio indiretto: Nozione: ipotesi di manipolazione funzionale dell'atto di autonomia privata, realizzata attraverso l'utilizzazione di un tipo negoziale per il conseguimento di scopi ulteriori o diversi da quelli tipicamente scaturenti dall'atto (es.: mediante la combinazione con altri negozi, ovvero l'apposizione di clausole).

Differenze con figure affini: (→) *donazione,* (→) *negotium mixtum cum donatione*

Nome (diritto al): Rif. normativi: art. 22 Cost., artt. 6-9 c.c.

Disciplina: la tutela del nome è sancita a protezione non soltanto di un interesse individuale, ma anche dell'interesse generale all'identificazione delle persone, ed è attuata con la previsione di due tipi di azione:

- **azione di reclamo**, con la quale si tutela il diritto della persona a usare il proprio nome contro gli atti dei terzi tendenti a contrastare tale uso;
- **azione contro l'usurpazione**, diretta contro l'uso illegittimo che altri facciano del nome, con pregiudizio, anche soltanto potenziale, per il vero titolare. Tale pregiudizio può essere sia di natura morale (es.: lesione al decoro e alla reputazione), sia di natura economica.

Entrambe le azioni hanno carattere inibitorio, in quanto sono dirette a ottenere la cessazione del fatto lesivo, ma non escludono l'azione generale per il risarcimento del danno.

Lo pseudonimo gode della stessa tutela del diritto al nome, purché il soggetto sia noto soprattutto con lo pseudonimo.

Il nome è, in linea di principio, immutabile. Di conseguenza non sono ammessi cambiamenti, aggiunte o rettifiche se non nei casi e con le formalità indicati dalla legge, facendone domanda al procuratore generale presso la Corte d'Appello nella cui giurisdizione si trova l'ufficio di stato civile che custodisce l'atto di nascita.

Nominalistico (principio): Rif. normativi: art. 1277 c.c.

Nozione: principio in base al quale un debito avente a oggetto una somma di denaro deve essere adempiuto con moneta avente corso legale nello Stato al tempo del pagamento e per il suo valore nominale. Si prescinde, pertanto, dal mutamento del potere d'acquisto della moneta, verificatosi tra il momento del sorgere dell'obbligo e quello dell'effettivo adempimento del debito di denaro.

Nominatività obbligatoria (principio della): Rif. normativi: art. 2355 c.c., L. 96/42, D.P.R. 600/73, artt. 145-147 D.Lgs. 58/98.

Nozione: principio in base al quale le azioni emesse da società che hanno sede in Italia devono essere nominative, vale a dire intestate al nome del titolare. Unica eccezione a tale principio è costituita dalle azioni di risparmio, le quali possono essere sia al portatore sia nominative.

Disciplina: il principio della nominatività delle azioni comporta che esse possono essere trasferite soltanto tramite (→) *girata,* sottoscritta dal girante e autenticata da un notaio, da un agente di cambio o da una SIM; inoltre, è necessaria l'annotazione del nuovo titolare sia sul titolo, sia sul libro dei soci al momento della riscossione dei dividendi. Per intervenire all'assemblea è altresì necessario il deposito del titolo presso la società.

Norma giuridica: Nozione: norma dotata di autorità, in quanto inserita in un atto normativo, idoneo come tale a porsi come fonte di norme giuridiche.

Disciplina: caratteristiche della norma giuridica sono la generalità e l'astrattezza, in quanto suscettibili di applicazione a un numero indefinito di casi e a un numero indeterminato di destinatari.

A seconda della loro efficacia obbligatoria, le norme giuridiche si distinguono in:

- **cogenti** (o imperative o assolute): norme la cui applicazione è imposta dall'ordinamento, prescindendo dalla volontà dei singoli;

- **relative** o **derogabili**: la cui applicazione può essere evitata dagli interessati, distinte, a loro volta, in:
  - *dispositive*: regolano un rapporto, ma lasciano libere le parti di disciplinarlo diversamente;
  - *suppletive*: disciplinano un rapporto in mancanza di un'espressa volontà regolativa delle parti.

Dal punto di vista strutturale, la norma giuridica si compone di due elementi:

1. il precetto, cioè il comando contenuto nella norma;
2. la sanzione, cioè la minaccia di un castigo in caso di inosservanza del precetto.

Norma imperativa: Nozione: norma inderogabile, la cui applicazione è imposta dall'ordinamento prescindendo dalla volontà dei contraenti.

Disciplina: la contrarietà del negozio a una norma imperativa comporta l'illiceità della causa, che a sua volta produce la *nullità* (→) del negozio.

Differenze con figure affini: (→) *illegalità del negozio.*

Novazione oggettiva: Rif. normativi: artt. 1230-1234 c.c.

Nozione: contratto con il quale le parti di un rapporto obbligatorio preesistente sostituiscono un nuovo rapporto a quello originario, modificandone l'oggetto o il titolo.

Disciplina: si tratta di un modo di (→) *estinzione* dell'obbligazione diverso dall'adempimento. Gli elementi che caratterizzano la novazione sono:

1. l'esistenza di un mutamento dell'oggetto o del titolo dell'obbligazione;
2. la volontà di estinguere l'obbligazione precedente creandone una nuova: tale volontà non si presume, ma deve risultare in modo non equivoco, altrimenti si avrà soltanto assunzione di un nuovo rapporto obbligatorio accanto a quello già esistente;
3. l'esistenza di un'obbligazione originaria da novare. La novazione, infatti, è senza effetto se non esisteva l'obbligazione originaria.

Con l'estinzione del rapporto originario vengono meno anche gli accessori del credito (privilegi, pegni, ipoteche), salva espressa volontà contraria.

Differenze con figure affini: (→) *novazione soggettiva,* (→) *transazione.*

Novazione soggettiva: Rif. normativi: art. 1235 c.c.

Nozione: contratto con il quale si sostituisce un nuovo debitore a quello originario, che viene liberato.

Disciplina: si tratta di un modo di *estinzione (→)* dell'obbligazione diverso dall'adempimento. Alla novazione soggettiva il codice civile estende l'applicazione delle norme su (→) *delegazione,* (→) *espromissione* e (→) *accollo.*

Differenze con figure affini: (→) *novazione oggettiva,* (→) *transazione.*

Nuda proprietà: Rif. normativi: artt. 550, 1060, 2814 c.c.

Nozione: situazione nella quale viene a trovarsi il proprietario che ha concesso un diritto di (→) *usufrutto* sul proprio bene.

Disciplina: in seguito alla costituzione del diritto di usufrutto, il diritto del proprietario si "comprime": il proprietario è privato del potere di usare il bene e di farne propri i frutti. Quando si verifica una causa di estinzione dell'usufrutto, in virtù del principio di elasticità del dominio, il diritto del proprietario si riespande (cd. *consolidazione*).

Differenze con figure affini: (→) *usufrutto,* (→) *dominio diretto,* (→) *enfiteusi.*

Nullità: Rif. normativi: artt. 1418-1424 c.c.

Nozione: forma di (→) *invalidità* del negozio giuridico che dipende dalla mancanza di una circostanza intrinseca che impedisce al negozio di produrre effetti.

Disciplina: le cause di nullità del contratto sono:

- la mancanza di un elemento essenziale del contratto (accordo, causa, oggetto, forma prescritta dalla legge a pena di nullità);
- l'illiceità della causa;
- l'illiceità del motivo che ha indotto alla stipula, sempreché esso sia unico e comune a entrambe le parti;
- l'impossibilità, illiceità, indeterminatezza o indeterminabilità dell'oggetto;

- contrarietà a norme imperative, all'ordine pubblico e al buon costume, nonché nelle singole ipotesi specificamente previste dalla legge.

Il negozio nullo non produce effetti né tra le parti, né nei confronti dei terzi; non può sanarsi per convalida ma può essere convertito in un negozio diverso, purché ne abbia i requisiti di sostanza e di forma e sempre che possa ritenersi che le parti avrebbero stipulato quest'accordo se avessero conosciuto la nullità del primo.

L'azione di nullità non è soggetta a limiti di tempo per la sua esperibilità, può essere fatta valere da chiunque vi abbia interesse e può essere rilevata d'ufficio dal giudice. L'accertamento della nullità di un negozio ha effetto retroattivo (*ex tunc*) sia nei confronti delle parti sia nei confronti dei terzi.

Si parla di **nullità parziale** quando la nullità si riferisce soltanto a una parte o a singole clausole del negozio. In base al principio di conservazione del contratto, la nullità parziale non dà luogo alla nullità dell'intero contratto, se non risulta che i contraenti non lo avrebbero concluso in mancanza di quella parte del suo contenuto che è colpita dalla nullità medesima.

Inoltre, la nullità di una singola clausola non importa quella dell'intero negozio, quando la clausola nulla è sostituita di diritto da norme imperative. Tale ipotesi costituisce un caso di integrazione legale del contenuto del negozio (cd. *inserzione automatica di clausole*).

Differenze con figure affini: (→ tabella seguente).

Nullità	**Annullabilità**
Deriva da deficienza strutturale dell'atto	Vizio di un elemento costitutivo
Legittimazione attiva all'impugnazione: • di chiunque vi abbia interesse • rilevabile d'ufficio	Legittimazione attiva: • della parte a protezione della quale l'annullamento è previsto • non può essere rilevata d'ufficio
Il contratto è *insanabile*, tuttavia è possibile: • la *conversione*, che non esige una dichiarazione di volontà, perché è l'ordinamento che attribuisce al negozio voluto dalle parti gli effetti di un negozio diverso, simile al primo • la *rinnovazione*: negozio nel quale le parti trasfondono il contenuto del negozio nullo	Il contratto è *sanabile* mediante: • la *convalida*: negozio unilaterale non recettizio con il quale la parte legittimata a proporre l'azione di annullamento decide di attribuire efficacia definitiva al negozio, precludendosi la possibilità di far valere il vizio in futuro
Il negozio nullo non produce alcun effetto	Il negozio annullabile produce gli effetti a cui era diretto, ma essi possono essere eliminati se il negozio viene impugnato
Caratteristiche dell'azione: • di mero accertamento • imprescrittibile • con effetto retroattivo anche nei confronti dei terzi • opponibile ai terzi, a meno che essi in buona fede abbiano conseguito il possesso della cosa mobile	Caratteristiche dell'azione: • costitutiva • si prescrive in 5 anni, ma è imprescrittibile l'eccezione • con effetto retroattivo soltanto tra le parti; • opponibile ai terzi in mala fede o che hanno acquistato a titolo gratuito
Ha **portata generale**: non occorre che la nullità sia prevista dalla legge come conseguenza della violazione di una norma: è sufficiente che una norma imperativa sia stata violata (cd. nullità virtuale)	Ha **carattere speciale**: ricorre soltanto quando è stata prevista dalla legge come conseguenza della violazione di una norma imperativa

Nunciazione (azioni di): Rif. normativi: artt. 1171-1172 c.c.

Nozione: azioni che tendono alla conservazione di uno stato di fatto, mirando a prevenire un danno o un pregiudizio che potrebbe derivare da una nuova opera o da una cosa altrui, in attesa che successivamente si accerti il diritto alla proibizione.

Sono azioni di nunciazione:

- **denunzia di nuova opera**: spetta al proprietario, al titolare di altro diritto reale di godimento o al possessore, che abbia ragione di temere che da un'opera da altri intrapresa e non terminata (se non è trascorso un anno dal suo inizio), possa derivare danno alla cosa che forma oggetto del suo diritto o possesso;
- **denunzia di danno temuto**: azione con cui il proprietario, il titolare di altro diritto reale di godimento o il possessore si rivolge all'autorità giudiziaria, quando tema che da un albero, una costruzione o altro (cose, comunque, già esistenti) stia per derivare un danno grave e prossimo alla cosa che forma oggetto del suo diritto o del suo possesso.

Disciplina: le azioni di nunciazione sono di natura cautelare, esercitabili a tutela sia della proprietà o di altro diritto reale di godimento, sia del possesso.

Differenze con figure affini: sono *azioni a difesa della proprietà*:

- **azioni petitorie**:
  - azione di (→) *rivendicazione*;
  - azione (→) *negatoria*;
  - azione di (→) *regolamento dei confini*;
  - azione per l'(→) *apposizione di termini*;
  - azione (→) *confessoria*.

Sono *azioni a difesa del possesso*:

- **azioni possessorie**:
  - azione di (→) *reintegrazione*;
  - azione di (→) *manutenzione*;
- **azioni di nunciazione**:
  - (→) *denuncia di nuova opera*;
  - (→) *denuncia di danno temuto*.

Nuncius: Rif. normativi: art. 1433 c.c.

Nozione: colui il quale non emette una propria dichiarazione di volontà, ma riferisce a una parte la volontà dell'altra.

Disciplina: il *nuncius* non è parte materiale del contratto ma è soltanto il tramite attraverso il quale la volontà di un soggetto viene portata a conoscenza di un altro. Colui che si serve del *nuncius* sopporta il rischio dell'eventuale divergenza tra il contenuto della volontà affidata al *nuncius* e il contenuto della volontà comunicata.

Differenze con figure affini: (→) *rappresentanza*.

Nuova opera (denuncia di): (→) *nunciazione (azione di)*.

O

Obbligato di regresso: (→) *cambiale*.

Obbligazione: Rif. normativi: artt. 1173 ss. c.c.

Nozione: rapporto tra due parti, in virtù del quale una di esse (*debitore*) ha il dovere giuridico di effettuare una determinata prestazione a favore dell'altra (*creditore*).

Disciplina: fonte dell'obbligazione può essere il contratto, un atto illecito e ogni altro fatto o atto idoneo a produrla in conformità dell'ordinamento giuridico (promesse unilaterali, pagamento dell'indebito, gestione di affari altrui, arricchimento senza causa).

Caratteristiche necessarie dell'obbligazione sono:

1. patrimonialità (la prestazione deve essere suscettibile di valutazione economica, anche se corrisponde a un interesse non patrimoniale della parte);
2. coercibilità (il creditore può chiedere giudizialmente l'adempimento);
3. possibilità;
4. liceità;
5. determinatezza o determinabilità.

Classificazioni:

- **obbligazione divisibile e indivisibile** (1314-1320 c.c.): è divisibile l'obbligazione che ha per oggetto una cosa suscettibile di divisione, per natura (es.: denaro) o perché non è stata considerata dalle parti contraenti indivisibile. È indivisibile l'obbligazione in cui il diritto di chiedere e, correlativamente, l'obbligo di prestare l'intero derivano dalla natura della prestazione, che ha per oggetto una cosa non suscettibile di essere ridotta in parti per sua natura (es.: un animale vivo) o per volontà delle parti;
- **obbligazione fungibile e infungibile**: è fungibile l'obbligazione che ha per oggetto una prestazione (dare, non fare, fare) che può indifferentemente, secondo la valutazione delle parti, essere eseguita dal debitore o da un terzo, per suo conto. È infungibile l'obbligazione caratterizzata da una prestazione che, secondo la valutazione delle parti, non può essere sostituita con un'altra e deve essere eseguita personalmente dal debitore.
- **obbligazione generica e specifica** (1178 c.c.): è generica l'obbligazione che ha per oggetto una cosa determinata soltanto nel genere o una certa quantità di cose fungibili (es.: dieci quintali di granturco). L'obbligazione è specifica quando ha per oggetto una cosa determinata (es.: il quadro *I Girasoli* di Van Gogh);
- **obbligazione di risultato e di mezzi**: nell'obbligazione di risultato la prestazione viene individuata descrivendo il risultato che il creditore ha diritto di conseguire: il debitore non può dirsi adempiente (e non ha diritto al corrispettivo) fino a quando non abbia procurato il risultato (es.: l'obbligazione del prestatore d'opera manuale, obbligazione dell'appaltatore). Nell'obbligazione di mezzi la prestazione viene individuata attraverso il comportamento del debitore, il quale non garantisce la realizzazione di uno specifico risultato e pertanto è adempiente (e ha diritto al compenso) se ha agito con la dovuta diligenza indipendentemente dal raggiungimento del risultato (es.: l'obbligazione del professionista);
- **obbligazione oggettivamente complessa**: ricorre quando l'oggetto dell'obbligazione è costituito da una pluralità di prestazioni. In tale ambito si distingue l'obbligazione:
  - *cumulativa*: il debitore è tenuto a eseguire due o più prestazioni, sicché l'obbligazione ha contenuto multiplo e la liberazione del debitore ha luogo soltanto se sono eseguite tutte le prestazioni;
  - *alternativa* (1285-1291 c.c.): sono previste due o più prestazioni, ma il debitore può scegliere quale eseguire;
  - *facoltativa:* è prevista una sola prestazione obbligatoria, ma il debitore può liberarsi effettuando una prestazione diversa (es.: 651 c.c.).
- **obbligazione soggettivamente complessa**: caratterizzata da una pluralità di soggetti dal lato passivo o dal lato attivo. L'obbligazione può essere:
  - *parziaria*: ciascun soggetto è portatore di un diritto o obbligo parziale, proporzionato alla sua partecipazione al vincolo obbligatorio. Di conseguenza, se

vi sono più creditori, ognuno di essi ha il diritto di esigere dal debitore soltanto la sua parte; se, invece, vi sono più debitori, ognuno è obbligato soltanto per la sua parte;

- *solidale* (1292 – 1313 c.c.): ogni creditore ha diritto di pretendere la prestazione per l'intero e l'adempimento conseguito da un creditore libera il debitore nei confronti di tutti gli altri (*solidarietà attiva*, ossia esistenza di più creditori), oppure ogni debitore è tenuto per intero con l'effetto di liberare, pagando, tutti quanti gli altri (*solidarietà passiva*, ossia esistenza di più debitori). La solidarietà riguarda il lato esterno della prestazione, mentre nei rapporti interni ciascun condebitore è tenuto soltanto per la sua parte. Pertanto, il debitore solidale che abbia pagato l'intero può agire contro gli altri condebitori con l'azione di (→) *regresso*, affinché ciascuno gli rimborsi la sua parte.

  La solidarietà passiva si presume, mentre quella attiva deve essere espressamente prevista dalla legge o dalla volontà delle parti, costituendo un'eccezione alla generale regola del frazionamento in parti uguali dell'obbligazione nel lato attivo.

Differenze con figure affini: (→) *diritti soggettivi*.

Obbligazione cartolare: Rif. normativi: R.D.1669/33.

Nozione: obbligazione incorporata in un (→) *titolo di credito*.

Disciplina: al *principio di letteralità*, che governa i titoli di credito, consegue che:

1. per provare l'esistenza del diritto è necessario il documento; la distruzione del documento può importare la perdita del diritto, salve le ipotesi di (→) *ammortamento*;
2. qualsiasi vincolo sul diritto non ha effetto se non risulta dal titolo stesso;
3. il titolare del diritto non può pretendere una prestazione diversa o più ampia di quella risultante dal documento, né il debitore è tenuto a eseguire una prestazione diversa.

L'obbligazione cartolare è autonoma rispetto ai precedenti rapporti intercorsi tra altri titolari e il debitore, e ciò si riflette sulla disciplina delle eccezioni opponibili.

Obbligazione naturale: Rif. normativi: art. 2034 c.c.

Nozione: dovere morale o sociale (non giuridico) in forza del quale un soggetto è tenuto a una determinata prestazione, ad esempio: pagamento di un debito prescritto (2940 c.c.), di un debito di gioco o di scommessa (1933 c.c.), adempimento di una disposizione fiduciaria (627 c.c.).

Disciplina: l'obbligazione naturale non produce altro effetto che quello dell'irripetibilità del pagato (cd. *soluti retentio*): il creditore naturale, benché non abbia il diritto di agire in giudizio per pretendere l'adempimento dell'obbligo, ha il diritto di trattenere la prestazione che sia stata spontaneamente adempiuta.

Differenze con figure affini: l'obbligazione naturale si distingue dall'(→) *obbligazione* civile perché:

1. il dovere da cui deriva è morale e non giuridico;
2. è priva del carattere della coercibilità.

Obbligazione pecuniaria: Rif. normativi: artt. 1277-1284 c.c.

Nozione: obbligazione generica avente a oggetto una somma di danaro.

Disciplina: i debiti pecuniari si estinguono con moneta avente corso legale nello Stato al momento del pagamento e per il suo valore nominale: è questo il cd. (→) *principio nominalistico*, in virtù del quale si deve aver riguardo al valore nominale della moneta, a nulla rilevando le variazioni del valore reale della stessa (→ *svalutazione monetaria*). Il creditore può cautelarsi contro le oscillazioni di valore della moneta o pattuendo degli (→) *interessi*, oppure inserendo nel contratto clausole che consentono di variare la somma inizialmente dovuta in funzione di parametri prestabiliti (es.: costo della vita).

Il principio nominalistico si riferisce soltanto ai *debiti di valuta* (che hanno per oggetto fin dall'origine una somma di denaro, es.: pagamento del prezzo da parte del compratore); non si applica invece ai *debiti di valore*, obbligazioni che non hanno direttamente per oggetto il denaro, bensì il valore del bene (es.: risarcimento del danno).

Obbligazioni *propter rem*: (→) *obbligazioni reali.*

Obbligazioni reali: Nozione: obbligazioni reali, o *propter rem*, sono prestazioni accessorie a un diritto reale e ad esso strumentalmente collegate. Per esempio, il proprietario del fondo servente può essere tenuto, per legge o in virtù del titolo costitutivo della servitù, a prestazioni accessorie che rendano possibile l'esercizio della servitù da parte del proprietario del fondo dominante: si pensi al dovere di manutenzione di una strada gravata da una servitù di passaggio.

Disciplina: dal momento che, se la titolarità del diritto principale passa a un altro soggetto passa anche l'obbligazione accessoria, le obbligazioni reali vengono dette *obbligazioni ambulatorie*. Esse, per essere opponibili ai terzi, devono avere forma scritta ed essere trascritte.

Differenze con figure affini: le obbligazioni reali si distinguono dall'(→) *onere* reale, in quanto:

- nell'onere reale la proprietà è gravata da un peso, mentre nelle obbligazioni reali la proprietà è il mezzo per individuare il soggetto obbligato;
- l'onere reale ha sempre per contenuto una prestazione positiva, mentre nelle obbligazioni reali può consistere anche in un *non facere*.

Obbligazioni societarie: Rif. normativi: artt. 2410–2420-*ter* c.c.

Nozione: (→) *titoli di credito* a reddito fisso emessi in massa (nominativi o al portatore) dalle società per azioni e in accomandita per azioni. Rappresentano debiti pecuniari che la società assume verso i terzi da cui ha ricevuto un prestito: ogni obbligazionista vanta un diritto di credito alla restituzione della somma mutuata, nonché alla percentuale degli interessi pattuiti.

Disciplina: le società per azioni, per procurarsi nuovi mezzi finanziari, invece di procedere all'aumento del capitale sociale mediante emissione di nuove azioni, possono ricorrere all'emissione di obbligazioni offerte in sottoscrizione al pubblico dei risparmiatori.

Caratteristiche delle obbligazioni sono: autonomia, letteralità, astrattezza.

La società che ha emesso obbligazioni non può ridurre il capitale sociale, se non in proporzione delle obbligazioni rimborsate. L'emissione di obbligazioni deve essere deliberata dall'assemblea straordinaria.

Le **obbligazioni indicizzate** sono caratterizzate dall'attenuazione dell'alea della svalutazione monetaria, tipica dei titoli di credito a reddito fisso, e dal collegamento dei diritti dell'obbligazionista alle vicende economiche dell'impresa.

Le **obbligazioni convertibili in azioni** possono considerarsi figure intermedie fra le obbligazioni e le azioni. Differiscono dalle comuni obbligazioni in quanto conferiscono il diritto al rimborso, con i relativi interessi, del capitale prestato alla società, o, in via alternativa, consentono di novare l'originario rapporto di mutuo in un rapporto di partecipazione sociale, consentendo di trasformare il proprio credito in una partecipazione azionaria.

Differenze con figure affini: (→) *azioni.*

Obbligo: Nozione: dovere di tenere un comportamento di contenuto specifico che risulti funzionalmente rivolto alla realizzazione di un interesse particolare facente capo a un determinato soggetto.

Disciplina: tale dovere è correlato a un diritto soggettivo relativo altrui. Il comportamento in cui si sostanzia l'obbligo può consistere in un *dare* (es.: pagare una somma di denaro), un *fare* (es.: eseguire un manufatto), un *non fare* (es.: astenersi dalla concorrenza) o un *praestare* (es.: obbligo a contrarre).

L'**obbligo a contrarre** è l'obbligo, imposto a determinati soggetti, di concludere un contratto. Esso può avere fonte legale o convenzionale. Un obbligo legale a contrarre è imposto ai monopolisti a favore di chiunque richieda le prestazioni che formano oggetto dell'impresa, osservando la parità di trattamento (2597 c.c.). Un obbligo a contrarre di fonte convenzionale consegue alla stipulazione di un *contratto preliminare* (→). In entrambi i casi, colui che ha diritto alla conclusione del contratto, ove l'altra parte non adempia, può ottenere ex art. 2932 c.c. una sentenza costitutiva che produca gli effetti del contratto non concluso.

Differenze con figure affini: sono situazioni giuridiche soggettive passive: dovere, obbligo, (→) *soggezione* e (→) *onere.*

Occupazione: Rif. normativi: artt. 923-926 c.c.

Nozione: modo di (→) *acquisto* della proprietà a titolo originario, che consegue alla presa di possesso delle cose mobili (gli immobili vacanti, invece, sono di proprietà dello Stato) che non sono mai state di proprietà di alcuno (*res nullius*) e delle cose abbandonate (*res derelictae*).

Offerta pubblica d'acquisto: (→) *O.P.A.*

Offerta al pubblico: Rif. normativi: art. 1336 c.c.

Nozione: proposta di contratto diretta a una pluralità indeterminata di persone.

Disciplina: la proposta è valida purché contenga gli estremi essenziali del contratto alla cui conclusione è diretta (es.: esposizione in vetrina della merce con indicazione del prezzo).

La proposta è revocabile purché la revoca sia fatta nelle medesime forme con cui era stata fatta la proposta.

Differenze con figure affini: (→ tabella a fondo pagina).

Offerta reale: Rif. normativi: art. 1209 c.c.

Nozione: la *res debita* è esibita e messa a disposizione del creditore da parte del pubblico ufficiale.

Disciplina: l'offerta reale è il presupposto necessario perché possa dichiararsi la (→) *mora del creditore* nei casi in cui l'obbligazione ha per oggetto denaro, titoli di credito e cose mobili da consegnare al domicilio del creditore.

Oggetto del contratto: Rif. normativi: artt. 1325, 1346-1349, 1418 c.c.

Nozione: prestazione o contenuto del contratto.

Offerta al pubblico (1336 c.c.)	**Promessa al pubblico (1989 c.c.)**
Proposta contrattuale, diretta a una pluralità indeterminata di persone, mirante alla conclusione di un contratto	Promessa unilaterale di una prestazione fatta a favore: • di chi si trova in una determinata situazione • di chi ha compiuto una determinata azione
Gli effetti si producono al momento dell'accettazione	Essendo un negozio giuridico perfetto, la promessa produce automaticamente, appena resa pubblica, gli effetti giuridici che le sono propri, indipendentemente dall'accettazione
La revoca è efficace anche nei confronti di chi, pur essendo venuto a conoscenza dell'offerta, non sia poi venuto a conoscenza della dichiarazione di revoca	È revocabile soltanto per giusta causa.
Incide su comportamenti negoziali. Es.: • darò una somma a chi mi cederà il diritto di utilizzare una determinata scoperta scientifica già avvenuta • darò un omaggio a chi acquisterà un mio prodotto ecc.	Ha per oggetto un fatto non negoziale. Es.: • darò una somma a chi farà una determinata scoperta scientifica • darò un omaggio a chi ha acquistato un mio prodotto ecc.

Disciplina: l'oggetto deve essere:

- **possibile**: la cosa già esiste o può venire a esistenza nella realtà fisica; la possibilità oltre che fisica deve essere anche giuridica (es.: è impossibile giuridicamente la vendita di un bene *extra commercium* come l'aria);
- **lecito**: non contrario alla legge, all'ordine pubblico e al buon costume;
- **determinato** o **determinabile**: l'oggetto è determinato quando è indicato dalle parti nella qualità e nella quantità in modo esauriente; è determinabile quando i criteri di individuazione della sua qualità o quantità sono enunciati nel contratto stesso o sono altrimenti ricavabili.

Oggetto sociale: Rif. normativi: artt. 2247, 2249 c.c.

Nozione: particolare attività economica, per il cui esercizio le parti stipulanti il contratto di società si impegnano a versare i conferimenti. L'esercizio di tale attività è detto scopo-mezzo rispetto allo scopo ultimo che è la realizzazione del guadagno.

Disciplina: l'indicazione dell'oggetto sociale nel contratto è richiesta espressamente dall'ordinamento per tutti i tipi di società, eccetto per la società semplice (per la costituzione della quale non è prescritto alcun requisito formale).

L'oggetto sociale deve essere *possibile*, *lecito*, *determinato* e deve consistere in un'*attività economica*; esso può cambiare durante la vita della società, ma tale mutamento implica anche la modificazione dell'atto costitutivo (che deve essere deliberato dall'assemblea straordinaria).

Olografo (testamento): (→) *testamento.*

Nozione: termine usato quando parte di una sentenza, di un atto o di una legge non è riportata nel testo, non essendo rilevante in quella sede.

Omissis: Nozione: Termine usato quando parte di una sentenza, di un atto o di una legge non è riportata nel testo, non essendo rilevante in quella sede. Deriva dal latino *ceteris omissis* (omesse le altre cose).

Onere: (→ tabella a fondo pagina).

O.N.L.U.S. [Organizzazioni non Lucrative di Utilità Sociale]: Rif. normativi: D.Lgs. 460/97.

Nozione: organizzazioni di carattere privato, con o senza personalità giuridica, aventi un fine solidaristico. Esse svolgono attività di utilità sociale rivolte alla collettività nei settori dell'assistenza, beneficenza, cooperazione allo sviluppo e istruzione.

Disciplina: possono costituirsi come O.N.L.U.S.: associazioni, comitati, fondazioni, società cooperative, organizzazioni di volontariato, con esclusione di enti pubblici, società commerciali, fondazioni bancarie, organizzazioni sindacali, associazioni di datori di lavoro e associazioni di categoria.

Onere	Oneri reali	Onere = modo	Onere della prova
Situazione giuridica soggettiva passiva, che si verifica quando l'esercizio di un potere è subordinato a un determinato adempimento. Es.: il compratore che intende avvalersi della garanzia per i vizi della cosa ha l'onere di denunciarli entro 8 giorni dalla scoperta	Prestazioni di carattere periodico dovute da un soggetto in quanto si trova a godere di un determinato bene: la proprietà è pertanto gravata da un peso. Es.: canone enfiteutico	Clausola accessoria che si inserisce in un contratto concluso per scopo di liberalità, al fine di limitare quest'ultima. Non rappresenta il corrispettivo dell'attribuzione patrimoniale, né la causa del negozio, ma è un *motivo*	L'art. 2697 c.c. stabilisce che l'onere di provare un fatto ricade su colui che invoca quel fatto a sostegno della propria tesi, mentre la controparte ha l'onere di provare i fatti posti a fondamento della propria difesa

Le O.N.L.U.S. godono di un particolare regime di tassazione, tanto ai fini delle imposte dirette, quanto ai fini delle imposte indirette: per poter godere di tali benefici fiscali le O.N.L.U.S., diverse dalle cooperative, sono sottoposte all'obbligo della tenuta della contabilità analitica e della redazione del bilancio d'esercizio.

O.P.A. [Offerta pubblica d'acquisto]: Rif. normativi: L. 216/74, L. 77/83, L. 149/92, D.Lgs. 58/98, Delibera CONSOB 11520/98.

Nozione: tecnica attraverso la quale un soggetto, persona fisica o giuridica, si rivolge direttamente ai portatori di titoli di una società offrendosi di acquistare le azioni o le obbligazioni in loro possesso, a un determinato prezzo ed entro un periodo di tempo prestabilito.

Le O.P.A. vengono distinte in:

- **offerte pubbliche d'acquisto** (O.P.A.), quando il corrispettivo offerto è costituito da denaro;
- **offerte pubbliche di scambio** (O.P.S.), se il corrispettivo è dato da altri titoli;
- **offerte pubbliche di acquisto e scambio** (O.P.A.S.), se il corrispettivo è costituito da titoli e denaro.

Le O.P.A. si distinguono ulteriormente in:

- O.P.A. **totalitaria**: ha per oggetto la totalità delle azioni. Essa è obbligatoria per chiunque venga a detenere una partecipazione superiore al 30%. In tal caso deve essere lanciata un'O.P.A. per consentire ai restanti azionisti ordinari di uscire dalla società a fronte di un nuovo gruppo di controllo;
- O.P.A. **preventiva**: è finalizzata a ottenere il controllo di una società. Per evitare una successiva O.P.A. totalitaria, è necessario lanciare un'O.P.A. preventiva su almeno il 60% delle azioni;
- O.P.A. **residuale**: è obbligatoria per il gruppo di controllo che sia riuscito ad acquisire una partecipazione superiore al 90% e ha per oggetto il residuo capitale azionario per consentire l'uscita degli altri azionisti dalla società.

Disciplina: con le O.P.A. si tende acquisire il *pacchetto (→)* di controllo di una società.

Particolari vincoli comportamentali sono posti in capo alle società le cui azioni oggetto dell'offerta sono quotate: esse non possono turbare lo svolgimento dell'O.P.A., devono diffondere un comunicato contenente ogni indicazione utile per l'apprezzamento dell'offerta da parte dei portatori dei titoli e devono rispettare per le deliberazioni assembleari più elevati *quorum*.

Opera (contratto d'): Rif. normativi: artt. 2222-2228 c.c.

Nozione: è detto anche contratto di lavoro autonomo e ricorre ogniqualvolta una persona si obbliga a compiere, verso corrispettivo, un'opera o un servizio, con lavoro prevalentemente proprio e senza vincolo di subordinazione nei confronti del committente.

Differenze con figure affini: la struttura del contratto d'opera è in parte simile a quella dell' (→) *appalto*, e in parte a quella del rapporto di lavoro subordinato, ma le differenze di funzione sono evidenti: nel lavoro subordinato il prestatore è inserito nell'organizzazione imprenditoriale, con vincolo di subordinazione mentre nel contratto d'opera si ha una prestazione autonoma e diretta della parte contrattuale a ciò obbligata. Mentre nel contratto d'appalto si esige espressamente che la prestazione sia eseguita con l'organizzazione dei mezzi necessari, nel contratto d'opera ciò non è espressamente richiesto poiché la lettera della norma prevede anzi che l'opera o il servizio sia frutto di un lavoro prevalentemente proprio.

Opera dell'ingegno: (→) *autore (diritto d').*

Opposizione: Nozione: funzione esercitata da gruppi parlamentari che non si riconoscono nella maggioranza assembleare che sostiene politicamente il Governo in carica.

L'opposizione tende a controllare l'operato del Governo, contrastandone e criticandone le scelte politiche.

In quest'accezione ci si riferisce particolarmente alla forma di opposizione parlamentare, che tuttavia non elimina altre possibili forme di opposizione, ad esempio a opera di gruppi di pressione, di sindacati o di organi d'informazione.

Opposizione alla dichiarazione di fallimento: Rif. normativi: art. 18 R.D. 267/42.

Nozione: rimedio concesso al fallito e a qualunque altro vi abbia interesse (es.: al creditore che non abbia chiesto la dichiarazione di fallimento perché interessato a tutelare il suo diritto attraverso l'esecuzione individuale) per contestare la legittimità della sentenza dichiarativa di fallimento, al fine di ottenerne la revoca.

Disciplina: i motivi dell'opposizione devono riguardare i due presupposti di legittimità della dichiarazione di fallimento: lo stato d'insolvenza (presupposto oggettivo) e la qualità di imprenditore commerciale del fallito (presupposto soggettivo).

L'opposizione non sospende l'esecuzione della sentenza dichiarativa di fallimento ed è decisa con sentenza.

Opposizione allo stato passivo: Rif. normativi: artt. 98, 209 R.D. 267/42.

Nozione: speciale rimedio concesso ai creditori esclusi o ammessi con riserva in una (→) *procedura concorsuale* per sottoporre al riesame dell'autorità giurisdizionale il provvedimento d'esclusione o d'ammissione con riserva.

Disciplina: l'opposizione deve essere proposta con ricorso entro quindici giorni dal deposito dello stato passivo in cancelleria ed è decisa con sentenza.

***Option* (contratto di): Nozione:** contratto di borsa avente a oggetto l'acquisto o la vendita di titoli azionari o obbligazionari ovvero di titoli di Stato, a una data futura prefissata e a un prezzo prestabilito o determinato in relazione alla variazione di un indice di borsa che si assume di riferimento.

Disciplina: uno dei due contraenti assume un diritto d'(→) *opzione* sull'operazione di borsa. Alla scadenza del termine potrà scegliere se concludere il contratto ovvero recedere da questo: il prezzo di tale facoltà è un corrispettivo in danaro che prende il nome di premio (in sostanza pagando il premio il contraente si riserva la facoltà d'opzione).

Opzione: Rif. normativi: art. 1331 c.c.

Nozione: contratto mediante il quale una parte si vincola verso l'altra a tenere ferma una proposta contrattuale, mentre l'altra si riserva la scelta di accettarla o no.

Disciplina: colui che acquista la predetta facoltà di scelta paga alla controparte un corrispettivo; qualora non sia pattuito alcun corrispettivo, l'opzione si configura come un contratto a titolo gratuito.

Differenze con figure affini: nella (→) *proposta irrevocabile* il vincolo della irrevocabilità della proposta consegue a un impegno unilaterale; nell'opzione il vincolo della irrevocabilità consegue a un accordo stipulato tra le parti; il diritto di (→) *prelazione* consiste nel diritto di essere preferito a ogni altro nel caso in cui la persona soggetta alla prelazione dovesse decidersi di stipulare un determinato contratto.

Opzione (diritto di): Rif. normativi: artt. 2352, 2441, 2495 c.c., D.Lgs. 58/98.

Nozione: diritto spettante a ciascun socio di sottoscrivere le azioni di nuova emissione e le obbligazioni convertibili, in proporzione delle azioni possedute, a preferenza di altri soggetti.

Disciplina: due sono gli scopi del diritto di opzione: evitare un'alterazione della compagine sociale esistente, e offrire ai vecchi soci la possibilità di ulteriori investimenti per i loro capitali.

L'opzione sulle azioni e obbligazioni convertibili di nuova emissione spetta anche ai possessori di obbligazioni convertibili in azioni, in concorso con gli azionisti, sulla base del rapporto di cambio.

Ordinamento giudiziario: Rif. normativi: R.D. 12/41.

Nozione: complesso di norme che regolano in modo autonomo e completo gli uffici giudiziari e lo *status* delle persone a essi addette.

Disciplina: l'ordinamento giudiziario regola gli organi della giurisdizione ordinaria, mentre le giurisdizioni speciali sono regolate da leggi speciali.

Ordinamento giuridico: Nozione: complesso di norme e di istituzioni mediante le quali viene regolato e diretto lo svolgimento della vita sociale e dei rapporti tra i consociati.

Ordinaria amministrazione: Nozione: attività che tende alla gestione di un complesso patrimoniale, senza intaccarne la consistenza.

Nel **diritto costituzionale** tale concetto indica il disbrigo degli affari correnti da parte di quegli organi che, per una qualunque ragione, non siano nella pienezza delle loro attribuzioni costituzionali (es.: il Governo dimissionario, che resta in carica fino all'instaurazione del nuovo Governo). In una siffatta condizione gli organi non possono prendere iniziative in materie d'indirizzo politico, ma soltanto decisioni di portata circoscritta.

Nel **diritto civile** il concetto di ordinaria amministrazione è rilevante nell'ambito della potestà dei genitori, della tutela e della curatela, assumendo il significato di atto che può essere compiuto dai rappresentanti legali degli incapaci.

Nel **diritto commerciale** l'attività di ordinaria amministrazione è richiamata in materia di società e di fallimento: nel primo caso riguarda i *quorum* richiesti per le deliberazioni assembleari e le attività svolte dagli amministratori senza la previa decisione dell'assemblea. Nel fallimento, invece, riguarda gli atti che possono essere compiuti dal curatore fallimentare senza previa autorizzazione del giudice.

Ordine pubblico: Nozione: nell'ambito del **diritto pubblico** l'ordine pubblico è costituito dal complesso dei principi fondamentali di natura cogente sui quali si poggia il regime statale. Tali principi rivestono un'importanza fondamentale e, come tali, sono dotati di una speciale efficacia sostanziale. Essi, inoltre, costituiscono sia un limite alla facoltà di disposizione dei privati sia un limite etico all'esercizio dei diritti fondamentali.

Nell'ambito del **diritto civile,** per ordine pubblico si intende il complesso dei principi fondamentali del nostro ordinamento giuridico. Tali principi si rinvengono nella Carta costituzionale e nelle norme imperative, e costituiscono i postulati politici, giuridici ed economici essenziali del nostro ordinamento.

Organi (donazione degli): (→) *trapianti di organi.*

Organi sociali: Nozione: organi attraverso i quali le società svolgono la propria attività. Possono essere costituiti da una o più persone fisiche e si possono classificare in:

- **organi deliberativi**, che esprimono la volontà sociale e assumono le deliberazioni secondo il criterio della maggioranza. L'organo deliberativo per eccellenza è l'assemblea dei soci;
- **organi amministrativi**, cui è demandata la funzione di esecuzione. Essi devono eseguire la volontà sociale espressa dall'assemblea, nonché gestire e rappresentare la società. L'organo amministrativo essenziale è costituito dagli amministratori. Per quanto riguarda il numero degli amministratori sono possibili due soluzioni: un amministratore unico o più amministratori che costituiscono il consiglio di amministrazione;
- **organi di controllo**, a cui spetta la funzione di controllo sull'attività esercitata dagli altri organi. Tali funzioni sono attribuite al collegio sindacale.

Organizzazioni non Lucrative di Utilità Sociale: (→) *O.N.L.U.S.*

Organo: Nozione: persona o complesso di persone preposto a un determinato centro d'imputazione di competenza amministrativa e che, pertanto, esercita una pubblica potestà.

Disciplina: rispetto all'ente, l'organo non rappresenta un'entità distinta, ma semplicemente una sua parte costitutiva. Generalmente, gli organi non sono forniti di personalità giuridica; essi, però, hanno una soggettività interna all'ordinamento dell'ente, la quale lo individua nei confronti degli altri organi.

Sono **organi costituzionali** quelli che, oltre a godere di una posizione di autonomia qualificata e quindi considerati poteri dello Stato, partecipano alla funzione politica, prendendo parte all'individuazione dei fini che lo Stato è chiamato a perseguire (es.: Presidente della Repubblica). Essi sono direttamente disciplinati dalla Costituzione e una modifica degli stessi comporta l'approvazione di leggi costituzionali.

Sono **organi di rilievo costituzionale** quelli che, pur non partecipando alla funzione politica né essendo essenziali alla struttura costituzionale dello Stato, sono individuati, ma non disciplinati, dalla Costituzione, che rinvia al legislatore ordinario per la disciplina della loro struttura, organizzazione, attività (es.: C.N.E.L., Consiglio di Stato, Corte dei Conti, Consiglio Superiore della Magistratura, Consiglio Supremo di Difesa).

Ostruzionismo: Nozione: attività di disturbo svolta nell'ambito delle assemblee parlamentari dai gruppi di minoranza allo scopo di impedire, intralciare o ritardare lo svolgimento dei lavori parlamentari, per richiamare l'attenzione della pubblica opinione.

Disciplina: i regolamenti parlamentari sono stati modificati al fine di eliminare ogni possibilità di artificioso prolungamento dei dibattiti in aula: sono stati regolamentati i tempi di discussione dei progetti di legge, la conferenza dei capigruppo può limitare il numero di sedute necessarie per l'approvazione dei progetti di legge (cd. *contingentamento dei tempi*) e il presidente della Camera può accorpare gli emendamenti in gruppi omogenei.

Outsourcing: Nozione: l'esternalizzazione è una particolare formula di gestione aziendale, in base alla quale vengono appaltate a terzi le mansioni che, svolte all'interno della struttura aziendale, richiederebbero un notevole dispendio di risorse con risultati non efficienti.

P

Pacchetto azionario: Nozione: quota percentuale significativa di azioni di una società.

Disciplina: soltanto il possesso di un determinato pacchetto permette all'azionista l'esercizio di poteri di amministrazione e controllo della società: pertanto il valore del pacchetto è normalmente maggiore di quello della somma del valore di ciascuna azione che lo compone.

***Pactum fiduciae* [patto di fiducia]:** (→) *fiducia.*

Pagherò cambiario: Rif. normativi: art. 100 R.D. 1669/33.

Nozione: una delle due forme che può assumere la *cambiale (→).* Il pagherò cambiario (detto anche vaglia cambiario) contiene la promessa incondizionata fatta da una persona (*emittente*) di *pagare* a un terzo (*prenditore* o *beneficiario*) una somma di danaro a una determinata scadenza.

Disciplina: il pagherò ha la struttura di una (→) *promessa di pagamento.*

***Par condicio creditorum* [uguale condizione dei creditori]:**
Rif. normativi: art. 2741 c.c.

Nozione: principio, che trova applicazione allorché concorrano più creditori di un unico debitore, in virtù del quale tutti i creditori hanno uguale diritto di soddisfarsi sui beni del debitore, salvo che sussistano cause legittime di (→) *prelazione.*

Disciplina: tale principio trova piena attuazione soltanto nel (→) *fallimento*, il quale coinvolge necessariamente tutti i creditori, che non possono far valere individualmente i loro crediti.

Parentela: Rif. normativi: artt. 74-78 c.c.

Nozione: vincolo che unisce coloro che discendono da un capostipite comune. Si distingue tra:

- **parentela collaterale**: vincolo che unisce più soggetti (fratelli, cugini) che, pur non discendendo l'uno dall'altro, discendono da un capostipite comune;
- **parentela giuridica**: creata per legge con l'(→) *adozione*;
- **parentela in linea retta**: unisce coloro che discendono l'uno dall'altro (es: padre e figlio);
- **parentela legittima**: quella tra chi discende da due capostipiti coniugati tra loro;
- **parentela naturale**: è limitata a quella esistente tra il genitore e il figlio naturale riconosciuto (art. 258 c.c.).

Disciplina: il vincolo di parentela è riconosciuto dalla legge fino al sesto grado. Per il computo del grado di parentela:

- *nella linea retta* si conta un grado per ogni generazione escluso, lo stipite comune;
- *nella linea collaterale* si risale da un parente allo stipite (che non si conta) e si ridiscende all'altro parente (es.: i figli di fratelli sono parenti di quarto grado).

La parentela costituisce impedimento al (→) *matrimonio*, che può essere impugnato e annullato *ex* art. 117 c.c. se contratto da persone legate dal vincolo parentale.

Parlamento: Rif. normativi: artt. 55-70 Cost.

Nozione: organo costituzionale complesso, costituito da due organi interni principali (la Camera dei Deputati e il Senato della Repubblica), operanti su un piano di piena parità giuridica (cd. bicameralismo perfetto) e le cui deliberazioni derivano dalla confluenza della volontà di esse.

Il Parlamento è composto da 630 deputati e 315 senatori elettivi, oltre ad alcuni componenti non elettivi: i senatori a vita di diritto (ex Presidenti della Repubblica) e i senatori a vita nominati dal Capo dello Stato, che li sceglie (in numero non superiore a cinque) tra i cittadini insigni.

Il Parlamento ha funzioni:

- *legislative*: a esso spetta il potere di esprimere la volontà politica del Paese trasfondendola in norme giuridiche aventi valore di legge;
- *di controllo politico* sul potere esecutivo (Governo e organi da esso dipendenti): che, per potere svolgere le sue funzioni, deve godere della fiducia delle Camere;
- *di messa in stato d'accusa* del Presidente della Repubblica: per i reati di alto tradimento e attentato alla Costituzione.

Le Camere, che di regola svolgono le proprie attività separatamente, deliberano in seduta comune nei casi tassativamente indicati dalla Costituzione: elezione del Presidente della Repubblica e sua messa in stato d'accusa, elezione di 1/3 dei membri del Consiglio Superiore della Magistratura, elezione di 1/3 dei giudici costituzionali, compilazione dell'elenco dei cittadini tra cui sorteggiare i giudici aggregati della Corte Costituzionale che devono intervenire nei giudizi d'accusa contro il Presidente della Repubblica.

Parti comuni di un edificio: Rif. normativi: art. 1117 c.c.

Nozione: parti di un immobile che appartengono in comune ai proprietari dei singoli appartamenti (es.: il suolo su cui sorge l'edificio, le fondazioni, i muri maestri e perimetrali, i tetti e i lastrici solari, le scale, i portoni d'ingresso; i locali per la portineria e per l'alloggio del portiere, per la lavanderia, per il riscaldamento centrale; gli ascensori, i pozzi, le cisterne, gli acquedotti e inoltre le fognature e i canali di scarico, gli impianti per l'acqua, per il gas e per l'energia elettrica).

Disciplina: salvo quanto previsto dal regolamento condominiale, ogni condomino può liberamente servirsi delle parti comuni secondo l'uso cui sono state destinate, permettendone il pari godimento anche agli altri condomini.

Alle opere necessarie per la manutenzione e la conservazione delle parti comuni devono partecipare tutti i condomini, in proporzione al valore del piano o porzione di piano di loro proprietà. A tali spese il condomino non può sottrarsi, neanche rinunziando al diritto sulle parti comuni.

Partiti politici: Rif. normativi: artt. 18 e 49 Cost.

Nozione: associazioni di persone che hanno comuni ideologie e interessi e che, attraverso una stabile organizzazione, mirano a esercitare un'influenza sulla determinazione dell'indirizzo politico del Paese.

Gli elementi costitutivi dei partiti sono: organizzazione, patrimonio e scopo (o ideologia). Essi sono caratterizzati dalla pubblicità, che li differenzia dalle sette segrete, e dal perseguimento di principi e interessi di carattere generale.

Disciplina: i partiti non possono:

- assumere la forma di associazione segreta, né avere una organizzazione di carattere militare;
- assumere simboli o contrassegni confondibili con simboli altrui o riproducenti immagini religiose (L. 64/58);
- annoverare tra i loro iscritti i militari di carriera in servizio permanente effettivo e gli ufficiali e agenti del corpo di polizia penitenziaria.

Passaggio coattivo: Rif. normativi: artt. 1051-1055 c.c.

Nozione: diritto di passare sul fondo altrui per accedere alla pubblica via.

Disciplina: il passaggio coattivo è concesso:

- quando un fondo intercluso tra le proprietà altrui non ha una via d'accesso sulla strada pubblica oppure può procurarsela soltanto con un eccessivo dispendio o disagio;
- quando un passaggio già esistente necessita di essere ampliato per il transito di veicoli;
- quando il fondo ha già un accesso alla via pubblica, ma questo è insufficiente e non ampliabile, e la concessione di un nuovo passaggio risponde alle esigenze dell'agricoltura o dell'industria.

Sono esenti da servitù le case, i cortili, i giardini e le aie a esse attinenti.

Al proprietario del fondo servente è dovuta un'indennità proporzionata al danno cagionato dal passaggio.

Passivo: Nozione: posta negativa che compone il patrimonio di ciascun soggetto. L'attivo meno il passivo costituisce il patrimonio netto.

Passivo ereditario: l'insieme delle poste patrimoniali negative facenti parte del patrimonio del defunto. Esso ha un rilievo particolare nel caso di (→) *accettazione dell'eredità con beneficio d'inventario*: nell'inventario, che si deve obbligatoriamente redigere, sono indicate oltre alle attività anche tutte le passività ereditarie, la cui conoscenza è essenziale per l'espletamento della procedura di liquidazione. Il passivo ereditario grava a carico di tutti gli eredi.

Patria potestà: Nozione: potere conferito dalla legge al padre sui figli minori.

Disciplina: la riforma del diritto di famiglia ha abolito tale istituto: oggi, in virtù della avvenuta equipartizione fra marito e moglie, si attribuisce l'esercizio di tale (→) *potestà* a entrambi i genitori: cd. *potestà genitoriale*.

Patrimonialità: Rif. normativi: art. 1174 c.c.

Nozione: requisito della prestazione, la quale deve poter essere valutata economicamente, ossia deve essere tale da potersene determinare il valore in danaro; diversamente mancherebbe la possibilità, in caso d'inadempimento, di stabilire la somma per la quale il creditore può rivalersi sui beni del debitore.

Patrimonio: Nozione: insieme dei rapporti giuridici attivi e passivi (diritti e obblighi) facenti capo a una persona (cd. titolare) e valutabili economicamente.

Il **patrimonio separato** è costituito da quei beni che, in virtù di una particolare destinazione sono deputati al soddisfacimento di obbligazioni contratte per la realizzazione di finalità determinate e sono quindi assoggettati a una disciplina specifica, per esempio il (→) *fondo patrimoniale*.

Il **patrimonio autonomo** è quello che, distaccatosi dal proprio titolare, viene attribuito a un nuovo soggetto, mediante la creazione di una (→) *persona giuridica*, oppure a un soggetto che, anche se sprovvisto di personalità giuridica, è dotato di autonomia patrimoniale imperfetta (es.: associazioni non riconosciute).

Patrimonio sociale: Rif. normativi: artt. 2267-2268, 2304 c.c.

Nozione: rappresenta l'effettivo ammontare delle risorse economiche di una società, essendo costituito dal complesso di attività e passività esistenti in un dato momento. Nel patrimonio rientrano gli investimenti del capitale sociale, il capitale non investito, gli utili non distribuiti, le riserve e ogni altro rapporto giuridico a contenuto economico.

Differenze con figure affini: a differenza del patrimonio, il (→) *capitale sociale* è il valore in danaro dei conferimenti degli azionisti, quale risulta dalla valutazione fatta nell'atto costitutivo.

***Patronage* (lettera di): Nozione:** dichiarazione con la quale una società capogruppo si rivolge a un istituto di credito affinché lo stesso conceda, mantenga o rinnovi un credito a una società controllata.

Disciplina: si tratta di una dichiarazione ricognitiva, con cui la società da un lato afferma di essere a conoscenza dei rapporti di credito instaurati tra l'istituto bancario e la società controllata, dall'altro conferma il proprio rapporto di partecipazione e controllo con la società controllata.

Il *patronage* non è una garanzia patrimoniale: da esso deriva soltanto una responsabilità extracontrattuale della società capogruppo, qualora la stessa tenga un comportamento contrario al contenuto della dichiarazione.

Patto commissorio: Rif. normativi: artt. 1963 e 2744 c.c.

Nozione: patto con il quale si conviene che, in caso d'inadempimento, la proprietà della cosa ipotecata o data in pegno a garanzia del credito passi al creditore.

Disciplina: il patto commissorio è nullo, anche se posteriore alla costituzione dell'ipoteca o del pegno. La *ratio* del divieto è quella di evitare qualsiasi ingiustificato vantaggio del creditore nei confronti del debitore e soprattutto degli altri creditori. Non viola, invece, tale divieto il cd. **patto marciano** attraverso il quale si consente al creditore di soddisfarsi, in ipotesi d'inadempimento, sulla cosa stessa sia con le modalità della vendita forzata, sia mediante assegnazione a prezzo di stima; in quest'ultimo caso il creditore farà proprio il bene, ma dovrà versare al debitore l'eventuale differenza tra valore del credito e valore stimato.

Differenze con figure affini: (→) *pegno* e (→) *ipoteca* attribuiscono al creditore soltanto il diritto di soddisfarsi con preferenza rispetto agli altri creditori sul ricavato dalla vendita forzata del bene oggetto della garanzia. Con il patto commissorio, invece, il creditore acquisisce il diritto di appropriarsi direttamente del bene, in caso d'inadempimento.

Patto di non concorrenza: Rif. normativi: art. 2596 c.c.

Nozione: limite negoziale alla concorrenza fra imprese, consistente nell'accordo stabilito tra due o più imprenditori, allo scopo di impedire l'esercizio di determinate attività concorrenziali per un periodo di tempo circoscritto (5 anni).

Disciplina: ha valore soltanto tra le parti e per una determinata zona. Deve essere provato per iscritto.

Patto di sindacato: (→) *sindacato azionario.*

Patto leonino: Rif. normativi: art. 2265 c.c.

Nozione: accordo con il quale si escludono uno o più soci dalla partecipazione agli utili e/o alle perdite.

Disciplina: l'esclusione dagli utili determina la nullità del patto in quanto in contrasto con l'essenza stessa della società; l'esclusione dalle perdite, secondo alcuni, determina la nullità del patto per ragioni di natura morale e politica; altri sostengono che si tratterebbe di una pattuizione usuraria. La nullità è limitata al solo patto leonino e non si estende all'intero contratto sociale; qualora si accerti la presenza nell'atto costitutivo di particolari regole di ripartizione che configurano, di fatto, una pattuizione in tal senso, il patto leonino nullo è sostituito automaticamente dai criteri generali di ripartizione.

Patto marciano: (→) *patto commissorio.*

Patto successorio: Rif. normativi: art. 458 c.c.

Nozione: convenzione con cui taluno:

- si impegna a disporre della propria successione (*patti successori istitutivi*);
- dispone dei diritti che gli possono spettare su una successione non ancora aperta (*patti successori dispositivi*);
- rinunzia ai medesimi (*patti successori rinunziativi*).

Disciplina: i patti successori sono radicalmente *nulli.*

Pauliana (azione): (→) *revocatoria (azione).*

Pegno: Rif. normativi: artt. 2784-2807 c.c.

Nozione: (→) *diritto reale* finalizzato a garantire la soddisfazione di un credito. Caratteristiche del pegno sono:

- **immediatezza**: si esercita senza l'intervento di alcuno;
- **assolutezza**: è opponibile *erga omnes*;
- **diritto di sequela**: il creditore ha il potere di soddisfarsi sul bene anche se la proprietà di esso è passata ad altri;
- **accessorietà**: esiste soltanto in quanto e fintantoché esiste il credito garantito;
- **specialità**: può costituirsi soltanto su beni specifici e determinati;
- **indivisibilità**: si estende all'intero bene e a ogni sua parte e garantisce l'intero credito e ogni sua parte.

Il **pegno di credito** (2800 c.c.) ha per oggetto un credito. Va tenuto distinto dal pegno avente a oggetto un titolo di credito, giacché in quest'ultimo caso l'oggetto della garanzia è il documento e non il credito.

Il pegno di credito ha per effetto il trasferimento del diritto di prelazione sul ricavato del credito pignorato, senza che sia trasferita la titolarità dello stesso. Finché il pegno non si estingue, il debitore delle somme date in pegno non può pagare il creditore pignoratizio, salvo che il credito pignorato venga a scadere.

Il **pegno irregolare** (1851 c.c.) ha per oggetto cose fungibili. In base ai principi generali, il creditore acquista la proprietà delle cose consegnate ed è tenuto, una volta adempiuta l'obbligazione garantita, a restituire una quantità equivalente di cose. In caso d'inadempimento, il creditore ritiene le cose, salva la restituzione della differenza tra il valore del credito e il valore stimato delle cose ricevute in pegno.

Disciplina: il pegno costituisce una causa legittima di (→) *prelazione* perché consente al creditore garantito di soddisfarsi sul bene oggetto del pegno con preferenza rispetto ad altri creditori.

Oggetto del pegno possono essere i beni mobili (eccetto quelli registrati), le universalità di mobili, i crediti e altri diritti aventi per oggetto beni mobili infungibili.

Il pegno si costituisce con contratto reale, in virtù del quale la cosa oggetto della garanzia viene trasferita al creditore, con la conseguenza che il debitore (o il terzo datore di pegno) ne perde temporaneamente il possesso.

Il creditore ha l'obbligo di custodire la cosa e di restituirla, quando il credito sia stato interamente soddisfatto.

Differenze con figure affini: (→) *ipoteca.*

Pensiero (libertà di): Rif. normativi: art. 21 Cost.

Nozione: facoltà di manifestare il proprio pensiero in modo pubblico e di farne propaganda.

Disciplina: a causa dell'ampiezza che la contraddistingue, tale libertà incontra alcuni limiti: riservatezza e onorabilità delle persone, buon costume, segreto giudiziario, segreto di Stato, tutela della personalità del lavoratore, apologia di reato.

Nelle moderne società la libertà di pensiero viene spesso ad assumere una configurazione particolare, caratterizzandosi come diritto all'informazione.

Differenze con figure affini: la libertà di pensiero va distinta dalla libertà di corrispondenza, in quanto essa salvaguarda il pensiero divulgato a una pluralità di soggetti e non comunicato a una o più persone determinate.

Pericolo (contratto concluso in stato di): (→) *rescissione.*

Permuta (contratto di): Rif. normativi: artt. 1552 ss. c.c.

Nozione: contratto che ha per oggetto il reciproco trasferimento della proprietà di cose o di diritti, accompagnato o no dalla previsione o dal versamento di un conguaglio in denaro

Disciplina: si tratta di un contratto consensuale a efficacia reale o obbligatoria.

Alla permuta si applicano le norme stabilite per la (→) *compravendita*, in quanto compatibili, ma a differenza di quanto previsto per questa, le spese della permuta gravano su entrambi i contraenti in parti uguali, salvo patto contrario.

Persona fisica: Rif. normativi: artt. 1-10 c.c.

Nozione: qualsiasi essere umano nato vivo, anche se non vitale, ossia inidoneo a restare in vita.

Disciplina: la persona fisica è centro d'imputazione di situazioni giuridiche, in quanto soggetto di diritto.

Persona giuridica: Rif. normativi: artt. 11-35 c.c.

Nozione: complesso organizzato di persone e di beni, rivolto alla realizzazione di fini generali o individuali.

Disciplina: la personalità giuridica si acquista automaticamente nel caso delle società, ovvero in seguito a *riconoscimento (→)* da parte delle autorità competenti.

Sono persone giuridiche le associazioni riconosciute, le fondazioni, i comitati riconosciuti, le società di capitali e cooperative e gli enti pubblici.

Personalità giuridica: Rif. normativi: art. 39 Cost., artt. 12, 2331, 2475, 2519 c.c., art. 2 disp. att. c.c.

Nozione: capacità che la (→) *persona giuridica* ha di acquistare diritti e assumere obblighi, disponendo di un proprio patrimonio nettamente separato da quello dei singoli soci.

Disciplina: la conseguenza più importante della personalità giuridica è l'attribuzione dell'(→) *autonomia patrimoniale* perfetta. I soggetti di diritto che non hanno personalità giuridica, godono di un'autonomia patrimoniale imperfetta: le obbligazioni a loro carico gravano non soltanto sul loro patrimonio, bensì anche su quello delle persone fisiche che ne fanno parte o che hanno agito per loro conto.

Differenze con figure affini: la personalità giuridica va distinta dalla soggettività giuridica, in quanto esistono enti non riconosciuti che, pur non avendo personalità giuridica, sono soggetti di diritto, essendo titolari di situazioni giuridiche.

Pertinenze: Rif. normativi: artt. 817-819 c.c.

Nozione: cose destinate in modo durevole a servizio o a ornamento di un'altra cosa, senza costituirne parte integrante e senza rappresentare elemento indispensabile per la sua esistenza, ma in guisa da accrescerne l'utilità o il pregio.

Disciplina: quando non sia diversamente disposto, gli atti e i rapporti giuridici che hanno per oggetto la cosa principale comprendono anche le pertinenze: queste, però, conservano la loro piena individualità e possono formare oggetto di separati atti o rapporti giuridici autonomi.

Petitorie e possessorie (azioni): Rif. normativi: artt. 948-951, 1168, 1170-1172 c.c.

Nozione: azioni poste a difesa della proprietà (azioni petitorie) e a difesa del possesso (azioni possessorie).

Le **azioni petitorie** sono:

- azione di (→) *rivendicazione*;
- azione (→) *negatoria*;
- azione di (→) *regolamento dei confini*;
- azione di (→) *apposizione dei termini*.

Sono **azioni possessorie**:

- azione di (→) *reintegrazione*;
- azione di (→) *manutenzione*.

Petizione dell'eredità (azione di): Rif. normativi: artt. 533-535 c.c.

Nozione: azione con la quale l'erede chiede il riconoscimento della sua qualità, contro chiunque possieda tutti o parte dei beni ereditari, a titolo di erede o senza titolo alcuno, allo scopo di ottenere la restituzione degli stessi.

Disciplina: l'azione è imprescrittibile, perché è posta a tutela della qualità di erede, che, a sua volta, è imprescrittibile.

Presupposti dell'azione sono:

1. l'accettazione dell'eredità;
2. il possesso da parte di un terzo di beni ereditari.

Riguardo alla restituzione dei beni bisogna distinguere:

- il possessore in *buona fede* (colui che ha acquistato il possesso di beni ereditari credendo per errore scusabile di essere erede) deve restituire i frutti percepiti e percipiendi dei beni posseduti, con decorrenza dal momento della proposizione della domanda giudiziale. È sufficiente che la buona fede sussista al momento dell'acquisto del possesso;
- il possessore in *mala fede* dovrà restituire i frutti percepiti e percipiendi dal giorno in cui ha cominciato a goderne.

Piano di riparto: Rif. normativi: art. 2311 c.c.

Nozione: prospetto dal quale risultano le modalità di divisione tra i soci di ciò che è residuato in seguito alla liquidazione e al soddisfacimento dei creditori di una società.

Disciplina: compiuta la (→) *liquidazione* della società va redatto il bilancio finale e viene proposto ai soci il piano di riparto. Tali documenti nelle *società di persone* devono essere comunicati ai soci con lettera raccomandata e si intendono approvati se non sono impugnati nel termine di due mesi dalla comunicazione; nelle *società di capitali*, bilancio e piano di riparto devono essere depositati presso l'ufficio del registro delle imprese e si intendono approvati se non sono impugnati nel termine di tre mesi.

Polizza: Rif. normativi: artt. 1888, 1889, 1918, 1925 c.c.

Nozione: scrittura privata predisposta dall'assicuratore, con cui viene concluso il contratto di assicurazione.

Disciplina: la polizza deve contenere gli elementi necessari per l'individuazione, immediata o successiva, dei presupposti e dell'oggetto del contratto. Ha natura di titolo di credito improprio: il suo trasferimento, nella forma dei titoli di credito all'ordine o al portatore, produce i medesimi effetti della cessione del contratto di assicurazione.

Portierato (contratto di): Rif. normativi: L. 23/58, D.P.R. 1403/71.

Nozione: rapporto di lavoro subordinato il cui oggetto è la prestazione del servizio di vigilanza, custodia e pulizia di uno stabile condominiale.

Disciplina: il portiere ha diritto al riposo settimanale e alle ferie; inoltre, può farsi sostituire per breve tempo, durante la giornata, da un familiare. Ha diritto all'alloggio gratuito, con luce, acqua e riscaldamento erogati, anch'essi gratuitamente, entro limiti stabiliti dai contratti collettivi.

La concessione dell'alloggio costituisce una prestazione accessoria del rapporto di portierato e, in quanto tale, segue le sorti del contratto a cui accede, con obbligo di rilascio al momento del licenziamento o delle dimissioni; essa, perciò, non integra un autonomo rapporto di (→) *locazione*, ma ricade sotto il regime del contratto di portierato.

Possesso: Rif. normativi: artt. 1140-1157 c.c.

Nozione: potere sulla cosa che si manifesta in un'attività corrispondente all'esercizio della proprietà o di altro diritto reale. Gli elementi del possesso sono:

- il *corpus possessionis*, che s'identifica con la relazione materiale che il soggetto instaura con il bene, esercitando un'attività corrispondente a quella del proprietario o del titolare di un diritto reale (elemento oggettivo);
- l'*animus possidendi*, che s'identifica nell'intendimento del possessore di esercitare sul bene i poteri del proprietario o del titolare di altro diritto reale (elemento soggettivo).

Disciplina: il possesso si concreta in una relazione di fatto tra un soggetto e un bene, a prescindere dalla sussistenza nel soggetto stesso della titolarità del diritto di proprietà o di altro diritto reale.

L'acquisto del possesso può avvenire:

- *in modo originario*, mediante l'apprensione della cosa o mediante l'esercizio, su di essa, di poteri di fatto corrispondenti a quelli che spettano al titolare di un diritto reale di godimento;
- *in modo derivativo*, mediante la consegna che può essere:
  - *traditio brevi manu*, che si veridica nel momento in cui chi era detentore diventa possessore (es.: il locatore vende la casa all'inquilino);
  - *costituto possessorio,* che si verifica nel momento in cui il possessore cessa di possedere per sé e comincia a detenere per altri (es.: il proprietario vende l'immobile, che contemporaneamente gli viene concesso in locazione dall'acquirente).

La perdita del possesso si verifica per il venire meno o della signoria sulla cosa (*corpus)* o della volontà di tenere la cosa per sé (*animus*).

Particolare tutela ha il **possesso di buona fede,** che è quello di chi possiede ignorando di ledere l'altrui diritto (purché tale ignoranza non dipenda da colpa grave). La buona fede si presume ed è sufficiente che sussista al momento dell'acquisto.

Effetti della tutela del possesso di buona fede sono:

1. la possibilità acquistare la proprietà di una cosa mobile anche se il titolo d'acquisto proviene *a non domino*, vale a dire da chi non è proprietario del bene alienato: si tratta del principio *possesso vale titolo* (1153 c.c.);
2. in caso di più alienazioni dello stesso bene mobile con successivi contratti, prevale chi ha acquistato in buona fede il possesso della cosa (1155 c.c.);
3. in seguito all'accoglimento dell'azione di rivendicazione, il possessore in buona fede deve restituire i frutti soltanto dalla domanda e ha il diritto di ritenzione (1148 c.c.);
4. se il possesso è anche non vizioso (non iniziato con violenza o clandestinità) l'(→) *usucapione* è abbreviata.

È **possessore di mala fede** colui che possiede con la coscienza di ledere i diritti altrui o senza aver usato la normale diligenza nell'accertamento dell'esistenza di diritti altrui. Egli, convenuto in rivendica, dovrà restituire tutti i frutti, percepiti e percipiendi dal momento in cui ha cominciato a possedere.

Differenze con figure affini: la differenza tra (→) *detenzione* e possesso è costituita dall'elemento psicologico: *animus detinendi* nella detenzione, *animus rem sibi habendi* nel possesso (→ tabella seguente).

Detenzione	Possesso	
	Pieno	**Mediato**
Indica la disponibilità della cosa con la consapevolezza che essa è di altri. (Ne sono esempi il caso del conduttore e del comodatario). Il detentore può diventare possessore se il titolo della detenzione viene mutato: • per causa proveniente da un terzo; • in forza di opposizione fatta contro il possessore (1141 c.c.), mediante azione di rivendicazione	Indica il potere di fatto sulla cosa, senza riconoscimento di alcun diritto altrui. Il possessore di un diritto reale su cosa altrui può acquistare la proprietà della cosa per usucapione (cd. interversione del possesso, 1164 c.c.) se il titolo del possesso viene mutato: • per causa proveniente da un terzo; • in forza di opposizione fatta contro il proprietario	Si ha quando il possessore non ha la detenzione del bene, ma il detentore riconosce di dover rendere conto a lui dell'utilizzo della cosa. (Ne è esempio il caso del locatore)

Possesso di beni ereditari: Rif. normativi: art. 485 c.c.

Nozione: ipotesi in cui l'acquisto dell'eredità avviene non in seguito all'(→) *accettazione*, espressa o tacita, ma in virtù della situazione giuridica obiettivamente creatasi.

Disciplina: il possesso dei beni ereditari, unitamente al decorso del termine per il compimento dell'inventario, ovvero per la dichiarazione di (→) *accettazione con beneficio d'inventario*, determina l'acquisizione, da parte del chiamato all'eredità, della qualifica di erede puro e semplice.

Potestà: Nozione: (→) *situazione giuridica soggettiva* attiva che attribuisce al soggetto che ne è titolare il potere di realizzare interessi che non fanno capo direttamente a lui.

L'esempio più importante è la **potestà dei genitori.** Essa consiste nel potere-dovere di proteggere, educare, istruire i figli minorenni non emancipati e di curarne gli interessi patrimoniali.

La potestà genitoriale è esercitata dai genitori di comune accordo e, in caso di contrasto su questioni di particolare importanza, ciascuno dei genitori può ricorrere al giudice, il quale suggerisce la soluzione più utile nell'interesse dei figli e dell'unità della famiglia, e, se il contrasto permane, attribuisce il potere di decisione al genitore che ritiene più idoneo a curare l'interesse dei figli.

Il contenuto della potestà è:

- *di natura personale*: comprende il dovere di custodire, allevare, educare e avviare a una professione il minore;
- *di natura patrimoniale*: comprende la rappresentanza legale del minore, l'amministrazione e l'usufrutto legale dei suoi beni.

La potestà genitoriale rimane in titolarità di entrambi i genitori quando, a seguito di annullamento, separazione, scioglimento, o cessazione degli effetti civili del matrimonio, i figli vengono affidati a uno di essi, ma il suo esercizio, salva diversa disposizione del giudice, spetta esclusivamente al genitore affidatario.

Differenze con figure affini: sono situazioni giuridiche soggettive attive: (→) *diritto soggettivo,* potestà, (→) *facoltà,* (→) *aspettativa,* (→) *status.*

Precario: Rif. normativi: art. 1810 c.c.

Nozione: tipo particolare di *comodato (→),* con il quale una parte conferisce gratuitamente all'altra, senza limitazioni di tempo, il godimento di un bene, riservandosi la possibilità di richiederne in qualsiasi momento la restituzione.

Disciplina: la richiesta di restituzione determina l'immediata cessazione del diritto del comodatario che, qualora rifiuti di restituire il bene, viene ad assumere la posizione di detentore senza titolo, salvo che dimostri di disporre del bene in base a un rapporto diverso dal precario.

Differenze con figure affini: la restituzione dipende dalla sola volontà del comodante, a differenza di quanto previsto per il contratto di comodato.

Prelazione (cause legittime di): Rif. normativi: art. 2741 c.c.

Nozione: circostanze in presenza delle quali il legislatore assicura il soddisfacimento di alcuni creditori a preferenza degli altri (cd. *chirografari*), in deroga al principio della (→) *par condicio creditorum.* Tali circostanze sono: i (→) *privilegi,* il (→) *pegno* e l'(→) *ipoteca.*

Disciplina: quando esiste una causa di prelazione il creditore non concorre con i chirografari, ma ha diritto di far valere per intero il suo credito sul bene oggetto di prelazione; gli altri creditori concorrono proporzionalmente sul residuo.

Non è ammessa applicazione analogica della norme riguardanti le cause legittime di prelazione. Inoltre, non è consentito alle parti di stabilire altre cause legittime di prelazione diverse da quelle previste dal legislatore.

Prelazione (diritto di): Rif. normativi: artt. 732 e 1379 c.c.

Nozione: diritto a esser preferito a ogni altro soggetto, a parità di condizioni, nella stipula di un determinato contratto.

Disciplina: tale diritto può trovare la sua fonte costitutiva nella legge o nell'accordo delle parti, distinguendosi in tal modo la prelazione *legale* da quella *convenzionale.*

La violazione della prelazione convenzionale determina il sorgere, in capo al prelazionario, del diritto al risarcimento del danno (efficacia obbligatoria), mentre in caso d'inadempimento di una prelazione legale, il prelazionario può far valere il suo diritto anche nei confronti dei terzi (efficacia reale).

Ipotesi particolari nell'ambito del diritto di prelazione si trovano nel diritto successorio, nel quale si ha l'istituto del (→) *retratto successorio* e nel diritto societario. In tale ambito gli atti costitutivi delle società frequentemente prevedono una clausola che obbliga il socio, che intenda vendere le proprie azioni, a offrirle preventivamente agli altri soci, affinché essi possano esercitare il diritto di prelazione. Tale diritto, anche se concordato pattiziamente nell'atto costitutivo, trova il suo fondamento nel terzo comma dell'art. 2355 c.c. e pertanto è considerata un'ipotesi di prelazione legale avente efficacia reale e non meramente obbligatoria.

Differenze con figure affini: nella (→) *proposta irrevocabile* il vincolo dell'irrevocabilità della proposta consegue a un impegno unilaterale, mentre nell'(→) *opzione* il vincolo della irrevocabilità consegue a un accordo stipulato tra le parti.

Prelegato: Rif. normativi: art. 661 c.c.

Nozione: legato attribuito a favore di un coerede e a carico dell'eredità.

Preliminare (contratto): Rif. normativi: artt. 1351, 2932 c.c., L. 30/97.

Nozione: contratto mediante il quale le parti si obbligano a concludere un successivo contratto, detto *definitivo,* di cui devono avere già determinato il contenuto essenziale.

Disciplina: il contratto preliminare pone un obbligo a contrarre di fonte convenzionale con mera efficacia obbligatoria. L'attuazione delle prestazioni finali è subordinata alla stipulazione del contratto definitivo. Nel caso di ritardo o inadempimento rispetto all'obbligo di stipulare il contratto definitivo, l'altra parte può avvalersi dei normali rimedi in tema d'inadempimento contrattuale (risoluzione e risarcimento del danno) ovvero ricorrere, qualora abbia ancora interesse al conseguimento della prestazione promessagli, all'esecuzione in forma specifica, e cioè chiedere una sentenza produttiva degli effetti del contratto definitivo non concluso, purché la situazione di fatto o di diritto non lo impedisca (2932 c.c.).

Il contratto preliminare deve essere stipulato nella medesima forma prescritta per il contratto definitivo: pertanto la promessa di vendita dei beni immobili deve farsi per iscritto.

La L. 30/97 ha esteso al preliminare avente a oggetto la conclusione di taluno dei contratti di cui ai nn. 1), 2), 3) e 4) dell'art. 2643 c.c. l'obbligo della trascrizione qualora il preliminare stesso risulti da atto pubblico o da scrittura privata autenticata o accertata giudizialmente. Gli effetti della *trascrizione* sono:

1. prevalenza del preliminare sulle trascrizioni e iscrizioni successive (ciò consente di evitare che il promittente alienante alieni più volte lo stesso bene);
2. in caso di mancata esecuzione del contratto, i crediti del promissario acquirente hanno privilegio speciale sull'immobile;
3. in caso di fallimento, il credito del promissario acquirente alla restituzione dell'anticipo è assistito da privilegio speciale sull'immobile.

Si dice **preliminare improprio** o compromesso il contratto definitivo, immediatamente efficace, che contiene l'obbligo di riprodurre il consenso in una forma determinata (es.: la forma pubblica necessaria ai fini della trascrizione). Tale contratto è diffuso nelle vendite immobiliari, allo scopo di non manifestare nell'atto pubblico, per ragioni fiscali, il reale ammontare del prezzo pattuito.

Differenze con figure affini: il motivo per cui le parti ricorrono al contratto preliminare anziché stipulare un contratto a effetti differiti o sotto condizione è un'incertezza, che suggerisce loro di rinviare nel tempo la stipulazione del regolamento definitivo.

Premio assicurativo: Rif. normativi: artt. 1882-1901, 1923, 1924, 2952 c.c.

Nozione: corrispettivo dovuto all'assicuratore. Consiste in una somma di denaro, che si determina in funzione di due elementi: il premio netto che corrisponde all'equivalente matematico del rischio, e il caricamento, costituito dalle spese e dall'utile dell'assicuratore.

Disciplina: il premio è pagato anticipatamente in unica soluzione o in rate periodiche. Se non viene pagato alle scadenze convenute, la legge prevede un periodo di tolleranza (15 giorni per l'assicurazione danni e 20 giorni per l'assicurazione vita) entro il quale l'assicuratore, se l'evento si verifica, è tenuto egualmente al pagamento della somma stabilita in contratto.

I premi pagati rimangono acquisiti dall'assicuratore, salvo che esistano le condizioni per il riscatto dell'assicurazione o per la riduzione della somma assicurata.

Premio di maggioranza: Nozione: meccanismo elettorale che consente di attribuire alla lista o alle liste che hanno ottenuto la maggioranza relativa dei voti, un numero di seggi superiore rispetto a quelli realmente conquistati.

Il premio di maggioranza rappresenta una distorsione del sistema proporzionale, secondo il quale a ogni lista spetta un numero di seggi pari alla percentuale di voti ottenuti (es.: 30% dei voti, 30% dei seggi).

Il premio di maggioranza ha la funzione di semplificare e ridurre la frammentazione partitica, favorendo l'aggregazione delle forze politiche in due o più poli, allo scopo di favorire stabili maggioranze di governo.

Prescrizione: Rif. normativi: artt. 2934-2963 c.c.

Nozione: estinzione del diritto soggettivo per effetto dell'inerzia o del non uso da parte del titolare di esso, protrattosi per un periodo di tempo determinato dalla legge.

Disciplina: tutti i diritti sono soggetti a prescrizione estintiva, eccetto i diritti indisponibili (diritti della personalità, diritti di stato, potestà di diritto familiare, diritti dello Stato sui beni appartenenti al demanio pubblico) e il diritto di proprietà, che però si può perdere se un terzo usucapisce il bene.

La prescrizione è un istituto d'ordine pubblico e la sua disciplina è inderogabile, con la conseguenza che:

a) è nullo ogni patto diretto a modificarne la disciplina legale;
b) le parti non possono rinunciare alla prescrizione prima che questa si compia. La rinuncia fatta durante la decorrenza del termine prescrizionale, infatti, varrebbe come implicito riconoscimento del diritto e avrebbe pertanto effetto interruttivo. La rinuncia è ammissibile soltanto dopo il compimento della prescrizione e può essere sia espressa sia tacita, risultando da un fatto incompatibile con la volontà di valersi della prescrizione (es.: pagamento di un acconto, promessa di pagare).

La prescrizione non può essere rilevata d'ufficio, ma deve essere eccepita dalla parte che vi ha interesse.

La prescrizione comincia a decorrere dal giorno in cui il diritto può essere fatto valere; per quanto riguarda la durata si distingue tra prescrizione:

- **ordinaria**, che si realizza col decorso di 10 anni; questo termine è applicabile in tutti i casi in cui la legge non dispone diversamente. Per i diritti reali su cosa altrui, il periodo è di 20 anni, in armonia con il termine dell'usucapione;

- **breve**, i cui termini più brevi sono giustificati dalle peculiarità del rapporto.

La **sospensione della prescrizione** si verifica quando l'inerzia del titolare trova una giustificazione per il verificarsi di situazioni tassativamente previste dalla legge. Nella sospensione il tempo anteriore al verificarsi della causa di sospensione non perde la sua efficacia ma si somma con il periodo successivo.

Si ha **interruzione della prescrizione** quando cessa l'inerzia del titolare del diritto: o perché egli compie un atto col quale esercita il suo diritto (es.: messa in mora del debitore, domanda giudiziale, esercizio del diritto di passaggio nella relativa servitù), ovvero perché il diritto stesso viene riconosciuto dal soggetto passivo del rapporto (atto di ricognizione di debito, pagamento parziale). L'interruzione toglie ogni valore al tempo anteriormente trascorso.

La **prescrizione presuntiva** si verifica quando la legge presume che, decorso un determinato periodo, l'obbligazione sia stata adempiuta e sia, perciò, estinta. Il creditore al quale è stata opposta in giudizio la prescrizione presuntiva ha la possibilità di deferire al debitore il giuramento decisorio, invitandolo a confermare, sotto giuramento, che l'obbligazione si è davvero estinta.

Differenze con figure affini: (→) *decadenza.*

Presidente del Consiglio: Rif. normativi: art. 95 Cost., L. 400/88, D.Lgs. 303/99.

Nozione: organo costituzionale a cui è affidata la funzione di coordinare e dirigere l'attività del Consiglio dei Ministri.

Disciplina: è nominato dal Presidente della Repubblica, in seguito a una serie di consultazioni con i segretari dei partiti e i presidenti delle Camere.

Il Presidente del Consiglio forma il Governo e ne stende il programma; a lui spetta il potere di proporre al Presidente della Repubblica la nomina dei singoli Ministri.

La sua posizione giuridica rispetto ai Ministri è di supremazia, poiché egli li sceglie come suoi collaboratori, ne dirige e ne vigila l'attività, ed è responsabile per tutti gli atti posti in essere dal Gabinetto.

Presidente della Repubblica: Rif. normativi: artt. 83-91, 59, 62, 74, 79, 126, Cost., L. 13/91.

Nozione: organo costituzionale, apolitico e imparziale, che esercita funzioni di garanzia e di controllo sugli organi di indirizzo politico, con il fine di equilibrare il sistema senza svolgere funzioni attive di governo e di indirizzo politico. Il Presidente della Repubblica è inoltre tutore della Costituzione e, come tale, vigila sull'osservanza delle norme in essa contenute.

Disciplina: è eletto dal Parlamento in seduta comune (integrato da tre delegati per ciascuna Regione) con scrutinio segreto. Per l'elezione è necessaria una maggioranza di due terzi dell'assemblea nei primi tre scrutini, mentre in quelli successivi è sufficiente la maggioranza assoluta.

Può essere eletto Presidente della Repubblica qualunque cittadino che abbia compiuto 50 anni e che sia nel pieno godimento dei diritti civili e politici.

L'ufficio di Presidente della Repubblica è incompatibile con qualsiasi altra carica e ha la durata di sette anni. In caso di impedimento le funzioni del Presidente della Repubblica vengono assunte dal Presidente del Senato.

L'art. 89 Cost. prevede l'istituto della controfirma ministeriale, disponendo che nessun atto del Presidente della Repubblica è valido se non è controfirmato dal Ministro proponente che ne assume la responsabilità.

La cessazione dall'ufficio di Presidente della Repubblica può avvenire per morte, fine del settennato, dimissioni, impedimento permanente, destituzione a seguito della condanna per alto tradimento o attentato alla Costituzione.

Prestazione: Rif. normativi: artt. 1174, 1346 c.c.

Nozione: contenuto dell'obbligazione, ossia comportamento a cui è tenuto il debitore. Può consistere in un comportamento di contenuto positivo (dare o fare) o negativo (non fare). Si deve distinguere l'*oggetto dell'obbligazione*, e cioè la prestazione, dall'*oggetto della prestazione*, che è il bene dedotto nel rapporto.

La prestazione deve essere suscettibile di valutazione economica e deve corrispondere a un interesse, anche non patrimoniale, del creditore. Inoltre deve essere possibile, lecita, determinata o determinabile.

Presunzione muciana: (→) *muciana (presunzione).*

Presupposizione: Nozione: circostanza esterna, attuale o futura, che, senza essere espressamente menzionata nel negozio, ne costituisce il presupposto oggettivo.

L'esempio tradizionale è quello di chi prende in locazione un balcone prospiciente la strada dove si svolgerà una manifestazione, per assistervi: il contratto trova il suo evidente presupposto nel fatto della manifestazione, anche se ciò non risulta espressamente dal contenuto del contratto.

La presupposizione è una figura utilizzata dalla giurisprudenza per rendere rilevante un motivo unilaterale noto alla controparte, che va considerato presupposto della negoziazione.

Se tale motivo manca sin dall'inizio il negozio è nullo. Se diventa irrealizzabile, il contratto può essere risolto.

Preterizione: Rif. normativi: art. 735 c.c.

Nozione: istituto di diritto successorio che consiste nell'esclusione dalla divisione testamentaria di un erede già istituito o di un legittimario.

Disciplina: se l'erede pretermesso è un legittimario, costui, verificatasi una lesione della sua quota di legittima, potrà esperire l'azione di (→) *riduzione* nei confronti degli altri coeredi.

Preuso: Rif. normativi: art. 2571 c.c.

Nozione: uso di un (→) *marchio* antecedentemente alla sua registrazione.

Disciplina: chi ha fatto uso di un marchio non registrato, può continuare a usarlo nonostante la registrazione ottenuta da altri: ciò, peraltro, nei limiti in cui il preuso è avvenuto.

Prezzo: Rif. normativi: artt. 1470, 1473, 1474, 1537 e 1538 c.c.

Nozione: elemento essenziale del contratto di compravendita, nell'ambito del quale rappresenta il corrispettivo del trasferimento del diritto.

Disciplina: il prezzo può essere anche inferiore al valore del diritto trasferito (nei limiti dell'art. 1448 c.c.) purché non sia puramente simbolico. In tale caso, infatti, il contratto perde le caratteristiche di onerosità e può essere qualificato come negozio gratuito. Nel caso di prezzo notevolmente inferiore a quello di mercato, può ravvisarsi l'ipotesi di (→) *negotium mixtum cum donatione.*

Le parti possono omettere la determinazione del prezzo e affidarla a un terzo. Tale ipotesi è denominata *arbitraggio* ed è regolata dall'art. 1349 c.c. In caso di assenza di elementi per la determinabilità del prezzo, soccorrono i criteri integrativi di cui all'articolo 1474 c.c.

Nelle compravendite immobiliari il prezzo può essere determinato:

- *a misura*: il bene viene venduto con l'indicazione della sua misura e per un prezzo determinato in ragione di un tanto ogni unità di misura;
- *a corpo*: il prezzo è determinato globalmente, prescindendo dalla misura del bene venduto. Si ha diritto a una diminuzione o a un supplemento del prezzo soltanto qualora la misura reale sia inferiore o superiore di un ventesimo rispetto a quella indicata nel contratto.

Principio nominalistico: (→) *nominalistico (principio).*

Privacy: (→) *riservatezza (tutela della).*

Privilegio: Rif. normativi: artt. 2741, 2745-2749, 2777-2783 c.c.

Nozione: causa legittima di prelazione che la legge accorda in considerazione della causa del credito.

Disciplina: determinati crediti, per motivi di particolare considerazione sociale (es.: crediti per alimenti), o perché derivanti da spese sostenute nell'interesse comune, oppure perché concernono l'interesse dello Stato (es.: tributi), sono privilegiati, nel senso che vanno pagati prima degli altri.

Fonte dei privilegi è soltanto la legge.

I privilegi si distinguono in due categorie:

- **generali**, che non sono diritti soggettivi, ma qualità di un determinato credito; hanno per oggetto soltanto i beni mobili del debitore e non attribuiscono diritto di sequela;

- **speciali**, che sono diritti reali di garanzia che gravano su determinati beni del debitore. Sono giustificati dal particolare rapporto di connessione esistente tra il credito e la cosa su cui esso si esercita. Godono del diritto di seguito, potendosi esercitare anche in pregiudizio dei diritti acquistati dai terzi posteriormente al loro sorgere.

Qualora coesistano più crediti privilegiati, la legge stabilisce un ordine di preferenza fra gli stessi, fondato esclusivamente sulla causa del credito e non sulla priorità nel tempo di costituzione. Ad esempio, il pegno è preferito al privilegio speciale sui mobili, il privilegio speciale sugli immobili è preferito all'ipoteca.

Differenze con figure affini: cause legittime di prelazione sono: i privilegi, il (→) *pegno* e l'(→) *ipoteca*.

Procacciatore d'affari: **Nozione:** colui che riceve da un'impresa, senza divenirne dipendente né subirne il potere di direzione, l'incarico di promuovere contratti in suo nome.

Disciplina: è soggetto di un rapporto di collaborazione atipico, non regolato da alcuna norma di legge.

Il procacciatore non ha un incarico stabile e duraturo, ma opera saltuariamente e occasionalmente, senza diritto d'esclusiva per la zona di competenza e potendo svolgere la propria opera anche per conto di altri imprenditori.

È retribuito a (→) *provvigione*, ma, diversamente dall'agente, non gli è dovuto alcun compenso per gli affari che non ha procacciato direttamente.

Differenze con figure affini: (→) *agenzia (contratto di),* (→) *commissione,* (→) *mediazione.*

Procedure concorsuali: **Nozione:** procedure giudiziali che, nel caso in cui l'imprenditore commerciale non sia in grado di adempiere alle proprie obbligazioni alle relative scadenze, sottopongono a esecuzione l'intero patrimonio dell'impresa per assicurare la (→) *par condicio creditorum*, e cioè un eguale regolamento di tutti i rapporti che all'imprenditore fanno capo.

Le procedure concorsuali sono:

- il (→) *fallimento*;
- la (→) *liquidazione coatta amministrativa*;
- il (→) *concordato preventivo*;
- l'(→) *amministrazione controllata*;
- l'(→) *amministrazione straordinaria delle grandi imprese in crisi*.

Procura: **Rif. normativi:** artt. 1387-1400 c.c.

Nozione: (→) *negozio giuridico unilaterale* col quale una persona conferisce a un'altra il potere di rappresentarla.

La procura può essere:

- **espressa**, se l'interessato esplicitamente conferisce a un soggetto il potere di rappresentanza (anche verbalmente), o *tacita*, se risulta da fatti concludenti (es.: il commesso del negozio addetto alle vendite è autorizzato a vendere);
- **generale**, se riguarda tutti gli affari del rappresentato, o speciale, se riguarda solo uno o più affari determinati. La procura generale comprende, di regola, soltanto gli atti d'ordinaria amministrazione;
- **revocabile**, come generalmente accade, o irrevocabile se conferita anche nell'interesse del rappresentante o di terzi.

Disciplina: la procura deve essere conferita con la stessa forma prescritta dalla legge per il negozio che il rappresentante deve concludere. Le modificazioni e la revoca della procura devono essere portate a conoscenza dei terzi con mezzi idonei. In mancanza, esse non sono opponibili ai terzi, se non si prova che questi le conoscevano al momento della conclusione del contratto (cd. pubblicità di fatto).

Differenze con figure affini: anche se spesso la procura è contenuta in un (→) *mandato*, è necessario distinguere i due negozi: il mandato è un contratto (negozio bilaterale) mentre la procura è un negozio unilaterale; inoltre la procura può essere collegata a un negozio diverso dal mandato (es.: rapporto institorio, che è un rapporto di lavoro) e il mandato può anche essere senza rappresentanza (1704 c.c.).

Promessa del fatto del terzo: **Rif. normativi:** art. 1381 c.c.

Nozione: consiste nell'assunzione dell'impegno di adoperarsi affinché un terzo:

- assuma verso il promissario un'obbligazione;

- esegua in suo favore una determinata prestazione.

Disciplina: per aversi promessa del fatto del terzo è necessario che il terzo non sia tenuto verso il promissario da precedenti vincoli.

Colui che ha assunto l'obbligo è tenuto a indennizzare la controparte qualora il terzo rifiuti di obbligarsi o non compia il fatto promesso. L'obbligazione assunta dal promittente è pertanto un'obbligazione di risultato, poiché, mancando il risultato promesso, il debitore è considerato inadempiente pur se abbia tenuto un comportamento diligente.

Promessa di matrimonio: (→) *sponsali.*

Promessa di pagamento: **Rif. normativi:** art. 1988 c.c.

Nozione: negozio giuridico unilaterale con cui il promittente assume verso il promissario l'obbligo di eseguire un determinato pagamento.

Disciplina: effetto della promessa di pagamento è quello di dispensare il promissario dall'onere di provare l'esistenza del sottostante rapporto causale, realizzando un'inversione dell'onere della prova nei confronti di chi ha emesso la dichiarazione (cd. astrazione processuale). Di conseguenza, il promittente che voglia liberarsi dall'obbligo di pagamento ha l'onere di provare l'inesistenza del rapporto dal quale l'obbligo stesso deriva.

Differenze con figure affini: sono promesse unilaterali:

- la (→) *ricognizione di debito*;
- la promessa di pagamento;
- la (→) *promessa al pubblico*;
- i (→) *titoli di credito.*

Promessa al pubblico: **Rif. normativi:** artt. 1989-1991 c.c.

Nozione: (→) *promessa unilaterale* a destinatario indeterminato, che ha per contenuto l'assunzione di un obbligo di contrarre nei confronti di chi si trovi in una determinata situazione o compia una data azione.

Disciplina: diviene vincolante per il promittente appena è portata a conoscenza del pubblico.

La promessa al pubblico è revocabile purché:

1. la revoca avvenga per giusta causa;
2. sia resa pubblica nella forma stessa della promessa;
3. non si sia già verificata la situazione o non sia stata già compiuta l'azione prevista nella promessa.

Se alla promessa non è stato apposto un termine, o questo non risulta dalla natura o dallo scopo della medesima, l'obbligatorietà cessa se, entro l'anno dalla promessa, non sia stato comunicato al promittente l'avveramento della situazione o il compimento dell'azione prevista.

Differenze con figure affini: sono promesse unilaterali:

- la (→) *ricognizione di debito*;
- la (→) *promessa di pagamento*;
- la promessa al pubblico;
- i (→) *titoli di credito.*

Promessa unilaterale: **Rif. normativi:** art. 1987 c.c.

Nozione: dichiarazione unilaterale di volontà con la quale un soggetto assume, nei confronti di una o più persone, l'obbligo di eseguire una certa prestazione. Sono promesse unilaterali: la (→) *ricognizione di debito,* la (→) *promessa di pagamento*, la (→) *promessa al pubblico* e i (→) *titoli di credito.*

Disciplina: le promesse unilaterali producono effetti obbligatori nei soli casi previsti dalla legge, costituendo un *numerus clausus.*

I caratteri della promessa unilaterale sono:

1. l'*unilateralità*, nel senso che si perfeziona per effetto della sola dichiarazione del promittente, prescindendo dall'accettazione del destinatario;
2. l'*irrevocabilità*.

Differenze con figure affini: fonte dell'obbligazione può essere il contratto, un atto illecito e ogni altro fatto o atto idoneo a produrla in conformità dell'ordinamento giuridico (promesse unilaterali, pagamento dell'indebito, gestione di affari altrui, arricchimento senza causa).

Promulgazione delle leggi: **Rif. normativi:** artt. 73, 74 Cost.; R.D. 1256/31, D.P.R. 1092/85.

Nozione: ultimo atto del procedimento legislativo, che consiste nella verifica, da parte del Presidente della Repubblica, della formale legittimità costituzionale della legge.

Disciplina: il Presidente della Repubblica è tenuto a promulgare la legge entro un mese dall'approvazione delle due Camere, a meno che il controllo sulla legittimità costituzionale della stessa dia esito negativo. In tal caso il Presidente della Repubblica rinvia la legge alle Camere, ma se le stesse approvano di nuovo la legge, anche senza modifiche, questa dovrà necessariamente essere promulgata.

Differenze con figure affini: con la promulgazione, la legge diventa esecutiva, ma occorre la (→) *pubblicazione* perché diventi obbligatoria.

Proporzionale: Nozione: formula elettorale che consente di tradurre la percentuale di voti raccolti da una formazione politica in una pari percentuale di seggi parlamentari (es.: se un partito a livello nazionale ha ottenuto il 10% dei voti, avrà diritto al 10% dei seggi in Parlamento).

Tale formula garantisce anche alle forze politiche di minoranza una loro rappresentanza parlamentare; d'altro canto, però, favorisce la proliferazione di movimenti e partiti, il che può produrre un'endemica instabilità delle maggioranze di governo.

La formula proporzionale è stata adottata per lo svolgimento delle elezioni politiche nazionali dall'istituzione della Repubblica fino alla riforma della legge elettorale dell'agosto 1993, che ha operato una chiara scelta a favore del (→) *maggioritario,* pur conservando una quota di recupero proporzionale.

Proposta contrattuale: Rif. normativi: artt. 1326, 1328-1336 c.c.

Nozione: dichiarazione unilaterale di volontà diretta alla conclusione di un contratto.

Il contratto si considera concluso nel momento e nel luogo in cui il proponente ha conoscenza dell'accettazione della proposta, comunicatagli dalla controparte.

Disciplina: la proposta contrattuale è un atto recettizio ed è revocabile fino al momento in cui chi ha fatto la proposta ha conoscenza dell'accettazione dell'altra parte. La proposta diretta a concludere un contratto da cui derivano obbligazioni soltanto per il proponente è irrevocabile appena giunge a conoscenza della parte alla quale è destinata.

Si ha **proposta irrevocabile** (1329 c.c.) quando il proponente s'impegna a tenere ferma la proposta per un tempo determinato, entro il quale il destinatario ha facoltà di accettarla o meno. La revoca posta in essere dal proponente nel suddetto periodo è del tutto inefficace.

Differenze con figure affini: nella proposta irrevocabile il vincolo dell'irrevocabilità consegue a un impegno unilaterale, nell'*opzione (→)*, invece, il vincolo dell'irrevocabilità consegue a un accordo stipulato tra le parti.

Proprietà (diritto di): Rif. normativi: artt. 42, 44 Cost.; artt. 832-951 c.c.

Nozione: diritto reale che attribuisce al titolare la facoltà di godere e disporre delle cose in modo pieno ed esclusivo.

Caratteri del diritto di proprietà sono:

- **pienezza**: al proprietario è concessa ogni lecita utilizzazione del bene. In particolare il proprietario ha:
  - il potere di godimento del bene, relativo al suo valore d'uso (cd. utilità diretta);
  - il potere di disposizione del bene (es.: di alienarlo), relativo al suo valore di scambio (cd. utilità di scambio);
- **esclusività**: è vietata ogni ingerenza della collettività in ordine alle scelte che il proprietario si riserva di fare, salvi i limiti legali al diritto di proprietà;
- **elasticità**: anche quando i poteri del proprietario sono limitati (perché ad esempio è stato costituito un diritto reale di godimento), il diritto di proprietà rimane potenzialmente integro: non appena viene meno il vincolo che la comprime (es.: si estingue il diritto reale), la proprietà riprende automaticamente la sua originaria ampiezza;
- **assolutezza**: diritto di fare della cosa o sulla cosa tutto ciò che si vuole;
- **perpetuità** e **imprescrittibilità**: la proprietà non si perde per non uso, bensì soltanto per usucapione da parte di terzi.

Disciplina: i limiti posti dall'ordinamento alla proprietà si distinguono in:

- *limiti posti nell'interesse pubblico*: obbligo di osservare determinate distanze da strade, ferrovie e cimiteri (cd. zone di rispetto), soggezioni sul fondo per assicurare utilità alla Pubblica Amministrazione (es.: segnali stradali), servitù pubbliche (es.: divieto di edificare nei pressi degli aeroporti), vincoli forestali, vincoli di bonifica;
- *limiti posti nell'interesse privato*: divieto di atti di emulazione, norme sulle immissioni, distanze, luci e acque.

Protesto: Rif. normativi: artt. 51-73 R.D. 1669/33, artt. 45-65 R.D. 1736/33, L. 77/55, L. 349/73, D.P.R. 290/75, L. 480/95, L. 108/96, L. 235/00.

Nozione: atto pubblico, redatto da un notaio o da un ufficiale giudiziario, nel quale si accerta in forma solenne l'avvenuta presentazione della cambiale o dell'assegno bancario e il conseguente rifiuto di accettare o pagare.

Disciplina: il protesto costituisce il presupposto necessario per l'esercizio dell'azione di (→) *regresso.*

Protutore: Rif. normativi: art. 360 c.c.

Nozione: organo che rappresenta il minore quando l'interesse di questo confligge con quello del (→) *tutore.*

Disciplina: il protutore deve promuovere la nomina di un nuovo tutore nel caso in cui il precedente sia venuto a mancare o abbia abbandonato l'ufficio, avendo cura, frattanto, della persona del minore, rappresentandolo e compiendo, nell'interesse del medesimo, gli atti conservativi e gli atti urgenti di amministrazione.

Nel caso in cui anche il protutore si trovi in conflitto d'interessi col minore, il giudice tutelare nomina un curatore speciale.

Provvigione: Rif. normativi: artt. 1733, 1748, 1755, 1757, 2099 c.c.

Nozione: forma di retribuzione consistente in una percentuale sugli affari conclusi dal prestatore, nei casi in cui l'oggetto della prestazione consista appunto nella trattazione di affari in nome e per conto del datore di lavoro.

La provvigione costituisce la forma di retribuzione tipica dei contratti di (→) *commissione*, (→) *agenzia*, (→) *mediazione*, i quali non instaurano rapporti di lavoro subordinato.

Provvista (rapporto di): Nozione: rapporto che nella (→) *delegazione* titolata lega il delegante e il delegato, in base al quale il secondo assume il debito o paga al delegatario. Nella cambiale il rapporto di provvista è quello che lega il traente e il trattario.

Differenze con figure affini: (→) *valuta (rapporto di).*

Pubblicazione della legge: Rif. normativi: art. 73 Cost.

Nozione: atto con cui la legge viene portata ufficialmente a conoscenza dei suoi destinatari e che attribuisce efficacia alla legge. La pubblicazione avviene sulla Gazzetta Ufficiale entro 30 giorni dalla promulgazione.

Pubblicazione di matrimonio: Rif. normativi: artt. 93-101 c.c.

Nozione: formalità preliminare al matrimonio, che consiste nell'affissione alla porta della casa comunale per otto giorni (comprendenti due domeniche successive) di un atto che identifichi gli sposi nonché il luogo e la data in cui essi intendono celebrare il matrimonio.

Si tratta di *pubblicità notizia*, il cui mancato assolvimento non produce l'invalidità del matrimonio celebrato, ma comporta, nei confronti degli sposi e dell'ufficiale dello stato civile, l'applicazione di un'ammenda.

Con riguardo al matrimonio concordatario la pubblicazione è un onere necessario per il rilascio del nulla-osta da parte dell'ufficiale dello stato civile. Si ammette la possibilità di celebrare tale matrimonio e quindi la sua trascrizione, anche senza la pubblicazione, purché l'ufficiale dello stato civile proceda a successive pubblicazioni e non vi siano opposizioni.

Pubblicazione del testamento: Rif. normativi: artt. 620-621 c.c.

Nozione: procedimento notarile a seguito del quale i testamenti olografi e segreti acquistano il carattere dell'eseguibilità, dando azione per pretendere l'esecuzione. Prima della pubblicazione i testamenti sono comunque validi, efficaci ed eseguibili spontaneamente.

Disciplina: chiunque è in possesso di un (→) *testamento* olografo deve presentarlo a un notaio per la pubblicazione, appena ha notizia della morte del testatore. Allo stesso modo, il notaio, depositario di un testamento segreto, deve provvedere alla sua pubblicazione appena gli perviene notizia della morte del testatore.

Il testamento pubblico non deve essere pubblicato, in quanto il notaio provvede semplicemente, quando ha notizia della morte del testatore, a passare il testamento dal repertorio degli atti di ultima volontà al repertorio degli atti *inter vivos*.

Il testamento pubblico è immediatamente eseguibile.

Pubblicità: **Nozione:** si distinguono tre tipi di pubblicità:

- *pubblicità notizia,* la cui omissione dà luogo a una sanzione pecuniaria o penale, ma è irrilevante per la validità dell'atto, che rimane opponibile ai terzi (es.: pubblicazioni matrimoniali);
- *pubblicità dichiarativa,* che serve a rendere opponibile il negozio ai terzi. La sua omissione non determina l'invalidità dell'atto, che produce i suoi effetti, ma soltanto tra le parti (es.: trascrizione dell'acquisto della proprietà su un immobile);
- *pubblicità costitutiva,* che è requisito per la perfezione del negozio: senza di essa il negozio non soltanto non è opponibile ai terzi, ma non produce effetti neppure tra le parti (es.: iscrizione dell'ipoteca nei registri immobiliari).

Disciplina: la pubblicità presuppone che il negozio sia sottoposto a forma vincolata.

Pubblicità ingannevole: **Rif. normativi:** D.Lgs. 74/92.

Nozione: pubblicità idonea a indurre in errore le persone a cui è indirizzata, sostanziandosi in false informazioni circa le caratteristiche dei beni o dei servizi in discussione, del prezzo e delle condizioni a cui gli stessi vengono offerti.

Disciplina: ai consumatori viene offerta una duplice forma di tutela: quella garantita da un organismo di giustizia privata, il Giurì di Autodisciplina, al quale le parti interessate possono rivolgersi per ottenere l'inibizione al proseguimento degli atti di pubblicità ingannevole, e quella approntata dall'Autorità Garante della Concorrenza e del Mercato.

Purgazione dell'ipoteca: **Rif. normativi:** artt. 2889-2898 c.c.

Nozione: procedura volta alla liberazione di un immobile dalle ipoteche su di esso gravanti.

Consiste nell'offerta, notificata ai creditori garantiti, proveniente dal terzo acquirente che non sia personalmente obbligato, di una somma corrispondente al prezzo concordato per l'acquisto del bene, ovvero al valore da lui dichiarato qualora non sia stato determinato il prezzo.

Il prezzo o il valore dichiarato non può essere inferiore a quello stabilito come base degli incanti in tema di espropriazione forzata. Tale offerta costituisce un negozio unilaterale recettizio ed è liberamente revocabile fino a che i creditori non si siano pronunciati.

Q

Qualificazione giuridica: Nozione: operazione interpretativa, finalizzata a individuare la categoria astratta prevista da una norma nella quale ricondurre una particolare (→) *fattispecie* concreta, in modo da identificarne la disciplina.

In ambito contrattuale, la qualificazione giuridica presuppone l'avvenuta (→) *interpretazione* del contratto, e ha per oggetto proprio tale contenuto.

***Quanti minoris* [a quanto di meno]:** (→) *estimatoria (azione).*

Quasi possesso: Rif. normativi: art. 1140 c.c.

Nozione: consiste nel cd. *possesso dei diritti*, e cioè in un'attività corrispondente all'esercizio di un diritto reale su cosa altrui.

Disciplina: il quasi-possesso è assoggettato alla disciplina generale del (→) *possesso.*

Quasi usufrutto: Rif. normativi: art. 995 c.c.

Nozione: (→) *usufrutto* che ha per oggetto beni consumabili, la cui proprietà passa all'usufruttuario, salvo l'obbligo di restituire non gli stessi beni ricevuti, ma altrettanti dello stesso genere.

Disciplina: in particolare, il quasi-usufruttuario deve pagare, all'estinzione del diritto, il valore del bene sulla base della stima convenuta o, in mancanza, il valore al tempo dell'estinzione dell'usufrutto, ovvero di restituire altrettanti beni della stessa specie e quantità di quelli ricevuti.

Differenze con figure affini: (→) *mutuo.*

Questione di fiducia: Rif. normativi: art. 116 Reg.

Nozione: strumento concesso al Governo per verificare il rapporto di fiducia con il Parlamento.

Nei momenti delicati della sua azione (votazione di disegni di legge particolarmente importanti, mozioni o risoluzioni presentate dall'opposizione) il Governo può ritenere utile o necessario, al fine di mantenere compatta la propria maggioranza, porre i (→) *gruppi parlamentari* che l'appoggiano di fronte alla responsabilità di provocare una (→) *crisi di governo* in caso di voto sfavorevole.

Questione di legittimità costituzionale: **Rif. normativi:** artt. 127, 134, 136 e 137 Cost.

Nozione: ogni problematica attinente alla rispondenza della legislazione ordinaria (statale o regionale) rispetto alle norme dettate dalla Costituzione.

Organo competente a risolvere tali questioni è la (→) *Corte Costituzionale.*

Disciplina: la questione di legittimità costituzionale può essere sollevata da:

- un organo giudiziario, secondo le regole del (→) *giudizio di costituzionalità*;
- dal Governo, ex art. 127 Cost., nel caso in cui un Consiglio regionale approvi una legge che il Governo ritiene incostituzionale;
- da ciascuna Giunta regionale o dalle Province di Trento e Bolzano per impugnare leggi statali o regionali che considerino lesive della propria sfera di competenza.

Quietanza: Rif. normativi: artt. 1195, 1199, 2704, 2708 c.c.

Nozione: documento rilasciato dal creditore per attestare l'avvenuto pagamento da parte del debitore.

Disciplina: il rilascio della quietanza è un diritto del debitore che sorge al momento dell'adempimento.

Quorum: Nozione: numero legale stabilito per la validità di una votazione effettuata da un'assemblea o da un organismo collegiale. Si distingue tra:

- *quorum* dei presenti, che indica il numero delle persone che è necessario partecipino alla votazione ai fini della validità della stessa (*quorum costitutivo*);
- *quorum* dei voti, che esprime il numero legale di voti a favore, necessari perché una deliberazione possa dirsi approvata (*quorum deliberativo*).

Quota: Rif. normativi: art. 1101 c.c.

Nozione: frazione ideale del tutto, che segna la misura della partecipazione di ciascuno alla (→) *comunione,* ossia la misura in base alla quale ciascun partecipante concorre nei vantaggi e nei pesi inerenti alla cosa comune.

Disciplina: la legge presume uguali le quote di partecipazione alla comunione (cd. *presunzione di uguaglianza delle quote*). Caratteri naturali della quota sono la trasferibilità e la divisibilità.

Il concetto di quota assume rilievo anche in ambito successorio: la quota ereditaria è quella frazione dell'asse ereditario di cui è titolare il successore a titolo universale. Può essere determinata dal *de cuius* (successione testamentaria) o dalla legge (successione legittima e necessaria).

Quota proporzionale: Rif. normativi: art. 1 D.P.R. 361/57, art. 2 D.Lgs. 533/93.

Nozione: percentuale (25%) di deputati e senatori che, secondo il sistema elettorale introdotto nel 1993, deve essere eletto con la formula proporzionale.

Disciplina: per l'elezione dei due rami del Parlamento è stata adottata una formula elettorale prevalentemente maggioritaria; a tutela dei partiti minori è stata tuttavia introdotta la cd. quota proporzionale: essa prevede che 155 deputati e 83 senatori siano eletti con la formula proporzionale. A tale formula sono però state apportate alcune modifiche, come la clausola di sbarramento alla Camera (4%) e la procedura dello (→) *scorporo.*

Quota sociale: Rif. normativi: artt. 2474, 2477, 2479, 2480 c.c.

Nozione: rappresenta la misura della partecipazione di un soggetto a una società e costituisce una frazione del capitale sociale.

Quotazione di borsa: Rif. normativi: D.Lgs. 58/98.

Nozione: procedura in base alla quale un titolo è ammesso alla negoziazione ufficiale della Borsa valori.

Disciplina: con la privatizzazione delle borse valori la procedura e le condizioni per l'ammissione alla quotazione in Borsa sono disciplinate da un regolamento emanato dalla Società di Gestione del Mercato Regolamentato, che sostituisce in tale compito la CONSOB.

Per ottenere l'ammissione alla quotazione in Borsa dei loro titoli, le società richiedenti devono superare una verifica finalizzata ad accertare il grado di diffusione dei titoli tra il pubblico (cd. flottante), la loro redditività, la solidità patrimoniale dell'azienda, la veridicità e l'attendibilità del bilancio.

Quoziente elettorale: Nozione: somma dei voti validamente espressi, riportati da tutte le liste, divisa per il numero dei candidati da eleggere.

La determinazione del quoziente elettorale è una delle operazioni da svolgere allo scopo di determinare l'esito della consultazione elettorale.

R

Raggruppamento temporaneo d'imprese: Rif. normativi: L. 55/90, D.Lgs. 406/91, D.Lgs. 358/92, L. 109/94.

Nozione: forma di cooperazione temporanea tra più imprese che, senza perdere la loro autonomia, si uniscono per la realizzazione di un'opera particolarmente complessa.

Disciplina: i raggruppamenti temporanei sono ammessi a partecipare alle gare per l'aggiudicazione delle pubbliche forniture. L'offerta congiunta deve essere sottoscritta da tutte le imprese raggruppate, specificando le parti della fornitura che saranno eseguite dalle singole imprese. Tutte le imprese sono solidalmente responsabili nei confronti dell'amministrazione aggiudicatrice.

Ragione sociale: Rif. normativi: artt. 2292, 2314, 2567 c.c.

Nozione: elemento d'identificazione delle società di persone.

Nella **società semplice** la ragione sociale ha sia funzione di (→) *ditta*, rappresentando il nome con il quale la società svolge attività economica, sia funzione identificatrice della società, indipendentemente dall'attività economica esercitata. La ragione sociale deve contenere il nome di uno o più soci.

La **società in nome collettivo** agisce sotto una ragione sociale costituita dal nome di uno o più soci, con l'indicazione del rapporto sociale. La mancata indicazione del rapporto sociale rende irregolare la ragione sociale e da essa consegue l'impossibilità di iscrizione nel registro delle imprese.

La **società in accomandita semplice** agisce sotto una ragione sociale costituita dal nome di almeno uno dei soci accomandatari, con l'indicazione del rapporto sociale. La mancata indicazione del rapporto sociale rende irregolare la ragione sociale e da essa consegue l'impossibilità di iscrizione nel registro delle imprese.

Differenze con figure affini: nelle società per azioni, la ragione sociale prende il nome di *denominazione sociale.*

Ragionevolezza (principio di): Nozione: le disposizioni normative devono essere adeguate e congruenti rispetto al fine perseguito dal legislatore.

Disciplina: la verifica del principio di ragionevolezza comporta l'indagine dei presupposti di fatto, la valutazione della congruenza tra mezzi e fini, e l'accertamento degli stessi.

Nel caso si accerti l'irragionevolezza della legge, essa sarà affetta dal vizio dell'(→) *eccesso di potere* e, in quanto tale, potrà essere ritenuta costituzionalmente illegittima dalla Corte Costituzionale.

Rapporti esauriti: Nozione: sono, alla stregua dei *diritti quesiti*, insuscettibili di essere modificati da norme sopravvenute e, come tali, non possono essere intaccati da norme retroattive.

Tra i rapporti esauriti rientrano:

- gli accertamenti contenuti nelle sentenze passate in *giudicato* (2909 c.c.);
- i rapporti chiusi per (→) *transazione* (1965 c.c.);
- i rapporti giuridici esauriti per (→) *prescrizione* o (→) *decadenza* (2934-2964 c.c.);
- i diritti acquisiti per (→) *usucapione* (1158 c.c.).

Differenze con figure affini: (→) *diritti quesiti,* (→) *fatto compiuto.*

Rapporti patrimoniali fra coniugi: Rif. normativi: artt. 159–230-*bis* c.c., L. 151/75.

Nozione: in seguito alla riforma del diritto di famiglia, il **regime legale** dei rapporti patrimoniali fra i coniugi è la comunione, che importa la contitolarità e la cogestione dei beni acquistati, anche separatamente da ciascun coniuge, in costanza di matrimonio.

I coniugi, mediante apposite convenzioni, possono accordarsi per un diverso regime patrimoniale (cd. **regime convenzionale**): (→) *separazione dei beni,* (→) *comunione convenzionale* o (→) *fondo patrimoniale.*

Tali convenzioni possono essere stipulate in ogni tempo, anteriormente o successivamente alla celebrazione del matrimonio, e devono rivestire, a pena di nullità, la forma dell'atto pubblico. Devono essere annotate a margine dell'atto di matrimonio e sono modificabili in qualsiasi momento con il consenso di tutte le persone che vi hanno preso parte.

Qualora i coniugi abbiano scelto il regime della comunione legale, questa cessa con la sentenza che dichiara lo stato di separazione, se i coniugi si sono separati giudizialmente, ovvero con il decreto d'omologazione, nel caso di separazione consensuale.

Rapporto di cambio: **Rif. normativi:** artt. 2501-*bis*, 2501-*quinquies* c.c.

Nozione: valore numerico in base al quale i soci di una società partecipante a una fusione ricevono azioni o quote risultanti da tale operazione.

Disciplina: il rapporto di cambio viene stabilito nel progetto di fusione, che viene redatto dagli amministratori delle società partecipanti all'operazione. La sua congruità deve essere confermata da un'apposita relazione redatta da uno o più esperti per ogni società partecipante.

Rapporto giuridico: **Nozione:** relazione tra due soggetti, regolata dal diritto.

Disciplina: nella sua forma più semplice il rapporto giuridico è la relazione fra il titolare di un interesse giuridicamente protetto (soggetto attivo del rapporto) e chi è tenuto a realizzare o a rispettare quell'interesse (soggetto passivo del rapporto).

Il rapporto giuridico può subire delle modificazioni:

- dal punto di vista oggettivo: ossia nel titolo e nel contenuto, come per esempio nella (→) *novazione* (1236 c.c.) e nella (→) *surrogazione reale* (2742 c.c.);
- dal punto di vista soggettivo: come nella (→) *cessione del credito* (1260 c.c.), nella (→) *surrogazione per pagamento* (1201-1205 c.c.), nella (→) *delegazione*, nell'(→) *espromissione* e nell'(→) *accollo*.

Rapporto obbligatorio: (→) *obbligazione*.

Rapporto organico: **Nozione:** relazione istituzionale che si instaura tra un ente giuridico e gli organi dello stesso, con la conseguente immedesimazione dell'organo rappresentativo nella struttura dell'ente.

Rappresentante di commercio: **Rif. normativi:** L. 204/85, D.M. 21-8-1985.

Nozione: intermediario commerciale che, in base a un contratto di (→) *mandato*, è autorizzato a concludere contratti in nome e per conto dell'impresa mandante.

Differenze con figure affini: la possibilità di concludere il contratto è l'elemento che differenzia il rappresentante dall'*agente di* (→) *commercio,* il quale assume soltanto l'incarico di promuovere la conclusione di contratti in una o più zone determinate.

Rappresentanza: **Rif. normativi:** artt. 1387-1400 c.c.

Nozione: istituto in virtù del quale a un soggetto (*rappresentante*) è attribuito il potere di sostituirsi a un altro soggetto (*rappresentato*) nel compimento di attività giuridiche per conto di quest'ultimo e con effetti diretti nella sua sfera giuridica.

Della rappresentanza abbiamo due forme:

- **diretta**, quando il rappresentante agisce non soltanto per conto (e cioè nell'interesse), ma anche in nome del rappresentato. In tal caso si ha la spendita del nome altrui (*contemplatio domini*) e il verificarsi degli effetti del negozio, direttamente e unicamente nella sfera giuridica del rappresentato;
- **indiretta** (cd. interposizione reale di persona), quando il rappresentante agisce soltanto per conto, ma non in nome del rappresentato. In tal caso il rappresentante agisce in nome proprio, senza spendere il nome del rappresentato e gli effetti giuridici del negozio si realizzano nella sfera giuridica del rappresentante, per cui sarà necessario il compimento di un'ulteriore attività affinché tali effetti possano riversarsi definitivamente in capo al rappresentato.

Disciplina: la fonte del potere di rappresentanza può essere:

- **legale**, quando il potere del rappresentante deriva dalla legge (es.: rappresentanza dell'incapace, rappresentanza organica dell'ente);
- **volontaria**, quando il potere del rappresentante è conferito dal rappresentato mediante la (→) *procura.* La rappresentanza non è ammessa nei negozi che, per loro natura, si vogliono riservare esclusivamente alla persona interessata (testamento, donazione, matrimonio).

Per la validità del negozio concluso mediante rappresentanza, è necessaria la capacità legale del rappresentato: poiché il soggetto capace ha facoltà di valutare i suoi interessi come meglio crede, egli può servirsi come rappresentante anche di un incapace legale, purché questi abbia capacità di intendere e di volere. Per quanto riguarda invece i vizi della volontà e gli stati soggettivi, si ha riguardo alla persona del rappresentante (→ tabella a fondo pagina).

Differenze con figure affini: (→) *nuncius*

Rappresentanza politica: **Nozione:** le Camere elettive si dicono comunemente rappresentative, in quanto rispecchiano la scelta politica del corpo elettorale e ne rappresentano gli orientamenti.

È controversa la natura giuridica di tale rappresentanza: si tratta, infatti, di un rapporto di fiducia e di responsabilità politica non inquadrabile nella figura tecnica della (→) *rappresentanza*, dal momento che i rappresentanti politici esercitano poteri non appartenenti al rappresentato, ma rientranti nella loro competenza esclusiva.

Rappresentazione (diritto di): Rif. normativi: artt. 467-469 c.c.

Nozione: istituto in forza del quale i discendenti (cd. *rappresentanti*) subentrano nel luogo e nel grado del loro ascendente (cd. *rappresentato*) in tutti i casi in cui questi non può o non vuole accettare l'eredità o il legato del *de cuius* (es.: se Tizio aveva due figli, A e B, e quest'ultimo sia premorto al padre lasciando due figli, l'eredità di Tizio si divide a metà tra A e i figli di B, ciascuno di questi concorrendo per 1/4).

Disciplina: *presupposti* della rappresentazione:

1. il chiamato all'eredità non può (per premorienza o indegnità) o non vuole accettare l'eredità;
2. il chiamato è figlio o fratello del defunto.

Conseguenze della rappresentazione:

1. i discendenti del chiamato gli subentrano nel diritto di accettare il lascito;
2. la divisione si fa per stirpi.

Differenze con figure affini: (→) *accrescimento..*

Abuso di rappresentanza (1394 c.c.)	Rappresentanza apparente (1396 c.c.)	Rappresentanza senza poteri (1398 c.c.)
Si ha quando il rappresentante agisce in presenza di un conflitto di interessi (in quanto portatore di interessi propri o di terzi in contrasto con quelli del rappresentato) e il negozio risulta *annullabile* nel solo caso in cui il conflitto era conosciuto o conoscibile dal terzo	Si ha nel caso in cui la procura sia stata revocata o modificata, ma non si sia provveduto a portare a conoscenza del terzo con mezzi idonei tali modifiche, il negozio concluso dal rappresentante resta *valido* purché: • il terzo abbia, senza sua colpa, creduto che il falso procuratore avesse i relativi poteri; • l'errore sia imputabile al comportamento del rappresentato	Il negozio compiuto da chi ha agito come rappresentante senza averne il potere (cd. *difetto di potere*) o eccedendo i limiti delle facoltà conferitegli (cd. *eccesso di potere*) non produce alcun effetto nella sfera giuridica dell'interessato. Il contratto è pertanto *inefficace*, salvo che il falso rappresentato ratifichi il negozio

Ratifica: Rif. normativi: artt. 1399, 1711, 2032 c.c.

Nozione: negozio unilaterale recettizio mediante il quale il falso rappresentato rende efficace nei propri confronti il negozio compiuto dal rappresentante che abbia ecceduto i limiti della procura, accettandone gli effetti e sanando, in tal modo, l'originario difetto di legittimazione.

Disciplina: la ratifica può essere espressa o tacita, mediante fatti concludenti; quanto alla forma è necessaria quella richiesta per il negozio da ratificare. La ratifica ha effetto retroattivo: sono però fatti salvi i diritti acquisiti nel frattempo dai terzi.

***Ratio legis* [spirito della legge]: Nozione:** scopo, fine ultimo che il legislatore intende perseguire mediante l'emanazione di una disposizione normativa.

La *ratio* rappresenta un criterio molto importante nell'*interpretazione* (→) della legge, cui deve farsi riferimento al di là del mero dato testuale.

Recesso: Rif. normativi: artt. 1373, 1386 c.c.

Nozione: diritto di sciogliersi da un precedente vincolo contrattuale, mediante una dichiarazione unilaterale di volontà comunicata all'altra parte. Tale diritto può essere:

- **legale**, se è previsto dalla legge, come per esempio nei contratti di durata o nei contratti a tempo indeterminato (es.: società, locazione, mandato, mutuo, appalto, deposito, contratto di lavoro);
- **convenzionale**, quando è previsto con apposita clausola contrattuale. Spesso in questi casi è anche previsto un corrispettivo, per la parte che è destinata a subire l'esercizio del diritto di recesso, consistente nel pagamento di una somma di danaro nelle due forme della (→) *multa penitenziale* e della (→) *caparra penitenziale*.

Disciplina: nei *contratti a esecuzione istantanea* (immediata o differita) il recesso può essere esercitato, salvo patto contrario, soltanto prima che abbia inizio l'esecuzione del contratto, mentre nei *contratti di durata* (a esecuzione continuata o periodica) il recesso è ammissibile anche dopo che l'esecuzione del contratto abbia avuto inizio, ma il recesso non ha effetto per le prestazioni già eseguite o in corso di esecuzione. Di conseguenza, le parti non possono pretendere la restituzione delle prestazioni già eseguite.

Differenze con figure affini: la (→) *rinunzia* è una dichiarazione unilaterale del titolare di un diritto soggettivo diretta a dismettere il diritto stesso senza trasferirlo ad altri; la (→) *remissione* è un negozio unilaterale recettizio con il quale il creditore rinuncia al suo credito, con conseguente estinzione dell'obbligazione; la (→) *revoca* è un negozio che elimina il negozio originario e, di conseguenza, determina l'eliminazione della situazione derivante dal negozio originario; il recesso è un negozio diretto a sciogliere il rapporto determinato dal contratto.

Reclamo della legittimità (azione di): Rif. normativi: art. 249 c.c.

Nozione: azione con la quale il figlio naturale di due persone può far dichiarare giudizialmente lo *status* di figlio legittimo delle stesse, qualora manchi un titolo che documenti tale *status*.

Disciplina: l'azione è imprescrittibile.

Differenze con figure affini: sono azioni di stato: (→) *disconoscimento della paternità*, (→) *contestazione della legittimità* e reclamo della legittimità.

Redibitoria (azione): Rif. normativi: art. 1492 c.c.

Nozione: azione con la quale nella (→) *compravendita* il compratore può chiedere la risoluzione del contratto allorché la cosa acquistata sia affetta da (→) *vizi* che la rendano inidonea all'uso cui è destinata, o che ne diminuiscano in modo apprezzabile il valore.

Differenze con figure affini: l'azione redibitoria è alternativa all'azione (→) *estimatoria*.

Referendum: Rif. normativi: artt. 75, 123, 132, 133, 138 Cost., L. 352/70.

Nozione: istituto di democrazia diretta, che consiste nella richiesta fatta al corpo elettorale di pronunziarsi su una norma giuridica già emanata o da emanarsi.

Disciplina: hanno diritto di partecipazione al referendum tutti i cittadini in possesso dei requisiti elettorali per l'elezione della Camera dei Deputati; la proposta soggetta a referendum si intende approvata se ha partecipato alla votazione la maggioranza degli aventi diritto ed è stata raggiunta la maggioranza dei voti validamente espressi (non si tiene conto, perciò, delle schede bianche o nulle).

Il nostro ordinamento prevede diversi tipi di *referendum*:

- **costituzionale**: le leggi di revisione della Costituzione e le altre leggi costituzionali possono essere sottoposte a *referendum*, qualora, pur essendo state approvate, nella seconda votazione, a maggioranza assoluta dei componenti di ciascuna Camera, non abbiano ottenuto il voto favorevole di almeno i due terzi dei componenti stessi. In tal caso la legge viene pubblicata (ma non promulgata) sulla Gazzetta Ufficiale per tre mesi e in questo periodo un quinto dei membri di una Camera o 500.000 elettori o 5 Consigli regionali possono avanzare richiesta di *referendum*;
- **abrogativo**: può essere indetto referendum popolare per deliberare l'abrogazione totale o parziale di una legge o di un atto avente forza di legge, quando lo richiedono 500.000 elettori o 5 Consigli regionali. Non possono essere sottoposte a referendum leggi di bilancio, di amnistia e di indulto, di autorizzazione a ratificare trattati internazionali e leggi tributarie. L'inammissibilità per i primi tre tipi di leggi è dovuta alla considerazione che, essendo queste atti di indirizzo politico, sono sottratte al potere legislativo. Per la quarta, invece, l'inammissibilità è dovuta alla necessità di frenare un'eventuale richiesta popolare volta ad abrogare leggi contro cui è facile e demagogico opporsi, perché gravano direttamente sul patrimonio dei cittadini;
- **regionale**: le Regioni possono regolare l'esercizio del diritto di iniziativa e del referendum su leggi e provvedimenti amministrativi della Regione. In questo caso il referendum può essere di tipo sia consultivo sia abrogativo. La L.Cost. 1/99, novellando l'art. 123 Cost., ha previsto anche un tipo di referendum sospensivo, laddove riconosce la possibilità che lo Statuto sia sottoposto a referendum popolare qualora entro tre mesi dalla sua pubblicazione ne faccia richiesta un cinquantesimo degli elettori della Regione o un quinto dei componenti il Consiglio regionale. Lo Statuto sottoposto a referendum non è promulgato se non è approvato dalla maggioranza dei voti validi;
- **territoriale**: è previsto soltanto per modificazioni territoriali di Regioni, Province e Comuni: si può disporre la fusione di Regioni esistenti o la creazione di nuove Regioni quando ne facciano richiesta tanti Consigli comunali che rappresentino almeno un terzo delle popolazioni interessate e la proposta sia approvata con referendum dalla maggioranza delle popolazioni stesse. Il ricorso al referendum è necessario anche qualora Comuni e Province desiderino staccarsi da una Regione e aggregarsi a un'altra.

Regime patrimoniale della famiglia: (→) *comunione legale.*

Registri immobiliari: **Nozione:** registri, tenuti e aggiornati dalle Conservatorie dei Registri Immobiliari, attraverso i quali vengono seguite le vicende della proprietà immobiliare.

Disciplina: i registri sono tenuti, nella quasi totalità delle Regioni italiane, secondo un criterio *personale*: si fa riferimento alle persone che compiono i negozi per i quali si provvede alla trascrizione, iscrizione o annotazione. Pertanto ogni indagine, da esperirsi presso le Conservatorie per acquisire notizie circa l'esistenza di iscrizioni e trascrizioni afferenti un determinato bene o per individuare a chi appartiene un cespite, non può prescindere dalla conoscenza dei dati anagrafici di almeno uno degli attuali o precedenti proprietari.

Registri dello stato civile: **Rif. normativi:** artt. 449-455 c.c., art. 14 R.D. 1238/39.

Nozione: registri nei quali sono documentate le più importanti vicende della persona fisica; sono tenuti presso ogni ufficio comunale e realizzano una funzione di pubblicità-notizia.

I registri sono quattro: di cittadinanza, di nascita, di morte e di matrimonio; essi sono pubblici, pertanto ciascuno può domandarne estratti e certificati.

Registro delle imprese: Rif. normativi: artt. 2188-2202 c.c., artt. 99-101 disp. att. c.c., L. 580/93, D.P.R. 581/95, D.P.R. 559/96, art. 29 L. 266/97.

Nozione: pubblico registro, tenuto a cura di un apposito ufficio, sotto la vigilanza di un giudice a ciò delegato dal presidente di ciascun Tribunale.

Disciplina: l'iscrizione nel registro ha efficacia *ex nunc*: i terzi non possono opporre l'ignoranza dei fatti iscritti, che si presumono a essi noti; i fatti non iscritti non sono, invece, opponibili ai terzi (a meno che non si provi che i terzi stessi ne erano a conoscenza).

Una volta avvenuta l'iscrizione, la presunzione di conoscenza è assoluta; in caso di mancata iscrizione, invece, vi è soltanto una presunzione relativa di ignoranza del terzo (è ammessa la prova contraria).

L'efficacia dell'iscrizione, di regola, è soltanto dichiarativa, poiché si esaurisce nel campo della opponibilità. In alcuni casi particolari, tuttavia, l'efficacia è costitutiva, come per le società per azioni, che soltanto con l'iscrizione nel registro acquistano personalità giuridica.

Il registro delle imprese è stato istituito con la L. 580/93 sul riordinamento delle Camere di Commercio, che ha esteso l'obbligo di iscrizione agli imprenditori agricoli, ai piccoli imprenditori, alle società semplici, alle imprese artigiane, ai gruppi europei d'interesse economico, alle società costituite o operanti all'estero e soggette alla legge italiana.

A partire dall'ottobre 1997, il registro delle imprese assolve anche le funzioni pubblicitarie precedentemente affidate al (→) *B.U.S.A.R.L.* e al (→) *B.U.S.C.* che risultano soppressi *ex* art. 29 L. 266/97.

Registro delle persone giuridiche: Rif. normativi: artt. 33-35 c.c., artt. 22-30 disp. att. c.c.

Nozione: è istituito in ogni provincia e reca tutti gli elementi costitutivi e identificativi della persona giuridica (data dell'atto costitutivo e del decreto di riconoscimento, denominazione, scopo, patrimonio, durata, sede, amministratori e tra questi coloro cui è stata attribuita la rappresentanza).

Disciplina: nel registro devono iscriversi tutte le modificazioni intervenute nei sopracitati elementi; in mancanza, queste modifiche non possono essere opposte ai terzi, a meno che si provi che questi ne erano a conoscenza.

La mancata registrazione della persona giuridica, anche se riconosciuta, comporta che gli amministratori di essa rispondano personalmente e solidalmente, insieme con la persona giuridica, delle obbligazioni assunte.

Registro delle successioni: Rif. normativi: artt. 52-55 disp. att. c.c., D.Lgs. 51/98.

Nozione: tenuto presso la cancelleria di ogni Tribunale, in esso sono inseriti gli estremi degli atti e delle dichiarazioni indicati dalla legge e consequenziali all'apertura della successione, ad esempio le dichiarazioni di (→) *accettazione* dell'eredità con beneficio d'inventario, le dichiarazioni di rinunzia all'eredità, la nomina del curatore dell'(→) *eredità giacente*.

Regolamenti: Rif. normativi: artt. 87, 121 Cost., L. 87/53, L. 195/58, L. 10/86, L. 400/88, L. 86/89, L. 20/94, L.Cost.1/99.

Nozione: i **Regolamenti dell'Esecutivo** sono atti normativi di secondo grado (cd. fonti secondarie) che non possono derogare né alla Costituzione, né a leggi ordinarie; non possono regolare le materie riservate alla legge (ordinaria o costituzionale); non possono derogare al principio di irretroattività della legge; non possono contenere sanzioni penali. Inoltre, i regolamenti di autorità inferiori non possono derogare a quelli di autorità superiori. Quanto al loro contenuto si distinguono in regolamenti:

- *d'esecuzione*, che contengono una disciplina di dettaglio rispetto alle previsioni di legge;
- *d'attuazione* o *d'integrazione*, i quali hanno un'ampiezza di contenuti maggiore dei precedenti, dovendo svolgere i principi fissati dalla legislazione di principio;
- *indipendenti*, che presuppongono l'assenza di una disciplina legislativa nelle materie in cui intervengono e non possono operare in settori coperti da riserva di legge, sia essa assoluta o relativa;
- *d'organizzazione*, i quali disciplinano l'organizzazione e il funzionamento delle

pubbliche amministrazioni in materia coperta da riserva relativa di legge, per cui assumono la veste di regolamenti d'esecuzione o d'attuazione.

I **Regolamenti Regionali** sono atti amministrativi a contenuto normativo e, come tali, sono subordinati alla legge regionale (oltre che a quella statale). La L.Cost. 1/99 ha rimesso alla fonte statutaria la competenza a stabilire quale fra i due organi, la Giunta o il Consiglio, può emanare i regolamenti.

I **Regolamenti degli enti locali** sono previsti per l'organizzazione e il funzionamento delle istituzioni e degli organismi di partecipazione, per il funzionamento degli organi e degli uffici e per l'esercizio delle funzioni. Tali regolamenti godono di una competenza riservata e garantita nei confronti dei regolamenti statali.

Regolamenti parlamentari: Nozione: la Costituzione riconosce a ciascuna Camera il potere di emanare regolamenti che disciplinino l'organizzazione e il funzionamento della stessa.

Disciplina: la Corte Costituzionale ha escluso che la violazione dei regolamenti parlamentari possa essere da essa sindacata come *vizio formale* della legge. La Corte ha inoltre escluso che i regolamenti siano assoggettabili al suo sindacato, in quanto non si tratta di atti aventi forza di legge.

Regolamento di condominio: Rif. normativi: art. 1138 c.c.

Nozione: atto contenente la disciplina relativa all'uso delle cose comuni e alla ripartizione delle spese, secondo i diritti e gli obblighi spettanti a ciascun condomino, nonché le norme per la tutela del decoro dell'edificio e quelle relative all'amministrazione.

Disciplina: se i condomini sono più di dieci, il regolamento è obbligatorio e deve essere approvato dall'assemblea con deliberazione approvata con un numero di voti che rappresenti la maggioranza degli intervenuti e almeno la metà del valore dell'edificio.

Il regolamento non può derogare alle norme contenute negli artt. 1118, 1119, 1120, 1129, 1131, 1132, 1136 e 1137 c.c.

Regolamento dei confini (azione di): Rif. normativi: art. 950 c.c.

Nozione: azione petitoria, di carattere reale, mediante la quale ciascuno dei proprietari di due fondi confinanti chiede che sia stabilito giudizialmente il confine tra gli stessi, quando tale confine sia incerto.

Differenze con figure affini: sono *azioni a difesa della proprietà*:

- **azioni petitorie**:
  - azione di (→) *rivendicazione*;
  - azione (→) *negatoria*;
  - azione di regolamento dei confini;
  - azione per l'(→) *apposizione di termini*;
  - azione (→) *confessoria*.

Sono *azioni a difesa del possesso*:

- **azioni possessorie**:
  - azione di (→) *reintegrazione*;
  - azione di (→) *manutenzione*;
- **azioni di nunciazione**:
  - (→) *denuncia di nuova opera*;
  - (→) *denuncia di danno temuto*.

Regresso (diritto di): Rif. normativi: art. 1299 c.c.

Nozione: diritto di rivalsa che spetta al condebitore adempiente nei confronti degli altri condebitori solidali, a seguito del pagamento fatto al creditore. Si sostanzia nel rimborso pro quota di quanto il debitore abbia pagato per capitale, spese e interessi.

Disciplina: il diritto di regresso può avere titolo o nel particolare rapporto contrattuale intercorrente tra i condebitori (mandato, società) o nella legge, nel qual caso si parla di diritto legale di regresso.

La regola della (→) *solidarietà* passiva, che impone ai singoli debitori il pagamento dell'intero, fa nascere l'esigenza di un riequilibrio interno del carico della prestazione e a questa esigenza risponde l'azione di regresso.

Le quote di ripartizione interna della prestazione si presumono eguali fino a prova contraria; l'onere di tale prova grava sul debitore che ha pagato.

Differenze con figure affini: nel contratto di (→) *fideiussione*, il fideiussore che ha pagato può:

- mediante l'azione di regresso, farsi rimborsare dal debitore principale tutto ciò che ha pagato;

- valersi, contro il debitore principale, dei mezzi di garanzia (pegno, ipoteca) che erano a disposizione del creditore (cd. surrogazione nei diritti del creditore).

Reintegrazione (azione di): Rif. normativi: artt. 1168, 1169 c.c.

Nozione: azione concessa al possessore e a colui che detiene non per ragioni di servizio o di ospitalità (cd. detentore qualificato), che siano stati violentemente o occultamente spogliati del potere di fatto sulla cosa.

Disciplina: il termine per proporre l'azione è quello di un anno dalla sofferta lesione, che decorre dalla data dello spoglio ove questo sia palese e, in caso di spoglio clandestino, dal giorno della sua scoperta.

Differenze con figure affini: sono *azioni a difesa della proprietà*:

- **azioni petitorie**:
  - azione di (→) *rivendicazione*;
  - azione (→) *negatoria*;
  - azione di (→) *regolamento dei confini*;
  - azione per l'(→) *apposizione di termini*;
  - azione (→) *confessoria.*

Sono *azioni a difesa del possesso*:

- **azioni possessorie**:
  - azione di reintegrazione;
  - azione di (→) *manutenzione*;
- **azioni di nunciazione**:
  - (→) *denuncia di nuova opera)*;
  - (→) *denuncia di danno temuto.*

Relatività del contratto (principio della): Rif. normativi: art. 1372 c.c.

Nozione: il contratto spiega i suoi effetti soltanto nei confronti delle parti.

Disciplina: dal principio di relatività consegue la regola dell'intangibilità della sfera giuridica individuale, che non può essere modificata da atti negoziali altrui. Il fondamento di tale regola dev'essere ricercato nella funzione dell'autonomia contrattuale. Il contratto, infatti, è lo strumento attraverso il quale i soggetti dispongono della propria sfera personale e patrimoniale.

In taluni casi è consentito produrre effetti nella sfera giuridica del terzo (es.: contratto a favore di terzo), ma soltanto se si tratta di effetti favorevoli.

Remissione del debito: Rif. normativi: artt. 1236-1240 c.c.

Nozione: modo d'estinzione dell'obbligazione, che consiste nella rinunzia del creditore al suo diritto, con conseguente estinzione dell'obbligazione e liberazione del debitore.

Disciplina: la remissione può essere:

- *espressa*, quando il creditore, con comunicazione al debitore, dichiara di rimettere il debito;
- *tacita*, quando il comportamento del creditore sia incompatibile con la volontà di far valere il suo diritto. È il caso della restituzione volontaria del documento originale del credito (cd. remissione reale).

Il debitore può opporsi all'estinzione del debito, dichiarando in un congruo termine di non volerne approfittare.

Differenze con figure affini: la (→) *rinuncia* è una dichiarazione unilaterale del titolare di un diritto soggettivo diretta a dismettere il diritto stesso senza trasferirlo ad altri; la remissione è un negozio unilaterale recettizio con il quale il creditore rinuncia al suo credito, con conseguente estinzione dell'obbligazione; la *revoca (→)* è un negozio che elimina il negozio originario e, con esso, la situazione derivante dal negozio originario; il *recesso (→)* è un negozio diretto a sciogliere il rapporto determinato dal contratto.

Rendita (contratto di): Rif. normativi: artt. 1861-1881 c.c.

Nozione: con il contratto di **rendita perpetua** una parte, in cambio dell'alienazione di un immobile (rendita fondiaria) o della cessione di un capitale (rendita semplice), conferisce all'altra il diritto di esigere in perpetuo la prestazione periodica di una somma di denaro o di una quantità di cose fungibili. Il debitore della rendita perpetua può liberarsi dall'obbligo compiendo il cd. riscatto, pagando cioè il corrispondente della capitalizzazione della rendita annua maggiorato dell'interesse legale.

Nel contratto di **rendita vitalizia** la prestazione periodica deve essere eseguita per tutta la durata della vita del beneficiario o di un'altra persona: si tratta pertanto di un contratto aleatorio (→ *alea*), per il quale non è ammesso il diritto di riscatto.

Repubblica: Nozione: forma di governo in cui il Capo dello Stato è eletto dal popolo o direttamente o attraverso i propri rappresentanti (Parlamento).

La Repubblica Italiana è nata a seguito di un plebiscito, svoltosi il 2 giugno 1946, che sancì la preferenza dell'elettorato per la forma repubblicana contro quella monarchica. L'art.1 della Costituzione statuisce, come principio inamovibile, tale forma di governo, mentre l'art.139 esclude che la forma repubblicana possa essere oggetto di revisione costituzionale.

La Repubblica Italiana è caratterizzata dalla presenza di organi costituzionali tra cui sono divise le tre funzioni fondamentali dello Stato: la funzione legislativa, esecutiva e giurisdizionale. Tali organi sono il Parlamento, il Governo, la Magistratura.

Il Costituente nel 1948 ha scelto la forma della repubblica parlamentare caratterizzata dalla presenza di un Presidente della Repubblica che nomina il Governo, che è a sua volta responsabile verso le Camere, ma con l'affidamento al Presidente della Repubblica del potere di scioglimento anticipato delle stesse.

Rescissione: Rif. normativi: artt. 1447-1452 c.c.

Nozione: scioglimento del vincolo contrattuale conseguente a un vizio genetico del (→) *sinallagma.*

Disciplina: si distinguono due figure di rescissione:

- **rescissione del contratto concluso in stato di pericolo**: chi ha assunto contrattualmente obbligazioni a condizioni inique, per la necessità, nota alla controparte, di salvare sé o altri dal pericolo attuale di un danno grave alla persona, può ottenere la risoluzione del contratto e il risarcimento del danno;
- **azione generale di rescissione per lesione**: quando vi è sproporzione tra la prestazione di una parte e quella dell'altra, e la sproporzione è dipesa dallo stato di bisogno di una parte, del quale l'altra ha approfittato per trarne vantaggio. In tale ipotesi la parte danneggiata può domandare la rescissione del contratto.
  Presupposti dell'azione sono:
  1. la lesione *ultra dimidium*, che ricorre quando la prestazione che la parte danneggiata si impegna a eseguire supera il doppio del valore della controprestazione;
  2. lo stato di bisogno della parte danneggiata, che va inteso non soltanto e necessariamente come vera e propria indigenza, ma anche come difficoltà non economica comportante un danno anche di carattere patrimoniale;
  3. l'approfittamento dello stato di bisogno, ossia la consapevolezza di tale stato e il proposito di trarne una utilità economica.

La rescissione è azionabile soltanto nelle ipotesi di contratti a prestazioni corrispettive e non nei contratti aleatori.

Differenze con figure affini: (→ tabella seguente).

Recesso	Risoluzione	Rescissione
Può essere: • consensuale; • unilaterale, previo accordo tra le parti, con previsione di una caparra penitenziale; • oppure per cause ammesse dalla legge (es.: contratto a tempo indeterminato)	Può avvenire in caso di: • inadempimento; • impossibilità sopravvenuta; • eccessiva onerosità sopravvenuta	Può avvenire in caso di: • contratto concluso in stato di pericolo; • contratto concluso in stato di bisogno (lesione)

***Res communes omnium* [cose comuni di tutti]: Nozione:** cose, che, essendo presenti in natura in quantità illimitata, non sono suscettibili di essere oggetto di diritti individuali da parte di alcuno, ma tutti ne possono usufruire liberamente tutti (es.: aria, acqua, luce del sole).

Disciplina: dal momento che sono *beni* soltanto le cose che possono formare oggetto di diritti, le *res communes* non costituiscono beni, proprio perché nessuno ha interesse a farle oggetto di un proprio diritto.

***Res nullius* [cose di nessuno]: Rif. normativi:** art. 810 c.c.

Nozione: beni che non appartengono ad alcuno e che possono diventare oggetto di proprietà mediante (→) *occupazione.*

Disciplina: possono essere *res nullius* soltanto le cose mobili. I beni immobili, infatti, che non sono di proprietà di nessun privato, appartengono al patrimonio dello Stato o, eventualmente, se si trovano nelle Regioni a statuto speciale, delle Regioni stesse.

Residenza: Rif. normativi: artt. 43, 44 c.c.

Nozione: situazione di fatto implicante l'effettiva e abituale presenza del soggetto in un dato luogo.

Disciplina: la residenza può essere scelta e mutata liberamente, ma il trasferimento deve essere denunciato nei modi prescritti dalla legge. La residenza ha autonomo rilievo giuridico in materia di pubblicazioni, celebrazione del matrimonio e adozione.

Differenze con figure affini: (→) *dimora,* (→) *domicilio.*

Responsabilità: Rif. normativi: artt. 1218, 1337, 1338, 2043 ss. c.c.

Nozione: obbligazione risarcitoria volta alla riparazione del pregiudizio economico subito dal soggetto danneggiato dalla violazione di un dovere giuridico nell'ambito dei rapporti interprivati. La responsabilità civile può essere:

- **contrattuale**: quando il mancato o inesatto adempimento dipende da cause imputabili al debitore (es.: negligenza, dimenticanza), questi è tenuto al risarcimento del danno. Si ha una presunzione relativa di responsabilità, superabile dal debitore attraverso la dimostrazione della non imputabilità dell'inadempimento. Pertanto, il creditore deve limitarsi a provare il fatto storico della mancata attuazione del rapporto obbligatorio e l'entità del danno sofferto, mentre è onere del debitore provare che l'inadempimento è dovuto a una causa oggettiva a lui estranea (caso fortuito, forza maggiore);
- **precontrattuale**: tale figura non presuppone un rapporto giuridico, ma soltanto un generico obbligo di correttezza e buona fede nello svolgimento delle trattative contrattuali. L'interesse leso in caso di responsabilità precontrattuale non è l'interesse alla conclusione del contratto, bensì l'interesse a non ricevere menomazioni patrimoniali dal fatto di svolgere trattative contrattuali inutili (interesse negativo). Il danno risarcibile, quindi, comprende le spese e le perdite connesse strettamente con le trattative (cd. *danno emergente*) e il vantaggio che la parte avrebbe potuto procurarsi con altre contrattazioni (cd. *lucro cessante*);
- **extracontrattuale**: sorge in conseguenza della inosservanza del divieto del *neminem laedere* e comporta l'obbligo del risarcimento del danno.

  Gli elementi dell'illecito extracontrattuale sono:

  1. un *comportamento*, che può essere sia commissivo che omissivo;
  2. un *danno*, provocato da questo comportamento, che sia qualificato ingiusto dall'ordinamento;
  3. un *nesso di causalità* tra il comportamento e il danno.

  Presupposto della responsabilità è l'imputabilità, in quanto l'autore del fatto deve essere capace d'intendere e di volere.

  Fondamento della responsabilità extracontrattuale (o *aquiliana*) è la colpevolezza, che può comprendere le due distinte ipotesi della (→) *colpa* e del (→) *dolo*. Tuttavia, accanto alla regola generale (2043 c.c.), fondata sul principio della colpa, il nostro ordinamento prevede ipotesi di responsabilità in cui si prescinde dall'elemento soggettivo della colpa (cd. *responsabilità oggettiva*) o nelle quali il criterio d'imputazione del danno non è direttamente la colpa, ma, di volta in volta, l'esercizio di un'attività pericolosa

(2050 e 2054 c.c.), la custodia di cose (2051 c.c.) la proprietà di animali (2052 c.c.) o di edifici (2053 c.c.).

Responsabilità del produttore: (→) *consumatore (tutela del).*

Restitutio in integrum [restituzione nella situazione di prima]: Nozione: ripristino di una situazione precedentemente modificata da un fatto o da un atto giuridico.

Disciplina: consegue all'annullamento e alla nullità del contratto, alla rescissione, alla risoluzione, alla ripetizione dell'indebito, ovvero alla responsabilità per fatti illeciti.

Retratto successorio: Rif. normativi: art. 732 c.c.

Nozione: istituto di diritto successorio preordinato a inibire l'ingresso di terzi nella comunione ereditaria e a facilitare le operazioni divisionali.

Disciplina: ciascun coerede ha diritto di (→) *prelazione* sulla quota che un altro coerede intenda alienare a terzi. Nell'ipotesi di alienazione che violi tale diritto di prelazione, ai coeredi spetta non il semplice risarcimento del danno, ma un diritto (potestativo) di riscatto della quota alienata.

Il diritto al retratto, che ha carattere di realità, si esercita nei confronti dell'acquirente o dei suoi aventi causa e ha per effetto la sostituzione del retraente al retratto.

Retroattività: Nozione: tale termine indica che l'atto negoziale o un elemento accessorio di esso produce i suoi effetti in un momento anteriore a quello della produzione dell'atto (*ex tunc*).

Disciplina: la retroattività può essere:

- **reale**, cioè opponibile ai terzi. Un esempio è rappresentato dall'avveramento della condizione (gli effetti del negozio si considerano verificati o caducati dal momento della conclusione anche di fronte ai terzi) e dall'annullamento per incapacità legale;
- **obbligatoria**, cioè non opponibile ai terzi. Per esempio la risoluzione per inadempimento e annullamento per vizi della volontà nei contratti a titolo oneroso.

Retroattività degli atti aventi forza di legge: Rif. normativi: art. 11 disp. prel. c.c.

Nozione: una norma si dice retroattiva quando, riferendosi a fatti, atti o eventi verificatisi anteriormente alla sua entrata in vigore, vi riconnette effetti o conseguenze giuridiche.

Disciplina: il principio generale nel nostro ordinamento è quello della *irretroattività delle norme*, in quanto la legge non dispone che per l'avvenire. Tale principio non ha però rango costituzionale: infatti la Costituzione sancisce espressamente il principio di irretroattività soltanto per le leggi penali. Per il legislatore statale, di conseguenza, il principio ha un valore meramente direttivo e ammette deroghe, sia pure eccezionalmente e in presenza di adeguate ragioni giustificatrici.

Rettifica: Rif. normativi: art. 1432 c.c.

Nozione: negozio unilaterale recettizio mediante il quale, nell'ambito di un contratto viziato da (→) *errore*, la parte non in errore, prima che possa derivarne pregiudizio all'altra parte, rende definitivamente efficace il contratto modificandone il contenuto conformemente all'originario intento della stessa. L'esercizio della facoltà di rettifica ha l'effetto di rendere il contratto definitivamente efficace, precludendo il diritto d'annullamento della controparte.

Disciplina: la rettifica non estingue il diritto della controparte al risarcimento del danno, se la causa d'invalidità ha comportato un ritardo nell'esecuzione.

Revisione costituzionale: Rif. normativi: art. 138 Cost.

Nozione: la Costituzione italiana è una costituzione rigida: per la modifica delle disposizioni in essa contenute è necessario un procedimento speciale, detto procedimento di revisione costituzionale, che culmina nella emanazione di una legge costituzionale.

Disciplina: tale procedimento è affidato al Parlamento nelle forme e nei modi previsti dall'art. 138 Cost. (cd. procedura aggravata), ed è lo stesso procedimento previsto anche per la promulgazione di nuove leggi costituzionali.

La revisione costituzionale incontra alcuni limiti: l'art. 139 esclude la forma repubblicana dalla revisione e la Corte Costituzionale ha inoltre chiarito che non sono assoggettabili a revisione i principi supremi appartenenti all'essenza dei valori su cui si fonda la Costituzione: diritti inalienabili della persona e principio di unità e indivisibilità della Repubblica.

Revoca: Rif. normativi: art. 1373 c.c.

Nozione: atto mediante il quale si pone nel nulla, privandolo di qualsiasi effetto giuridico, un negozio unilaterale o un contratto.

Disciplina: la revoca è ammissibile per i negozi che ancora non hanno prodotto effetti.

Differenze con figure affini: il termine è spesso utilizzato dal legislatore quale sinonimo di (→) *recesso*, ma la differenza tra le due figure è fondamentale, in quanto il recesso opera soltanto sugli effetti negoziali che ancora devono prodursi nei contratti di durata, mai sul negozio e sugli effetti già prodotti.

Revocatoria (azione): Rif. normativi: artt. 2901-2904 c.c.

Nozione: azione, denominata anche *pauliana*, concessa al creditore, a salvaguardia dell'integrità del patrimonio del debitore, nel presupposto che quest'ultimo consapevolmente compia atti con i quali si spogli dei propri beni, sottraendoli così all'azione esecutiva del creditore. Costituisce uno dei mezzi di conservazione della garanzia patrimoniale.

Disciplina: presupposti di tale azione sono:

1. un atto di disposizione *inter vivos*;
2. l'*eventus damni*, ossia la diminuzione delle garanzie offerte dal patrimonio del debitore;
3. la *scientia fraudis*, ossia la consapevolezza da parte del debitore di arrecare, con il proprio atto, un pregiudizio al creditore. Qualora l'atto di disposizione sia a titolo oneroso, sarà necessario anche provare che il terzo era consapevole del pregiudizio (*partecipatio fraudis*).

L'azione revocatoria, se è accolta, non invalida l'atto compiuto dal debitore, ma lo rende inefficace soltanto nei confronti del creditore che ha promosso l'azione. Si parla in tal caso d'inefficacia relativa (o inopponibilità), nel senso che, ottenuta la dichiarazione d'inefficacia, il bene non rientra nel patrimonio del debitore che lo aveva alienato, ma l'alienazione è considerata priva di effetto nei confronti del creditore che ha agito in revocatoria, il quale può promuovere nei confronti del terzo acquirente le stesse azioni esecutive che avrebbe potuto esperire se l'atto revocato non fosse stato posto in essere.

Differenze con figure affini: l'azione revocatoria è un mezzo di conservazione della garanzia patrimoniale che, colpendo un negozio in frode ai creditori, produce l'inefficacia dell'atto nei confronti del creditore che ha agito. La (→) *revocatoria fallimentare* colpisce il negozio lesivo della (→) *par condictio creditorum* e l'inefficacia dell'atto giova alla massa dei creditori.

Revocatoria fallimentare: Rif. normativi: art. 67 R.D. 267/42.

Nozione: mira alla dichiarazione d'inefficacia degli atti compiuti dal fallito in pregiudizio ai creditori prima della dichiarazione di fallimento. La revocatoria fallimentare è preordinata alla salvaguardia della *par condicio creditorum (→)* e si fonda sul presupposto che il patrimonio del debitore è destinato a soddisfare alla pari tutti i creditori.

Disciplina: è diretta alla tutela non del singolo, ma di tutta la massa dei creditori e come tale può essere promossa soltanto dal curatore fallimentare. Quanto agli atti sottoposti alla revocatoria fallimentare, si possono distinguere:

- *atti a titolo oneroso, pagamenti di debiti scaduti o garanzie che presentino anormalità tali da far sospettare la intenzione fraudolenta* (es.: vendita di un bene per una somma irrisoria): per essi vige una presunzione di proposito fraudolento se compiuti nei due anni anteriori alla dichiarazione di fallimento, ammettendo però la possibilità che il terzo acquirente provi di aver ignorato lo stato di insolvenza del debitore nel momento in cui è stato compiuto l'atto;
- *atti a titolo oneroso, pagamenti e garanzie che non presentino irregolarità*: è ammessa la revoca soltanto se il curatore prova che l'altra parte conosceva lo stato di insolvenza e gli atti stessi siano stati compiuti entro l'anno anteriore alla dichiarazione di fallimento;
- *atti a titolo gratuito, pagamento di debiti non scaduti*: sono inefficaci se compiuti nel biennio precedente alla dichiarazione di fallimento.

Differenze con figure affini: l'(→) *azione revocatoria* è un mezzo di conservazione della garanzia patrimoniale che, colpendo un negozio in frode ai creditori, produce l'inefficacia dell'atto nei confronti del creditore che ha agito. La revocatoria fallimentare colpisce invece il negozio lesivo della *par condictio creditorum* e l'inefficacia dell'atto giova alla massa dei creditori.

Revocazione: Rif. normativi: artt. 679-687, 800-809 c.c.

Nozione: istituto, previsto nell'ambito del testamento e della donazione, che determina la caducazione di tali atti per le seguenti cause:

- sopravvenienza di figli o discendenti legittimi, legittimati o adottivi del disponente;
- riconoscimento di un figlio naturale, successivo alla compilazione dell'atto;
- ignoranza del disponente in ordine all'esistenza di figli al tempo della formazione dell'atto;
- ingratitudine del beneficiario della donazione.

Disciplina: la *revocazione nel testamento* opera di diritto, determinando la caducazione dell'atto al soltanto verificarsi del presupposto, mentre nella donazione è necessario che il donante eserciti un'apposita azione giudiziaria, assoggettata a un termine di prescrizione di cinque anni.

La *revocazione della donazione* non pregiudica i diritti acquisiti da terzi anteriormente alla stessa. Non sono revocabili le donazioni remuneratorie e quelle obnuziali.

Riabilitazione civile del fallito: Rif. normativi: artt. 142-145, 241 R.D. 267/42.

Nozione: la riabilitazione è un istituto predisposto per la cessazione degli effetti che il (→) *fallimento* determina nei confronti del fallito.

Disciplina: la riabilitazione ha per effetto la cancellazione del nome del fallito dal registro dei falliti. L'art. 143 R.D. 267/42 stabilisce le condizioni per la riabilitazione.

Riabilitazione dell'indegno: Rif. normativi: art. 466 c.c.

Nozione: dichiarazione, contenuta in un atto pubblico o in un testamento, mediante la quale il testatore rimuove una situazione di (→) *indegnità a succedere*, ammettendo così alla successione l'indegno. La riabilitazione si dice *tacita* (o parziale) allorché il testatore non provveda a eliminare espressamente la situazione di indegnità a succedere, ma si limiti soltanto a disporre a favore dell'indegno; in questo caso, se il testatore era a conoscenza della causa d'indegnità, il soggetto beneficiato è legittimato a succedere, ma soltanto nei limiti della disposizione testamentaria.

Disciplina: la riabilitazione espressa contenuta in un testamento non perde efficacia nell'ipotesi di revoca del testamento in cui è contenuta.

Ricognizione del debito: Rif. normativi: art. 1988 c.c.

Nozione: dichiarazione unilaterale mediante la quale un soggetto riconosce di avere un debito verso un altro soggetto.

Disciplina: non è una fonte di obbligazione, ma opera soltanto sul piano processuale, comportando un'inversione dell'(→) *onere della prova.* La persona a cui favore è stata compiuta una ricognizione di debito, infatti, è dispensata dall'onere di provare i fatti che giustificano il credito: si presume che esso esista realmente, altrimenti il dichiarante non avrebbe avuto ragione di riconoscere il debito.

Differenze con figure affini: (→) *promessa di pagamento.*

Riconoscimento del figlio naturale: Rif. normativi: artt. 250 ss. c.c.

Nozione: atto solenne mediante il quale uno o entrambi i genitori trasformano il fatto della procreazione, insufficiente di per sé a creare un rapporto giuridico, in uno *status* di filiazione (figlio riconosciuto) rilevante per il diritto.

Disciplina: in seguito al riconoscimento, il figlio naturale acquista nei confronti del genitore gli stessi diritti e doveri del figlio legittimo.

Il riconoscimento può esser fatto nell'atto di nascita o con dichiarazione resa davanti all'ufficiale di stato civile o al giudice tutelare o contenuta in un atto pubblico o in un testamento.

Una volta effettuato, il riconoscimento è irrevocabile: se contenuto in un testamento produce effetto dalla morte del testatore, sopravvivendo, però, anche all'eventuale revoca del testamento stesso.

In nessun caso può essere validamente effettuato il riconoscimento quale proprio figlio naturale di una persona che risulta già figlio legittimo di altri. In questo caso, il riconoscimento diventa ammissibile se lo *status* di figlio legittimo è stato eliminato attraverso il (→) *disconoscimento di paternità* o l'azione di (→) *contestazione della legittimità*.

Differenze con figure affini: la decorrenza degli effetti del riconoscimento è *ex tunc*, mentre la decorrenza degli effetti della legittimazione sono *ex nunc*.

Riconoscimento delle persone giuridiche: **Rif. normativi:** art. 12 c.c.

Nozione: momento conclusivo dell'*iter* di formazione della persona giuridica.

Disciplina: il riconoscimento può essere:

- **esplicito** o per concessione: le associazioni, le fondazioni e le altre istituzioni di carattere privato acquistano la personalità giuridica con decreto del Presidente della Repubblica o, su delega del Governo, con decreto prefettizio, se l'ente esercita la sua attività nell'ambito della Provincia. Il riconoscimento è un atto discrezionale, la cui emanazione è subordinata a una valutazione d'opportunità alla luce dell'interesse generale;
- **normativo** o generico: è previsto per le sole società commerciali di capitali, per le quali non occorre il provvedimento presidenziale, ma è sufficiente l'iscrizione nel (→) *registro delle imprese*, da cui scaturisce, *ope legis*, la personalità.

Riduzione (azione di): **Rif. normativi:** artt. 553-564 c.c.

Nozione: azione che ha per scopo la reintegrazione della legittima, mediante la riduzione delle disposizioni testamentarie e delle donazioni eccedenti la quota di cui il testatore poteva disporre.

Disciplina: legittimati all'azione di riduzione, sono:

- il legittimario leso o pretermesso;
- l'erede del legittimario;
- l'avente causa del legittimario.

Il legittimario, che eserciti la riduzione di donazioni o di disposizioni testamentarie, deve imputare alla propria porzione di legittima le donazioni e i legati a lui fatti, salvo che ne sia stato espressamente dispensato dal donante o dal testatore.

L'azione di riduzione è soggetta alla prescrizione ordinaria decennale, decorrente dall'apertura della successione.

Il legittimario, che mediante la riduzione abbia fatto dichiarare inefficace la disposizione lesiva, può ottenere la restituzione del bene oggetto di tale disposizione, e lo riceve libero da ogni peso o ipoteca.

Rinnovazione del contratto: **Nozione:** ripetizione di un contratto già concluso in una forma diversa da quella in cui è avvenuta la stipula, oppure di un contratto del quale si è perduto o distrutto il documento originario.

Disciplina: la rinnovazione comporta soltanto il mutamento estrinseco nella fonte del rapporto, la cui sostanza resta invariata.

Differenze con figure affini: (→) *novazione*.

Rinunzia: **Rif. normativi:** artt. 519-527, 552, 882, 1070, 1104, 2878, 2879, 2899, 2937, 2939 c.c.

Nozione: atto di dismissione di un diritto da parte del suo titolare.

Disciplina: si tratta di un atto meramente abdicativo, in quanto non determina il trasferimento del diritto in capo ad altri soggetti. I terzi, infatti, pur potendosi avvantaggiare dell'atto di rinuncia, non derivano il loro eventuale acquisto dal rinunziante, ma dal configurarsi di una nuova situazione giuridica della quale la rinuncia è presupposto. Ciò, ad esempio, si verifica quando la rinuncia alla proprietà di una cosa renda questa una *res derelicta* suscettibile di (→) *occupazione*, oppure quando la rinuncia all'eredità da parte di un soggetto abilita gli altri soggetti legittimati ad accettare.

La figura più importante di rinuncia è quella *all'eredità*: si tratta di un negozio unilaterale tra vivi, non recettizio, con il quale il chiamato dichiara di non voler acquistare l'eredità. È un vero e proprio atto dismissivo che ha per oggetto il diritto di accettare l'eredità.

A seguito della rinunzia, nella successione legittima operano nell'ordine: la (→) *rappresentazione*, l'(→) *accrescimento*, la (→) *devoluzione* ai successivi chiamati per legge; nella successione testamentaria operano nell'ordine: le sostituzioni testamentarie, la rappresentazione, l'accrescimento, la devoluzione agli eredi legittimi. La rinuncia all'eredità è un atto revocabile fino a che il chiamato in subordine non abbia accettato l'eredità e sempre che il diritto di accettare non sia prescritto.

Differenze con figure affini: la rinuncia è una dichiarazione unilaterale del titolare di un diritto soggettivo diretta a dismettere il diritto stesso senza trasferirlo ad altri; la (→) *remissione* è un negozio unilaterale recettizio con il quale il creditore rinuncia al suo credito, con conseguente estinzione dell'obbligazione; la (→) *revoca* è un negozio che elimina il negozio originario e, di conseguenza, determina l'eliminazione della situazione derivante dal negozio originario; il (→) *recesso* è un negozio diretto a sciogliere il rapporto determinato dal contratto.

Rinvio delle leggi (potere di):

Rif. normativi: art. 74 Cost.

Nozione: potere riconosciuto al Presidente della Repubblica, il cui esercizio costituisce un veto sospensivo temporaneo all'approvazione di una legge da parte delle Camere. Il rinvio può essere esercitato per motivi sia di legittimità sia di merito.

Disciplina: le Camere, ricevuto il rinvio possono:

- non riapprovare la legge lasciandola cadere;
- riapprovare la legge senza apportarvi alcuna modifica;
- apportare gli emendamenti suggeriti o altri.

Una volta riapprovata, la legge già oggetto di rinvio deve comunque essere obbligatoriamente promulgata entro 30 giorni dall'approvazione della seconda Camera.

Ripartizione dell'attivo: **Rif. normativi:** artt. 110-117 R.D. 267/42.

Nozione: suddivisione, tra i creditori, dell'attivo fallimentare ovvero di quanto conseguito attraverso la liquidazione dei beni del fallito. Si tratta di una fase eventuale e non necessaria della procedura, in quanto il fallimento può anche chiudersi per mancanza di attivo.

Disciplina: al riparto hanno diritto di partecipare tutti quei creditori il cui credito è stato ammesso al passivo.

Ogni piano di riparto parziale, redatto dal curatore, deve essere approvato e reso definitivo dal giudice delegato. Alla liquidazione definitiva, o riparto finale, si provvede dopo l'approvazione del rendiconto di gestione del curatore.

Ripetizione dell'indebito: (→) *indebito (pagamento dell')*.

Riporto: **Rif. normativi:** artt. 1548-1551 c.c.

Nozione: contratto reale col quale una parte (*riportato*) trasferisce in proprietà a un'altra (*riportatore*) titoli di credito di una data specie contro il pagamento di un prezzo; al tempo stesso il riportatore si obbliga a trasferire al riportato altrettanti titoli della stessa specie (obbligazione di genere) verso rimborso del prezzo (che può essere anche aumentato o diminuito nella misura convenuta), alla scadenza di un termine ulteriore. La maggior somma, rispetto al prezzo, che il riportatore riceve all'atto di riconsegnare i titoli, si chiama *riporto*; se, invece, il rimborso è inferiore al prezzo ricevuto, la differenza si chiama *deporto*. Si ha *riporto alla pari* quando la somma restituita è di ammontare eguale a quella ricevuta.

Disciplina: si applicano al riporto gli artt. 1531-1534 c.c. sulla vendita a termine di titoli di credito.

Risarcimento del danno: **Rif. normativi:** artt. 1223-1227 e 2056 c.c.

Nozione: reintegrazione del pregiudizio conseguente all'inadempimento contrattuale o a un fatto illecito. Il risarcimento può essere:

- in **forma specifica**, consistente nella riproduzione di una situazione materiale corrispondente a quella che sarebbe sussistita se non fosse intervenuto il fatto produttivo dell'obbligazione risarcitoria;
- per **equivalente**, comportante il pagamento di una somma di denaro corrispondente alla perdita subita e al mancato guadagno.

Disciplina: il risarcimento deve comprendere sia il *danno emergente* (perdita subita), sia il *lucro cessante* (mancato guadagno).

Nel caso di danno da inadempimento o ritardo contrattuale, il risarcimento è limitato ai soli danni prevedibili nel momento in cui è sorta l'obbligazione, a meno che l'inadempimento abbia carattere doloso; tale prevedibilità non rileva nell'ipotesi di responsabilità extracontrattuale.

L'obbligo del risarcimento è un tipico debito di valore e, quindi, nel calcolo dell'entità del danno si deve tenere conto della (→) *svalutazione monetaria*; per il ritardo nell'adempimento di obbligazioni pecuniarie, sono dovuti dal giorno della mora gli (→) *interessi* moratori. Il giudice, qualora il danno non possa essere provato nel suo esatto ammontare, può ricorrere a criteri equitativi.

Riserva di legge: **Nozione:** la Costituzione riserva determinate materie o oggetti alla legge. La funzione della riserva è essenzialmente garantista, in quanto si vuole assicurare che in materie particolarmente delicate (come ad esempio la limitazione dei diritti fondamentali o l'organizzazione degli uffici pubblici o di importanti organi), le decisioni vengano prese dal Parlamento.

La **riserva di legge è assoluta** quando una determinata materia deve essere interamente regolata dalla legge. Sono casi di riserva assoluta quelli previsti dagli artt. 13, 14, 15, 25, 41, 44 e 95 Cost.

La **riserva di legge è relativa** quando si richiede che la legge detti la disciplina di principio, sugli aspetti essenziali della materia, in modo che la successiva disciplina posta dall'autorità amministrativa sia contenuta nei limiti dei principi enunciati dalla legge stessa.

Si distingue inoltre fra:

- riserva di legge costituzionale, quando la materia è affidata a leggi costituzionali;
- riserva di legge formale, quando si riferisce soltanto alla legge, con esclusione degli atti equiparati alla legge e alla legge regionale;
- riserva di legge implicita, quando non è espressamente prevista dalla Costituzione ma si ricava implicitamente da essa.

La riserva di legge va accomunata al più generale principio di legalità che è alla base della concezione dello Stato di diritto.

Riserva sociale: **Rif. normativi:** artt. 2428, 2430, 2431, 2442 e 2536 c.c., D.Lgs. 127/91.

Nozione: nelle società per azioni, accantonamento di utili non distribuiti. Si distingue in:

- **riserva legale**: dagli utili netti annuali di una società per azioni deve essere accantonata una quota, in misura corrispondente almeno alla ventesima parte di essi, fino a raggiungere il quinto del capitale sociale. Tale fondo di riserva è infruttifero per i soci e non può essere distribuito come utile. Tale riserva è un vincolo d'indisponibilità che colpisce una parte degli utili conseguiti, allo scopo di rafforzare la garanzia dei creditori e di consentire alla società di superare eventuali crisi senza intaccare il capitale sociale;
- **riserva facoltativa**: costituita, in aggiunta a quella legale, su delibera dall'assemblea ordinaria. A tale riserva può attingersi specialmente per aumenti gratuiti di capitale; essa viene distribuita ai soci all'atto della liquidazione della società;
- **riserva statutaria**: può essere imposta dall'atto costitutivo, in aggiunta a quella legale, al solo fine di rafforzare la posizione economica della società; essa non è rivolta, dunque, a garantire i creditori con la conseguenza che l'assemblea può deliberarne la distribuzione totale o parziale, previa modifica dello statuto;
- **riserva occulta**: risulta dall'espediente contabile di stimare talune attività sociali a un valore inferiore a quello effettivo, al fine di dissimulare utili effettivamente conseguiti, per evitare la loro distribuzione agli azionisti o per sottrarli all'imposizione fiscale. Può realizzarsi sia attraverso l'iscrizione in bilancio di poste passive fittizie o l'omissione di parte attiva, sia attraverso sottovalutazioni di attività o sopravvalutazioni di passività. Esse sono illecite, nel primo caso per violazione dell'art. 2621 n. 1 c.c., nel secondo per violazione delle esigenze di chiarezza, veridicità e correttezza previste dall'art. 2423 c.c.

Riservatezza (tutela della): **Rif. normativi:** artt. 15 e 21 Cost., L. 675/96.

Nozione: diritto che ogni cittadino ha di escludere dall'altrui conoscenza quanto attiene alla propria vita privata.

Disciplina: il diritto alla riservatezza rileva quale limite ad altri diritti, sanciti costituzionalmente, il cui esercizio può determinare un'aggressione dell'altrui *privacy*: ne deriva un potenziale conflitto tra diritti di pari rango e la conseguente esigenza di discriminare in quali fattispecie sia lecito il sacrificio di un diritto per l'affermazione di un altro. È il caso, ad esempio, del *diritto alla manifestazione di pensiero* e del *diritto di cronaca* che dovrebbero trovare un limite nel contemperamento con il diritto alla riservatezza dei cittadini per cui la divulgazione di fatti privati deve essere giustificata dall'esigenza di fornire le notizie che il pubblico ha diritto di conoscere.

Con riferimento al trattamento automatizzato dei dati personali, la tutela del diritto alla riservatezza ha trovato pieno riconoscimento nella L. 675/96.

Risoluzione del contratto: Rif. normativi: artt. 1453-1469 c.c.

Nozione: scioglimento di un contratto a prestazioni corrispettive per il sopravvenire di fatti che alterano l'equilibrio tra le prestazioni (cd. sinallagma). Il vizio del (→) *sinallagma* non è pertanto genetico, ma funzionale e i fatti che lo determinano possono essere causati dal comportamento delle parti o da eventi imprevedibili ed estranei alla loro sfera di controllo.

Il codice ha disciplinato tre ipotesi tipiche in cui, dopo la conclusione di un contratto a prestazioni corrispettive, si verifica una disfunzione nel nesso d'interdipendenza tra le prestazioni:

- la risoluzione per (→) *inadempimento*;
- la risoluzione per (→) *impossibilità* sopravvenuta;
- la risoluzione per *eccessiva* (→) *onerosità* della prestazione.

Per una sintesi (→ tabella seguente).

RISOLUZIONE

Per inadempimento		**Per impossibilità sopravvenuta**			**Per eccessiva onerosità**
di diritto	**giudiziale**	**contratto ad effetti obbligatori**	**contratti ad effetti reali**		
• clausola risolutiva espressa; • diffida ad adempiere; • termine essenziale	il giudice deve accertare: • se vi è stato inadempimento; • se di tale inadempimento è responsabile il convenuto; • che l'inadempimento non abbia scarsa importanza		trasferiscono cose determinate o cose generiche determinate	trasferiscono cose generiche non determinate	• contratto a esecuzione continuata o differita; • prima dell'esecuzione accade un avvenimento straordinario che modifica il rapporto di valore tra le prestazioni
↓	↓	↓	↓	↓	↓
risarcimento del danno + restituzione delle prestazioni	sentenza costitutiva che condanna al risarcimento del danno + restituzione delle prestazioni	estinzione di diritto dell'obbligazione + obbligo di restituzione delle prestazioni	l'acquirente deve eseguire la propria prestazione anche se la cosa non gli è stata consegnata	estinzione di diritto dell'obbligazione + obbligo di restituzione delle prestazioni	risoluzione giudiziale

Disciplina: la risoluzione ha effetto retroattivo, salvo il caso di contratti a esecuzione continuata o periodica, per i quali la risoluzione non si estende alle prestazioni già eseguite.

La retroattività è detta obbligatoria, in quanto non pregiudica i diritti acquistati dai terzi.

Nel caso di risoluzione giudiziale, tuttavia, qualora il rapporto contrattuale abbia a oggetto beni immobili o mobili registrati, il contraente che chiede la risoluzione può tutelarsi anche nei confronti dei terzi acquirenti, trascrivendo la domanda.

Risoluzione per inadempimento dell'onere (azione): Rif. normativi: artt. 648, 793 c.c.

Nozione: azione giudiziaria esperibile in caso d'inadempimento di un (→) *modus* contenuto in un testamento o in una donazione.

Disciplina: con riguardo al (→) *testamento*, l'autorità giudiziaria può pronunciare la risoluzione della disposizione testamentaria, cui l'onere afferisce, ogni qual volta:

- la risoluzione sia stata prevista dal testatore;
- l'adempimento dell'onere abbia costituito il solo motivo del lascito.

Riguardo alla (→) *donazione*, la risoluzione può essere domandata soltanto se è stata espressamente prevista dal donante.

Riunione (libertà di): Rif. normativi: art. 17 Cost.

Nozione: la libertà di riunione consiste nella facoltà di darsi convegno, temporaneamente e volontariamente, in un luogo determinato e in seguito a preventivo accordo, indipendentemente dalle ragioni per cui ci si riunisce (politiche, ricreative, religiose).

Disciplina: la libertà di riunione è sottoposta a limiti: le riunioni devono svolgersi in forma pacifica e senza armi; per quelle pubbliche è richiesto un preavviso alle autorità di polizia, mentre per quelle private o in luoghi aperti al pubblico il preavviso non è necessario.

Il preavviso non è condizione di legittimità della riunione, ma un onere giuridicamente sanzionabile a carico dei soli promotori: pertanto non è sufficiente la mancanza di preavviso per procedere allo scioglimento della riunione in assenza di comprovati motivi di sicurezza.

Differenze con figure affini: la libertà di riunione differisce dalla libertà di (→) *associazione*, essendo la riunione un associarsi temporaneo.

Riunione fittizia: Rif. normativi: art. 556 c.c.

Nozione: operazione contabile diretta a calcolare l'entità del patrimonio ereditario all'epoca dell'apertura della successione, per stabilire se sono stati lesi i diritti dei legittimari.

Disciplina: la riunione fittizia consta di più operazioni:

- *formazione della massa ereditaria* mediante la quale si calcolano i valori dei beni appartenenti al defunto al momento della successione (cd. *relictum*), detraendone i debiti;
- alla massa così calcolata si aggiunge il valore dei beni dei quali il *de cuius* ha disposto in vita a titolo di donazione (cd. *donatum*);
- *calcolo della disponibile e della legittima:* sulla base degli elementi ottenuti, si determina la quota disponibile, cioè il valore di cui il defunto poteva disporre, e la (→) *legittima* tenuto conto degli aventi diritto a quest'ultima.

Riunioni delle Camere: Rif. normativi: artt. 61-62 Cost.

Nozione: le Camere si riuniscono di diritto il primo giorno non festivo di febbraio e il primo giorno non festivo di ottobre.

In via straordinaria ciascuna Camera può essere convocata per iniziativa del Presidente della Repubblica, oppure del suo Presidente o di un terzo dei suoi membri. Quando una Camera si riunisce in via straordinaria, viene convocata di diritto anche l'altra.

La prima riunione delle Camere dopo l'elezione deve avvenire entro 20 giorni.

Rivalsa: (→) *regresso (diritto di).*

Rivalutazione monetaria: (→) *svalutazione monetaria.*

Rivendicazione (azione di): Rif. normativi: art. 948 c.c.

Nozione: azione con cui il proprietario rivendica la cosa propria da chiunque la possiede o la detiene senza titolo.

Disciplina: l'azione di rivendicazione è la principale delle (→) *azioni petitorie*, e mira non soltanto ad accertare la titolarità del diritto di proprietà, ma anche a far recuperare al proprietario il bene.

Legittimato attivamente è chi sostiene di essere proprietario. Egli ha l'onere di provare il suo diritto: non è però sufficiente provare la validità del proprio titolo d'acquisto, ma occorre dimostrare anche la validità del titolo d'acquisto del proprio dante causa, risalendo tutti gli atti traslativi del bene (sulla cui proprietà si controverte) fino a giungere a un acquisto a titolo originario, generalmente l'usucapione, al quale fanno capo i successivi titoli di trasferimento.

Legittimato passivamente è chi possiede o detiene la cosa senza titolo.

L'azione è imprescrittibile, salvi gli effetti dell'acquisto di proprietà da parte di altri per usucapione.

Differenze con figure affini: sono *azioni a difesa della proprietà*:

- **azioni petitorie**:
  - azione di rivendicazione;
  - azione (→) *negatoria*;
  - azione di (→) *regolamento dei confini*;
  - azione per l'(→) *apposizione di termini;*
  - azione (→) *confessoria.*

Sono *azioni a difesa del possesso*:

- **azioni possessorie**:
  - azione di (→) *reintegrazione*;
  - azione di (→) *manutenzione*;
- **azioni di nunciazione**:
  - (→) *denuncia di nuova opera*;
  - (→) *denuncia di danno temuto.*

Rovina di edifici (responsabilità civile per): Rif. normativi: art. 2053 c.c.

Nozione: ipotesi di responsabilità extracontrattuale in virtù della quale il proprietario di un edificio è responsabile dei danni cagionati dalla loro rovina.

Disciplina: tale responsabilità si fonda su una presunzione relativa di colpa, che viene meno se il proprietario dimostra che la rovina è dovuta a caso fortuito, forza maggiore, fatto di un terzo o del danneggiato, e, comunque, se la rovina non è dovuta a difetto di manutenzione o vizio di costruzione.

Il soggetto responsabile è obbligato a risarcire il danno cagionato.

S

Saggio d'interesse: (→) *interessi.*

Sale and lease back: (→) *leasing.*

Sanatoria: Rif. normativi: artt. 590, 799, 1444 c.c.

Nozione: attività diretta a rendere valido ed efficace un negozio invalido.

Disciplina: non tutti i vizi dell'atto possono essere sanati: soltanto l'*annullabilità* ha come carattere intrinseco la sanabilità, disponendo l'art. 1444 c.c. che il negozio annullabile può essere sanato mediante (→) *convalida.*

La *nullità*, invece, non è sanabile, ma è ammessa la conferma e l'esecuzione volontaria delle disposizioni testamentarie nulle e delle donazioni nulle.

***Schengen* (accordi di): Rif. normativi:** L. 388/93.

Nozione: serie di accordi, conclusi il 14 giugno 1985 a Lussemburgo, con i quali sono stati sanciti i seguenti principi fondamentali:

- i cittadini degli Stati aderenti possono liberamente attraversare i confini di uno Stato membro, senza dover sottostare ad alcun controllo (se non giustificato da motivi d'ordine pubblico e sicurezza nazionale);
- instaurazione di una collaborazione tra le forze di polizia degli Stati aderenti, che preveda anche la possibilità di inseguire un ricercato entro i confini di un altro Stato;
- coordinamento tra gli Stati per combattere fenomeni mafiosi, spaccio di droga, immigrazione clandestina e traffico d'armi;
- creazione di un sistema di collegamento telematico, per assicurare la rapida diffusione tra le forze di polizia degli Stati aderenti di informazioni riguardanti persone o oggetti sospetti.

Scioglimento delle Camere: Rif. normativi: art. 88 Cost., L.Cost.1/91.

Nozione: cessazione di una o di entrambe le assemblee rappresentative per atto del Presidente della Repubblica.

Lo scioglimento può essere:

- *naturale*, conseguente alla fine della legislatura. Si tratta di un atto dovuto del Presidente della Repubblica;
- *anticipato*, che implica un certo margine di discrezionalità da parte del Capo dello Stato. Le cause che possono determinare lo scioglimento anticipato si riconducono alle seguenti tipologie:
  - impossibilità di funzionamento delle Camere;
  - constatazione della frattura esistente fra Camere e corpo elettorale;
  - necessità di risolvere una crisi di governo che non può essere superata con la nomina di un nuovo Governo.

Lo scioglimento anticipato, per la gravità delle sue conseguenze, può essere deciso soltanto sulla base di esigenze obiettive di ampio riscontro. A tal fine è richiesto il parere dei Presidenti delle Camere, attraverso il quale il Presidente della Repubblica acquisisce una valutazione autorevole della situazione.

Disciplina: il Presidente della Repubblica non può procedere allo scioglimento negli ultimi sei mesi del suo mandato (→ *semestre bianco*), sia per evitare che egli possa in questo modo orientare le Camere verso la sua rielezione, eliminando maggioranze a lui ostili, sia per un possibile depotenziamento di rappresentatività che potrebbe subire alla fine del suo mandato. Lo scioglimento è comunque ammesso quando gli ultimi sei mesi coincidono con i sei mesi finali della legislatura.

Scioglimento del contratto: (→) *rescissione;* (→) *risoluzione del contratto;* (→) *recesso;* (→) *revoca.*

Scioglimento del matrimonio: Rif. normativi: art. 149 c.c., L. 898/70.

Nozione: il matrimonio si scioglie per due cause:

- morte di uno dei coniugi;
- (→) *divorzio.*

Scioglimento della società: Rif. normativi: artt. 2272-2290, 2308-2312, 2323, 2448-2457, 2468, 2497 e 2539 c.c.

Nozione: cessazione di una società nelle ipotesi tassativamente indicate dalla legge.

Disciplina: lo scioglimento determina l'apertura di una fase di (→) *liquidazione della società*, al termine della quale si determinerà l'estinzione della stessa.

Scissione di società: **Rif. normativi:** artt. 2504-*septies*–2504-*decies* c.c., D.Lgs. 22/91.

Nozione: operazione di trasferimento del patrimonio di una società a una o più società preesistenti o di nuova costituzione. Si distingue tra:

- *scissione in senso stretto*: una società trasferisce l'intero suo patrimonio a due o più società, preesistenti o di nuova costituzione (cd. società beneficiarie), le cui azioni o quote vengono assegnate ai soci della società scissa. Per effetto di tale operazione la società scissa cessa di esistere quale autonomo soggetto di diritto;
- *scissione parziale* (cd. scorporazione): una società trasferisce soltanto parte del suo patrimonio a una o più società beneficiarie, preesistenti o di nuova costituzione. In tale ipotesi, la società che si scinde resta in vita, ma le azioni o le quote delle società beneficiarie sono attribuite direttamente ai soci della società trasferente e non al patrimonio della stessa. Per questo motivo, tale patrimonio subirà un impoverimento corrispondente alle attività trasferite.

Disciplina: la scissione non è consentita alle società sottoposte a procedure concorsuali, né alle società in liquidazione che abbiano iniziato la distribuzione dell'attivo.

Scomparsa: **Rif. normativi:** artt. 48-49 c.c.

Nozione: irreperibilità di una persona che si sia allontanata dal suo ultimo domicilio o residenza, e della quale si siano perdute le tracce, per un periodo di tempo tale da far dubitare della sua esistenza in vita.

Disciplina: il Tribunale dell'ultimo domicilio (o residenza) dello scomparso può, su istanza di qualsiasi interessato o del P.M., nominare un curatore che provveda alla conservazione del patrimonio dello scomparso. Tale nomina non può avvenire se vi è un legale rappresentante dello scomparso.

Differenze con figure affini: l'(→) *assenza* viene dichiarata dal Tribunale con sentenza quando sono trascorsi almeno due anni dal giorno a cui risale l'ultima notizia della persona scomparsa.

Scrittura privata: **Rif. normativi:** artt. 2702-2703 c.c.

Nozione: documento scritto, non proveniente da un pubblico ufficiale, sottoscritto da un privato.

Disciplina: la scrittura privata è una prova documentale di natura dichiarativa. Fa piena prova, fino a querela di falso, della provenienza delle dichiarazioni da chi l'ha sottoscritta se colui contro il quale la scrittura è prodotta ne riconosce la sottoscrizione o se essa è legalmente considerata come riconosciuta.

Si considera riconosciuta:

- la sottoscrizione autenticata dal notaio o da altro pubblico ufficiale a ciò autorizzato;
- la scrittura privata prodotta in giudizio se la parte (comparsa) contro cui è prodotta non la disconosce.

Qualora la scrittura privata venga disconosciuta, la parte che l'ha prodotta in giudizio e che intende valersene deve proporre istanza per la verificazione giudiziale della stessa, aprendo in tal modo un accertamento incidentale sull'autenticità della scrittura. Tale istanza può proporsi anche in via principale.

Differenze con figure affini: la scrittura privata autenticata o riconosciuta ha l'identica efficacia probatoria dell'(→) *atto pubblico.*

Scritture contabili: **Rif. normativi:** artt. 2214-2220 c.c., L. 413/91, L. 489/94, L. 383/01.

Nozione: documenti che contengono la rappresentazione in termini quantitativi e monetari dei singoli atti di impresa, della situazione del patrimonio dell'imprenditore e del risultato economico dell'attività da lui svolta.

Disciplina: ogni imprenditore commerciale, esclusi il piccolo imprenditore e l'imprenditore agricolo, deve tenere obbligatoriamente:

- il (→) *libro giornale*, nel quale vanno annotate (giorno per giorno) tutte le operazioni, nell'ordine in cui sono compiute, secondo i criteri di cronologicità (ogni affare va iscritto in ordine cronologico) e immediatezza (ogni affare va iscritto appena compiuto);

- il (→) *libro degli inventari*, in cui va redatto l'inventario all'inizio dell'attività e poi ogni anno, per indicare lo stato patrimoniale dell'impresa.

Le scritture contabili debbono essere conservate per 10 anni anche su supporto informatico.

Sede: **Rif. normativi:** artt. 46, 2196-2197, 2295, 2299, 2328, 2475, 2505-2506, 2518 c.c.

Nozione: luogo ove le (→) *persone giuridiche* e, in generale, gli enti collettivi svolgono la propria attività ovvero il luogo ove l'(→) *imprenditore* esercita la sua attività.

Disciplina: l'imprenditore deve, all'atto dell'iscrizione nel (→) *registro delle imprese,* indicare la sede dell'impresa. La sede delle persone giuridiche e delle società in genere deve essere resa nota nell'atto costitutivo: di conseguenza, il trasferimento della sede sociale, comportando una variazione dell'atto costitutivo, deve essere deliberato dall'assemblea in seduta straordinaria.

Differenze con figure affini: la sede per le persone giuridiche corrisponde al (→) *domicilio* per le persone fisiche.

Segni distintivi dell'imprenditore: (→) *ditta;* (→) *marchio;* (→) *insegna.*

Semestre bianco: **Rif. normativi:** art. 88 Cost., L.Cost. 1/91.

Nozione: periodo di tempo corrispondente agli ultimi sei mesi della carica del Presidente della Repubblica, durante il quale le Camere non possono essere sciolte (→ *scioglimento delle Camere*).

Disciplina: il Presidente della Repubblica non può sciogliere le camere negli ultimi sei mesi del suo mandato salvo che essi coincidano in tutto o in parte con gli ultimi sei mesi della legislatura.

Senato: (→) *Parlamento.*

Separazione dei beni fra i coniugi: **Rif. normativi:** artt. 215-219 c.c., art. 88 L. 151/75.

Nozione: convenzione matrimoniale con la quale i coniugi pattuiscono che ciascuno di essi conservi la titolarità esclusiva dei beni acquistati durante il matrimonio.

Disciplina: ciascun coniuge ha il godimento e l'amministrazione dei beni di cui è titolare esclusivo, fermo l'obbligo di contribuire ai bisogni della famiglia.

Differenze con figure affini: il regime legale della famiglia è la (→) *comunione legale*, mentre le convenzioni matrimoniali sono: separazione dei beni, (→) *fondo patrimoniale* e (→) *comunione convenzionale.*

Separazione dei beni del defunto: **Rif. normativi:** artt. 512-518 c.c.

Nozione: istituto diretto a impedire la confusione del patrimonio del defunto con quello dell'erede, al fine di garantire che i creditori del *de cuius* possano soddisfarsi sul patrimonio ereditario a preferenza dei creditori dell'erede.

Disciplina: la separazione non impedisce ai creditori separatisti di poter aggredire anche il patrimonio dell'erede, che abbia accettato senza beneficio di inventario, in concorrenza con i creditori dell'erede.

La separazione investe non tutto il patrimonio del defunto, ma soltanto i singoli beni per i quali è chiesta. Essa giova soltanto ai creditori che l'hanno domandata: i creditori separatisti hanno diritto a soddisfarsi sui beni separati a preferenza dei creditori e dei legatari che non hanno chiesto la separazione, sempreché i beni non separati siano sufficienti a soddisfare le ragioni dei non separatisti.

Differenze con figure affini: mentre l'(→) *accettazione con beneficio d'inventario* può essere chiesta soltanto dal chiamato all'eredità, ma può giovare sia ai creditori dell'erede (se il *de cuius* era oberato di debiti) sia ai creditori del defunto (se è l'erede a essere oberato di debiti), la separazione del patrimonio del defunto può essere chiesta soltanto dai creditori del defunto, perché soltanto a essi giova, nel caso che l'erede sia oberato dai debiti.

Separazione dei coniugi: **Rif. normativi:** artt. 150-158 c.c.

Nozione: interruzione effettiva e stabile della convivenza coniugale che dà vita a un nuovo stato giuridico, senza però far venire meno il vincolo matrimoniale. Se tale interruzione non viene sanzionata da alcun provvedimento legale prenderà il nome di **separazione di fatto**. In caso contrario, si avrà la cd. **separazione legale,** che è di due tipi:

- **separazione giudiziale**: il fondamento dell'azione è costituito dal verificarsi, anche indipendentemente dalla volontà di uno o di entrambi i coniugi, di fatti tali da rendere intollerabile la prosecuzione della convivenza o da recare grave pregiudizio alla educazione della prole.

  Con la sentenza di separazione il giudice dichiara a quale dei coniugi vengono affidati i figli: costui ha l'esercizio esclusivo della potestà su di essi, ma deve concordare le decisioni di maggiore interesse per i figli con l'altro coniuge. Quest'ultimo ha il diritto di intrattenere rapporti con i figli secondo le modalità fissate dal giudice e ha il diritto e il dovere di vigilare sulla loro istruzione ed educazione e può ricorrere al giudice quando ritenga che siano state assunte decisioni pregiudizievoli al loro interesse.

  Con la sentenza di separazione viene stabilita altresì la misura e il modo con cui l'altro coniuge deve contribuire al mantenimento, all'istruzione e all'educazione dei figli. Qualora uno dei coniugi non abbia redditi propri, adeguati a consentirgli di conservare il precedente tenore di vita, si impone all'altro un assegno periodico, la cui entità deve essere determinata tenendo conto dei redditi del coniuge a cui l'obbligo viene imposto e dei bisogni dell'altro (→ *mantenimento*);
- **separazione consensuale**: il fulcro dell'istituto va rinvenuto nell'accordo con il quale le parti, limitatamente agli interessi disponibili, pongono le regole dei loro futuri rapporti. Il suddetto accordo ha carattere negoziale e, come tale, costituisce un atto di autonomia privata, sottratto a ogni diretta ingerenza da parte del giudice, il quale si limita a un controllo di legalità e, relativamente agli interessi indisponibili, di opportunità: verifica, cioè, che le clausole pattuite non siano nulle per contrarietà a norme imperative o all'ordine pubblico e valuta la convenienza delle stesse per l'interesse morale e materiale dei figli minori, interesse che per espressa previsione legislativa è sottratto alla libera disponibilità delle parti.

Disciplina: la separazione determina la cessazione per entrambi i coniugi dell'obbligo d'assistenza, mentre non fa cessare l'obbligo di collaborazione con riguardo ai figli. Il dovere di fedeltà si riduce, nel senso che devono ritenersi vietati soltanto i rapporti adulterini che, per le circostanze e le modalità con cui si concretizzano, siano suscettibili di arrecare grave pregiudizio all'onore dell'altro coniuge.

In seguito alla separazione cessa la presunzione di paternità e si scioglie la (→) *comunione legale.*

Differenze con figure affini: (→) *divorzio.*

Sequela (diritto di): Rif. normativi: art. 2808 c.c.

Nozione: caratteristica dei diritti reali, che attribuisce al titolare il potere di perseguire la cosa gravata da essi presso qualsiasi terzo essa si trovi.

Disciplina: nei diritti reali sulla cosa altrui (*iura in re aliena*), il diritto di seguito comporta che, se il bene passa a un nuovo proprietario, lo *ius in re aliena* continua a investirlo ed è opponibile anche al nuovo proprietario.

Sequestro conservativo: Rif. normativi: art. 2905 c.c.

Nozione: misura preventiva e cautelare, che il creditore può chiedere al giudice quando ha il fondato timore di perdere le garanzie del proprio credito.

Disciplina: il sequestro ha lo scopo di impedire la disposizione del bene da parte del debitore, che viene colpito con sanzioni penali se sottrae o danneggia i beni sequestrati.

Differenze con figure affini: gli altri mezzi di conservazione della garanzia patrimoniale sono l'azione (→) *surrogatoria* e l'azione (→) *revocatoria.*

Sequestro convenzionale (contratto di):

Rif. normativi: artt. 1798-1802 c.c.

Nozione: contratto di natura reale con il quale due o più persone affidano a un terzo (sequestratario) una cosa o una pluralità di cose rispetto alla quale sia nata tra loro una controversia circa la proprietà o il possesso, affinché venga custodita e restituita a colui che risulterà vincitore.

Differenze con figure affini: il sequestro convenzionale è un tipo particolare di (→) *deposito.*

Servitù prediale: Rif. normativi:
artt. 1027 ss. c.c.

Nozione: diritto reale di godimento consistente nel peso imposto su un fondo (cd. *servente*) per l'utilità di un altro fondo (cd. *dominante*) appartenente a un diverso proprietario.

Delle servitù possono farsi le seguenti classificazioni:

- **apparenti e non apparenti**: apparenti sono le servitù che si manifestano con opere visibili e permanenti destinate al loro esercizio; non apparenti sono quelle per le quali non sono richieste tali opere;
- **affermative e negative**: affermative sono le servitù per il cui esercizio è richiesto un comportamento attivo del proprietario del fondo dominante, che il proprietario del fondo servente deve sopportare (es.: passaggio); a loro volta esse possono essere continue (es.: servitù di acquedotto, nella quale, una volta costruite le condotte, l'acqua scorre senza necessità di ulteriore attività umana) o discontinue (es.: la servitù di passaggio). Negative sono quelle che comportano soltanto un *non facere* a carico del proprietario del fondo servente (es.: servitù di non costruire oltre una certa altezza);
- **volontarie o coattive**: a seconda che si costituiscano per volontà dei proprietari oppure per legge.

  Le **servitù coattive** sono quelle che trovano il loro titolo nella legge, la quale attribuisce al proprietario il diritto di ottenerne coattivamente la costituzione, senza il consenso di coloro che devono subirle. Le principali figure sono quelle di *acquedotto coattivo*, che consiste nel diritto di far passare acque proprie attraverso fondi altrui, e di *passaggio coattivo*, che consiste nel diritto al passaggio sul fondo vicino per accedere alla via pubblica, in caso di fondo intercluso.

Disciplina: le servitù presentano i seguenti **caratteri** essenziali:

- predialità, in quanto la servitù è posta a vantaggio del fondo (*praedium*) e non del proprietario, sicché questi riceve il vantaggio della servitù appunto attraverso il suo bene;
- ambulatorietà attiva e passiva, quando le servitù si trasferiscono congiuntamente al trasferimento del fondo dominante o servente a cui accedono;
- devono riguardare fondi appartenenti a diversi proprietari;
- non possono consistere in un *facere* da parte del proprietario del fondo servente, ma soltanto in un suo *non facere* o *pati.* Se il proprietario del fondo servente è tenuto, in forza del titolo di proprietà, a una prestazione positiva, si creano due rapporti distinti:
  - il rapporto reale di servitù;
  - un'(→) *obbligazione reale* congiunta e accessoria al diritto reale;
- vicinanza tra i fondi, la quale, però, non va intesa in senso assoluto, con la conseguenza che la materiale contiguità tra i fondi non necessariamente assurge a carattere essenziale della servitù;
- l'indivisibilità: essendo una qualità del fondo, la servitù si estende a ogni parte di esso.

I **modi d'acquisto** comuni a tutte le servitù sono:

- il contratto tra proprietario del fondo dominante e proprietario del fondo servente (si tratta di un contratto formale, con effetti reali, normalmente oneroso);
- il testamento.

Le servitù apparenti possono altresì acquistarsi per:

- (→) *usucapione* ordinaria o abbreviata;
- (→) *destinazione del padre di famiglia.*

Sfiducia: (→) *mozione.*

Silvicoltura: **Rif. normativi:** art. 2135 c.c.

Nozione: attività finalizzata a ottenere il più conveniente prodotto del bosco entro regolari cicli di tempo. Si estrinseca quindi nel complesso di tutte le operazioni volte a ottenere il prodotto naturale (legname) attraverso periodici tagli del bosco e a rinnovarne la consistenza.

Disciplina: rientra tra le attività tipiche svolte dalle imprese agricole. Non costituisce, però, attività agricola l'estrazione di legname indipendentemente da un'attività di coltivazione del bosco.

S.I.M. [Società di Intermediazione Mobiliare]: Rif. normativi: D.Lgs. 415/96, D.Lgs. 58/98.

Nozione: impresa specializzata nell'esercizio dei servizi d'investimento.

Disciplina: le S.I.M. prestano i servizi d'investimento al pari delle banche e degli altri intermediari finanziari, sia comunitari sia extracomunitari.

Le S.I.M. devono essere costituite nella forma della società per azioni e devono ricomprendere nella denominazione sociale le parole "società d'intermediazione mobiliare". Il capitale versato non deve essere di ammontare inferiore a quello determinato in via generale dalla Banca d'Italia.

Il bilancio è soggetto a revisione contabile; le autorità di vigilanza possono richiedere alla società di revisione incaricata della certificazione del bilancio le notizie e le informazioni occorrenti per l'adempimento delle proprie funzioni.

Simulazione: Rif. normativi: artt. 123, 164, 1414-1417 c.c.

Nozione: un contratto si dice simulato quando le parti pongono in essere deliberatamente dichiarazioni difformi dall'interno volere. La simulazione può essere:

- **assoluta**: le parti pongono in essere un dato negozio, ma in realtà non vogliono alcun negozio (è il caso di chi simula di vendere i suoi beni per sottrarli a un'esecuzione forzata);
- **relativa**: le parti pongono in essere un dato negozio (cd. *simulato*), ma in realtà vogliono un negozio diverso (cd. *dissimulato*). La simulazione relativa può essere:
  - *soggettiva* (cd. *interposizione fittizia*), se si fa apparire come parte un soggetto (cd. *prestanome*), mentre in realtà è parte un altro soggetto;
  - *oggettiva*, se la simulazione riguarda la natura del negozio (ad esempio si fa apparire vendita ciò che è donazione) oppure un suo elemento, quale l'oggetto, il prezzo o anche un elemento accidentale, come nel caso in cui si faccia apparire condizionato un negozio puro o viceversa.

Disciplina: circa gli effetti della simulazione **tra le parti**:

- in caso di simulazione assoluta, il negozio simulato non produce effetto alcuno;
- in caso di simulazione relativa, il negozio simulato (fittizio) non produce alcun effetto, mentre il negozio dissimulato (occulto), in quanto voluto, produce effetti, se ha i requisiti di sostanza (es.: liceità) o di forma (es.: atto pubblico) richiesti dalla legge.

Per quanto riguarda gli effetti della simulazione **nei confronti dei terzi**:

- i terzi interessati a dedurre la simulazione, se pregiudicati dal negozio simulato, possono farne dichiarare l'inefficacia nei loro confronti;
- la simulazione non può essere fatta valere dalle parti, né dai loro aventi causa, né dai creditori del simulato alienante nei confronti dei terzi subacquirenti in buona fede che, avendo fatto affidamento sulla dichiarazione, hanno acquistato diritti dal titolare apparente, salvi gli effetti della trascrizione della domanda di simulazione;
- i creditori del simulato alienante possono far valere la simulazione che pregiudichi i loro diritti (qualora, ad esempio, essendo uscito un bene dal patrimonio del loro debitore, diminuisca la garanzia del loro credito);
- i creditori del simulato acquirente si distinguono in:
  - creditori garantiti da pegno o da ipoteca sui beni che hanno formato oggetto della simulata alienazione, ai quali la simulazione è inopponibile vantando essi un diritto reale sui beni stessi;
  - creditori chirografari, cioè non garantiti, ai quali la simulazione è opponibile, non vantando essi alcun diritto sui beni, salvo che abbiano già compiuto, in buona fede, atti di esecuzione sui beni stessi.

Differenze con figure affini: l'interposizione fittizia è una simulazione relativa soggettiva, mentre l'interposizione reale è un'ipotesi di (→) *rappresentanza* indiretta.

Sinallagma: Nozione: nesso di reciprocità che lega le prestazioni in un contratto a prestazioni corrispettive. Il sinallagma può essere:

- **genetico**, in quanto sussiste tra le prestazioni al momento della conclusione del contratto. La mancanza del sinallagma genetico per impossibilità originaria della prestazione dà luogo alla nullità dell'intero contratto;
- **funzionale**, in quanto indica la corrispettività delle prestazioni durante la vita del contratto. In tale ipotesi, l'impossibilità sopravvenuta della prestazione, ovvero la sopravvenuta eccessiva onerosità di questa, dà luogo alla risoluzione del contratto.

Disciplina: la sussistenza del sinallagma importa una comune sorte delle prestazioni corrispettive.

Sindacato azionario: Rif. normativi: artt. 122-124 D.Lgs. 58/98.

Nozione: gruppo di azionisti che si crea nell'ambito delle S.p.A. con particolari funzioni di dominio o di difesa. Può assumere due forme:

- accordo tra più azionisti, che si obbligano a votare nello stesso modo in assemblea (cd. *sindacati di voto*);
- accordo tra più azionisti, i quali conferiscono mandato con rappresentanza a uno di loro, che voterà nelle assemblee secondo le direttive impartitegli dal sindacato.

Disciplina: il voto espresso dal socio, partecipe al sindacato, in contrasto con le decisioni assunte in sede di sindacato resta valido. Il socio sarà soltanto inadempiente verso gli altri soci, che potranno agire giudizialmente contro di lui per ottenere il risarcimento degli eventuali danni causati dal suo comportamento.

Il sindacato azionario fa parte di quegli accordi, cd. *contratti parasociali,* che hanno lo scopo di regolare il comportamento dei soci in seno alla società.

Differenze con figure affini: diversa funzione assolve il cd. *sindacato di blocco*, costituito da quegli azionisti i quali, al fine di evitare che le azioni di uno o più tra essi possano passare in mano ad altre persone, s'impegnano reciprocamente a limitare l'alienazione delle azioni stesse, in modo da garantire una certa composizione del corpo sociale.

Sindacato di blocco: (→) *sindacato azionario.*

Sindacato di costituzionalità: Nozione: giudizio di compatibilità degli atti normativi con la Costituzione.

Disciplina: è affidato alla Corte Costituzionale.

Sindacato di voto: (→) *sindacato azionario.*

Sindaci: (→) *collegio sindacale.*

Situazione giuridica soggettiva: Nozione: posizione di pretesa o di dovere di cui è titolare un soggetto di diritto. Può inerire a un rapporto giuridico ovvero consistere in una qualificazione della persona.

Si individuano situazioni giuridiche soggettive:

- **attive**: (→) *diritto soggettivo,* (→) *potestà,* (→) *aspettative,* (→) *facoltà,* (→) *status* e (→) *interessi legittimi;*
- **passive**: dovere, (→) *obbligo,* (→) *soggezione* e (→) *onere*;
- **di fatto**: situazioni non protette dall'ordinamento o disciplinate soltanto sotto determinati profili, al fine di consentire la produzione di taluni effetti giuridici. Alcune volte queste situazioni sono protette autonomamente (es.: possesso).

Smarrimento: Rif. normativi: artt. 927-931, 1257 c.c.

Nozione: perdita della cosa oggetto di possesso.

Disciplina: lo smarrimento non determina la perdita del possesso fino a che permane la ragionevole possibilità di ritrovare il bene e sempre che nessuno se ne sia impossessato.

Chi trova cose mobili smarrite deve restituirle al proprietario, ovvero, nel caso in cui questi sia ignoto, consegnarle al Sindaco del luogo ove sono state trovate; il ritrovamento è reso noto mediante pubblicazione.

Ove sia trascorso un anno dall'ultimo giorno della pubblicazione senza che si sia presentato il proprietario, la cosa ritrovata (o il suo prezzo, se le circostanze ne hanno richiesto la vendita) appartiene a chi l'ha trovata.

Diversamente, il proprietario comparso nel termine deve pagare al ritrovatore un premio stabilito a norma di legge.

Differenze con figure affini: (→) *ammortamento dei titoli di credito.*

Società: Rif. normativi: artt. 2247–2250 c.c.

Nozione: organizzazione di persone e di beni preordinata al raggiungimento di uno scopo produttivo, mediante l'esercizio in comune di un'attività economica, attuata attraverso determinati conferimenti che i soci s'impegnano a prestare con il contratto con cui costituiscono la società.

Disciplina: le società si costituiscono a seguito della stipula di un contratto plurilaterale con comunione di scopo, che prende il nome di *atto costitutivo*.

I requisiti essenziali della società sono: i conferimenti, l'esercizio in comune dell'attività economica e la partecipazione agli utili.

Le società possono classificarsi in due grandi gruppi, a seconda che risultino organizzate su base personale o su base capitalistica: nel primo caso si hanno società di persone, nel secondo, società di capitali.

Società di persone: società in cui l'elemento personale è prevalente rispetto a quello patrimoniale. Poiché nelle società di persone non è rinvenibile una (→) *persona giuridica* autonoma diversa da quella dei soci che la costituiscono, a essa è riconosciuta un'(→) *autonomia patrimoniale* imperfetta e di conseguenza il patrimonio dei soci concorre a soddisfare i creditori sociali. Sono società di persone: la società semplice, quella in nome collettivo e quella in accomandita semplice.

Società di capitali: società in cui si realizza un'(→) *autonomia patrimoniale* perfetta e di conseguenza i soci rispondono delle obbligazioni sociali soltanto nei limiti della quota conferita; ciò significa che:

- i creditori particolari del socio non possono soddisfarsi sulla quota di questi nella società;
- i creditori sociali, a loro volta, non possono pretendere che i soci facciano fronte con i patrimoni personali ai debiti contratti dalla società.

Le società di capitali sono (→) *persone giuridiche* e richiedono ai fini della loro costituzione, oltre all'atto costitutivo, l'omologazione da parte del Tribunale e l'iscrizione nel (→) *registro delle imprese*. Le società di capitali sono: società a responsabilità limitata, società in accomandita per azioni e società per azioni.

Le **società mutualistiche** sono le società cooperative e quelle di mutua assicurazione. Elemento comune è lo scopo mutualistico e cioè l'intento di fornire beni, servizi o occasioni di lavoro direttamente ai membri dell'organizzazione a condizioni più vantaggiose di quelle che otterrebbero dal mercato (→ tabella seguente).

SOCIETÀ

Lucrative				**Mutualistiche**
Commerciali			**Non commerciali**	
di capitali	**in accomandita**	**di persone**		
• S.p.A. • S.r.l. I soci non sono responsabili con il proprio patrimonio personale per i debiti sociali. Hanno personalità giuridica	• S.a.s. • S.a.a. Ci sono due categorie di soci: • accomandanti, che non rispondono delle obbligazioni sociali; • accomandatari, che sono illimitatamente responsabili delle obbligazioni	• S.n.c. I soci sono gli amministratori della società e sono illimitatamente responsabili per i debiti sociali	• società semplice Es.: impresa agricola, società di revisione contabile	• società cooperative • società di mutua assistenza

Società a responsabilità limitata [s.r.l.]:

Rif. normativi: artt. 2472-249-*bis* c.c.

Nozione: società di capitali caratterizzata da:

- ripartizione del rischio fra più persone;
- riduzione del rischio, limitato all'ammontare del conferimento;
- mobilizzazione del capitale, in quanto le quote di partecipazione dei soci, pur non essendo rappresentate da titoli di credito, sono trasferibili e divisibili.

Disciplina: la s.r.l. acquista la personalità giuridica con l'iscrizione nel registro delle imprese, successivamente all'omologazione da parte del Tribunale.

Società a responsabilità limitata unipersonale: Rif. normativi: art. 2250, 2475, 2475-*bis*, 2490-*bis* c.c., D.Lgs. 88/93.

Nozione: società a responsabilità limitata costituita da un unico socio o che è diventata unipersonale in seguito a una riunione delle diverse quote sociali in capo a una sola persona.

Disciplina: al contrario di quanto avviene per le altre società di capitali con socio unico, permane la responsabilità limitata del socio. Il privilegio della limitazione della responsabilità viene però meno (il socio quindi risponderà illimitatamente per le obbligazioni sociali) quando:

- il socio unico è una persona giuridica ovvero una persona fisica già socio unico di altra società di capitali;
- non è stato versato interamente il capitale sottoscritto;
- l'unico socio o gli amministratori non provvedono a inserire tempestivamente nel (→) *registro delle imprese* una dichiarazione contenente l'indicazione dei dati identificativi dell'unico socio.

Negli atti e nella corrispondenza della società unipersonale deve essere fatta espressa menzione dell'esistenza di un socio unico (non è però necessario specificare il nome di questo); i contratti stipulati tra la società e l'unico socio devono essere trascritti nel libro dei verbali del Consiglio di Amministrazione o risultare da atto scritto da conservare tra i documenti della società; per le operazioni e gli atti compiuti in nome della società, prima della sua iscrizione nel registro delle imprese, non sono responsabili soltanto coloro che hanno agito in nome della società ma in solido anche il socio unico fondatore.

Per il resto la società è assoggettata alle normali regole dettate in tema di s.r.l., anche se alcune di esse sembrano difficilmente adattarsi alla nuova struttura: si pensi al fatto che il socio unico è comunque costretto a seguire, per l'approvazione delle delibere, il procedimento assembleare (convocazione, verbalizzazione).

Società cooperativa: Rif. normativi: artt. 2511-2545 c.c., L. 302/51, L. 127/71, L. 72/83, L. 59/92, art. 21 L. 266/97.

Nozione: società mutualistica predisposta per l'esercizio collettivo, a scopo mutualistico, di imprese commerciali e non commerciali.

Disciplina: la società cooperativa è costituita con atto pubblico iscritto nel (→) *registro delle imprese.* Con l'iscrizione acquista la (→) *personalità giuridica.* Per la sua costituzione si richiede un numero di soci non inferiore a nove, senza precludere con ciò la possibilità di ingresso di nuovi soci alle condizioni determinate dall'atto costitutivo. Il capitale sociale è variabile ed è diviso fra i soci in quote o azioni.

Le quote e azioni non sono liberamente trasferibili per atto tra vivi e possono essere cedute soltanto con l'autorizzazione degli amministratori.

Dal punto di vista della responsabilità dei soci si distinguono società cooperative:

- *con responsabilità limitata*: i soci rispondono soltanto nei limiti della loro quota;
- *con responsabilità sussidiaria limitata*: i soci, in caso di fallimento o liquidazione coatta amministrativa, sono responsabili sussidiariamente anche con il loro patrimonio, ma soltanto per una somma multipla della propria quota;
- *con responsabilità illimitata*: i soci, in caso di fallimento o liquidazione coatta amministrativa, sono responsabili illimitatamente, in via sussidiaria, per le obbligazioni sociali.

Società di comodo: **Rif. normativi:** art. 2248 c.c.

Nozione: società costituita al solo scopo di trarre vantaggio dalla condizione giuridica dei beni conferiti al patrimonio societario, in modo da sottrarli al fisco o ai creditori individuali.

Disciplina: è vietata la costituzione di società che implicano il mero godimento dei beni, con esclusione dell'esercizio di un'attività economica. Devono perciò essere considerate illegittime le cd. *società immobiliari di comodo*, largamente diffuse nella pratica.

Società di fatto: **Nozione:** fenomeno che si realizza allorquando una pluralità di persone si accorda a conferire beni e servizi per l'esercizio in comune di un'attività economica, allo scopo di dividerne gli utili, mediante accordi non registrati o tenendo comportamenti da cui obiettivamente si deduce una tale volontà, pur se il valore giuridico di questi sfugge alle stesse parti, che non sono cioè consapevoli di dar vita a una struttura societaria.

Disciplina: la società di fatto è regolata dalle norme sulla società semplice se l'attività esercitata non è commerciale; se, invece, l'attività è commerciale, è regolata dalle norme sulla società in nome collettivo, in questo caso sarà anche soggetta a fallimento.

Dei debiti della società rispondono personalmente e illimitatamente i singoli soci.

Società d'Intermediazione Mobiliare: (→) *S.I.M.*

Società fiduciaria: **Rif. normativi:** L. 1966/39, L. 148/87, D.P.R. 361/94, art. 60 D.Lgs. 415/96, D.Lgs. 58/98.

Nozione: impresa che si propone di assumere l'amministrazione di beni per conto di terzi, la rappresentanza di titolari di azioni o obbligazioni o anche l'organizzazione contabile di aziende altrui. La gestione fiduciaria si effettua mediante l'intestazione, in nome della società, di titoli azionari appartenenti a terzi, senza che l'affidante cessi di essere effettivo titolare di essi.

Disciplina: l'affidamento dei titoli alla società determina la creazione di una *proprietà fiduciaria* in cui:

- i creditori della società non possono aggredire i titoli a essa intestati per conto altrui;
- gli effettivi titolari di essi possono sempre rivendicarli presso i terzi aventi causa dalla società. La società è sottoposta a particolari controlli pubblici.

Società finanziaria: **Rif. normativi:** L. 1/91, D.Lgs. 385/93, D.M. 6-7-1994, D.Lgs. 342/99.

Nozione: società per azioni il cui capitale sociale viene costituito o attraverso l'emissione di proprie azioni e obbligazioni, oppure attraverso operazioni finanziarie e viene reinvestito in partecipazioni a imprese produttive o nell'acquisto di titoli emessi da enti pubblici.

All'attività d'investimento (assunzione di partecipazioni) tali società affiancano spesso altre attività finanziarie: (→) *leasing*, (→) *factoring*, o servizi di consulenza.

Società in accomandita per azioni [s.a.p.a.]: **Rif. normativi:** artt. 2462-2471 c.c.

Nozione: società di persone caratterizzata:

- dal fatto che le quote di partecipazione dei soci sono rappresentate da azioni;
- dalla presenza di due diverse categorie di soci:
  - i *soci accomandanti*, che conferiscono soltanto beni e non partecipano alla gestione sociale; essi non assumono responsabilità verso i terzi-creditori sociali e hanno soltanto l'obbligo di versare alla società il proprio apporto (responsabilità limitata);
  - i *soci accomandatari*, che partecipano alla gestione e alla direzione della società, e assumono una responsabilità illimitata, rispondendo anche con il proprio patrimonio personale, sia pure in via sussidiaria, delle obbligazioni sociali.

Disciplina: la s.a.p.a. ha personalità giuridica e ad essa si applicano le norme sulla s.p.a.

Differenze con figure affini: la s.a.p.a si distingue dalla s.a.s. perché nella prima le quote di partecipazione dei soci sono rappresentate da azioni.

Società in accomandita semplice [s.a.s.]: **Rif. normativi:** artt. 2313-2324 c.c.

Nozione: società di persone caratterizzata dalla presenza di due diverse categorie di soci:

- i *soci accomandanti*, che conferiscono soltanto beni e non partecipano alla gestione sociale; essi non assumono responsabilità verso i terzi-creditori sociali e hanno soltanto l'obbligo di versare alla società il proprio apporto (responsabilità limitata);
- i *soci accomandatari*, che partecipano alla gestione e alla direzione della società, e assumono una responsabilità illimitata, rispondendo anche con il proprio patrimonio personale, sia pure in via sussidiaria, delle obbligazioni sociali.

Disciplina: la presenza di entrambe le categorie di soci è richiesta sin dall'inizio e deve sussistere per tutta la durata della società. Se viene meno una categoria di soci, la società, entro sei mesi, deve sciogliersi.

Società in nome collettivo [s.n.c.]: Rif. normativi: artt. 2291-2312 c.c.

Nozione: società di persone che svolge un'attività commerciale, caratterizzata dalla responsabilità solidale e illimitata dei soci.

Disciplina: in quanto società preposta all'esercizio di un'impresa, deve essere iscritta nel (→) *registro delle imprese.*

L'autonomia patrimoniale della s.n.c. è più rigida di quella della (→) *società semplice.* In particolare:

- la responsabilità dei soci per le obbligazioni sociali ha il carattere di responsabilità solidale e illimitata. Ne deriva che il fallimento della società produce anche il fallimento del socio. Tuttavia la responsabilità è sussidiaria: il creditore sociale deve preventivamente escutere il patrimonio sociale e, soltanto in caso di insufficienza, può agire sui beni personali del socio (ciò a differenza dalla società semplice, dove il beneficio di preventiva escussione opera soltanto se espressamente richiesto dal socio);
- il creditore particolare di un socio non può chiedere la liquidazione della quota del suo debitore. Egli può, invece, compiere atti conservativi sulla quota del suo debitore, far valere i suoi diritti agli utili, provocare la dichiarazione di fallimento del debitore (se imprenditore commerciale) e, quindi, la sua esclusione di diritto dalla società;
- ogni socio che entra a far parte della società risponde anche per le obbligazioni contratte dalla stessa prima della sua ammissione;
- la responsabilità del socio uscente, per le obbligazioni sociali contratte nel periodo della sua permanenza in società, persiste fino al giorno in cui si verifica lo (→) *scioglimento della società.*

Società irregolare: Rif. normativi: artt. 2297, 2317 c.c.

Nozione: per le *società di persone* che esercitano attività commerciali l'iscrizione dell'atto costitutivo nel (→) *registro delle imprese* assolve una funzione dichiarativa: il mancato adempimento dell'obbligo d'iscrizione non compromette l'esistenza della società, la quale, in tal caso, esiste seppure in condizioni di irregolarità. Diversamente, per le *società di capitali*, l'iscrizione ha valenza costitutiva e pertanto non può esservi una società di capitali irregolare, in quanto la mancata iscrizione nel registro delle imprese comporta l'inesistenza della società.

Disciplina: i rapporti fra la società non registrata e i terzi sono regolati dalle norme relative alla società semplice; la società non può ottenere il concordato preventivo né l'amministrazione controllata; il termine di prescrizione dei diritti sociali è di 10 anni (e non di 5 anni, come nelle società registrate); ciascun socio può provvedere alla regolarizzazione (o iscrizione successiva) o far condannare gli amministratori a provvedervi.

Differenze con figure affini: (→) *società di fatto.*

Società occulte: Rif. normativi: art. 147 R.D. 267/42.

Nozione: società in cui i soci affidano i rapporti con i terzi (cd. *rapporti esterni*) a uno soltanto di essi, il quale, pur agendo per conto della società, spende unicamente il proprio nome. Il contratto di società viene stipulato per iscritto, ma l'esistenza di esso non viene esteriorizzata: una persona agisce, nei rapporti con i terzi, quale imprenditore individuale e, tuttavia, egli ha uno o più soci, che restano occulti ai terzi.

Disciplina: i terzi che hanno trattato con il socio, che ha agito in nome proprio, possono invocare la responsabilità della società che si cela dietro al singolo contraente.

La società occulta rileva, inoltre, in materia di fallimento: la mancata esternazione della società non impedisce l'estensione del fallimento ai soci rimasti occulti.

Società per azioni [s.p.a.]: Rif. normativi: artt. 2325-2461 c.c., D.Lgs. 213/98.

Nozione: rappresenta il principale tipo di società di capitali e, allo stesso tempo, la forma più importante di società predisposta per le imprese di grandi dimensioni, che richiedono l'apporto d'ingenti capitali e importano l'assunzione di notevoli rischi. Caratteristiche:

- limitazione della responsabilità dei soci alla somma o al bene conferito;
- le quote di partecipazione dei soci sono rappresentate da azioni;
- il (→) *capitale sociale* non può essere inferiore a € 100.000.

Disciplina: la società per azioni acquista la personalità giuridica con l'iscrizione nel (→) *registro delle imprese,* successivamente all'omologazione da parte del Tribunale.

Organi della s.p.a. sono: (→) *assemblea*, (→) *amministratori* e sindaci (→ *collegio sindacale*).

Società semplice [s.s.]: Rif. normativi: artt. 2251-2290 c.c.

Nozione: società che può avere per oggetto esclusivamente l'esercizio di attività economiche lucrative non commerciali, nonché attività di revisione contabile *ex* art. 6, D.Lgs. 88/92.

Disciplina: non ha personalità giuridica e gode di un'(→) *autonomia patrimoniale* imperfetta. Di conseguenza vigono i divieti:

- ai creditori particolari del socio di agire sui beni della società, pur potendo chiedere in ogni tempo la liquidazione della quota del proprio debitore;
- al socio di distrarre la sua quota dalla destinazione stabilita;
- di procedere a ripartizione dei beni sociali tra i soci prima del pagamento dei creditori in sede di liquidazione della società;
- ai creditori sociali di agire sui beni dei soci prima di aver escusso il patrimonio sociale.

Per le obbligazioni sociali rispondono il patrimonio sociale, i soci che hanno agito in nome e per conto della società e i restanti soci, salvo patto contrario.

Socio: Nozione: membro della società, il quale ha un complesso di diritti e obblighi, derivanti dal contratto sociale, che variano a seconda della società di cui fa parte. Alcune situazioni giuridiche attive e passive sono, però, in titolarità al socio di qualsiasi società: il diritto agli utili sociali, il diritto a una quota di liquidazione al momento dello scioglimento della società, l'obbligo di eseguire i conferimenti ai quali ci si è impegnati al momento dell'ingresso in società, l'obbligo di sopportare le perdite sociali.

Disciplina: la responsabilità del socio rispetto alle obbligazioni assunte dalla società viene regolata diversamente a seconda dei vari tipi di società:

- (→) *società semplice*: i soci hanno responsabilità diretta, personale, illimitata e solidale; è ammessa la possibilità di restringere la responsabilità soltanto ad alcuni di essi, con patto che deve essere portato a conoscenza dei terzi con mezzi idonei. Essi, però, godono di un limitato (→) *beneficio di escussione,* in quanto il socio richiesto del pagamento di debiti sociali può domandare la preventiva escussione del patrimonio sociale, indicando i beni sui quali il creditore possa agevolmente soddisfarsi;
- (→) *società in nome collettivo*: i soci hanno responsabilità diretta, personale, illimitata e solidale; non è ammessa la possibilità di restringere la responsabilità nei confronti di alcuni soci. Essi, però, hanno una responsabilità sussidiaria, poiché i creditori sociali non possono pretendere il pagamento dai singoli soci, se non dopo l'escussione del patrimonio sociale;
- (→) *società in accomandita semplice* e (→) *società in accomandita per azioni*: i soci accomandanti hanno responsabilità limitata al valore dei loro conferimenti; i soci accomandatari hanno responsabilità diretta, personale, illimitata e solidale;
- (→) *società per azioni*: i soci hanno responsabilità limitata al valore dei loro conferimenti;
- (→) *società a responsabilità limitata*: i soci hanno responsabilità limitata al valore dei loro conferimenti.

Particolare disciplina ha la fattispecie del cd. **socio unico.** La pluralità dei soci è condizione essenziale per l'esistenza stessa di una società; tanto che è sancita la nullità dell'atto costitutivo di una società nel caso in cui ad esso partecipino meno di due soci fondatori. Se durante la vita della società viene meno la pluralità dei soci (per morte, recesso o esclusione di quesiti), si distingue:

- nel caso di *società di persone*, la società si scioglie, se entro sei mesi non è ricostituita la pluralità dei soci. La società in accomandita semplice si scioglie anche se vengono meno soltanto i soci accomandanti o accomandatari, sempre che entro sei mesi non siano ricostruite le due categorie di soci;
- nel caso di *società di capitali* è possibile la continuazione senza limiti di tempo della società. Unica conseguenza è che il socio unico assume una responsabilità illimitata per le obbligazioni sociali contratte nel periodo in cui la società è unipersonale. Non è possibile la costituzione di una società (di capitali o di persone) unipersonale: un'eccezione è però data dalla (→) *società a responsabilità limitata uninominali.*

Soggettività giuridica: (→) *oggetto di diritto.*

Soggetto di diritto: **Nozione:** centro d'imputazione giuridica, idoneo a essere titolare di (→) *situazioni giuridiche soggettive.*

Si distingue tra soggetti di diritto:

- *attivi*, ai quali l'ordinamento attribuisce posizioni giuridiche di vantaggio (diritti, potestà);
- *passivi*, che sono titolari di una posizione giuridica passiva (dovere, soggezione).

Nel nostro ordinamento, soggetti dell'attività giuridica sono:

- le (→) *persone fisiche*: ogni essere umano, in base al solo requisito dell'esistenza, è considerato dall'ordinamento soggetto di diritto;
- le (→) *persone giuridiche*;
- gli *enti di fatto* (→ *associazioni*).

Disciplina: tutti i soggetti giuridici hanno uguale grado di soggettività giuridica.

Differenze con figure affini: la soggettività giuridica si distingue dal concetto di (→) *capacità* giuridica e da quello di (→) *personalità giuridica.*

Soggezione: **Nozione:** posizione giuridica soggettiva passiva, correlativa all'esercizio di un diritto potestativo di cui altro soggetto sia titolare.

Disciplina: la soggezione è caratterizzata da un ruolo meramente passivo, in quanto, a differenza del dovere, non richiede un'attività di cooperazione o di adempimento.

Differenze con figure affini: sono situazioni giuridiche soggettive passive: dovere, (→) *obbligo,* soggezione e (→) *onere.*

Solidarietà: (→) *obbligazione.*

***Soluti retentio* [possibilità di trattenere quanto è stato pagato]:** **Rif. normativi:** artt. 627, 1933, 2034-2035, 2940 c.c.

Nozione: espressione del diritto romano che indica l'irripetibilità della prestazione eseguita in adempimento di un'(→) *obbligazione naturale*, ovvero in esecuzione di un negozio nullo per contrarietà al buon costume.

Solvibilità: **Nozione:** capacità di un soggetto fisico o giuridico di far fronte ai propri impegni finanziari alle scadenze prefissate.

Somministrazione (contratto di): **Rif. normativi:** artt. 1559-1570 c.c.

Nozione: contratto con il quale una parte si obbliga, verso corrispettivo di un prezzo, a eseguire, a favore di un'altra, prestazioni periodiche o continuative di cose.

Disciplina: si tratta di un contratto di durata, consensuale, a efficacia obbligatoria nel caso di somministrazione d'uso (di bottiglie per la vendita di bevande, che debbono essere restituite), o a effetti reali nella somministrazione di consumo (fornitura di gas, energia elettrica in cui le cose fornite vengono trasferite in proprietà al somministrato).

La prestazione può essere:

- **periodica**, quando va ripetuta a distanza di tempo, a scadenze determinate (es.: somministrazione settimanale di foraggio a una scuderia);

- **continuativa**, quando la prestazione si prolunga ininterrottamente per tutta la durata del contratto (es.: erogazione di acqua corrente).

Di frequente ricorrenza nel contratto di somministrazione è la cd. *clausola di esclusiva*, in virtù della quale uno o entrambi i contraenti s'impegnano a non offrire e/o chiedere la stessa prestazione ad altri in un determinato ambito territoriale e per il tempo della durata del contratto.

Rileva infine il cd. *patto di preferenza*, di efficacia al massimo quinquennale, con cui il somministrato si obbliga a preferire il somministrante, a parità di condizioni, per la stipula di un futuro contratto di somministrazione avente lo stesso oggetto: la clausola viene indicata come tipico esempio di prelazione convenzionale.

Sopraelevazione di edificio: Rif. normativi: art. 1127 c.c.

Nozione: diritto del proprietario dell'ultimo piano o del lastrico solare di un edificio di elevare nuovi piani, salvo che ciò sia escluso dal titolo ovvero le condizioni statiche dell'edificio non lo consentano.

Disciplina: gli altri condomini hanno diritto a un'indennità pari al valore dell'area da occuparsi con la nuova costruzione, diviso per il numero dei piani (compreso quello da edificare), detratto l'importo della quota a lui spettante; essi, in ogni caso, possono opporsi alla costruzione se questa pregiudica l'aspetto architettonico dell'edificio ovvero diminuisce notevolmente l'area o la luce dei piani sottostanti. Naturalmente, il diritto di sopraelevare è subordinato all'ottenimento di una concessione edilizia.

Sopravvenienza di figli: (→ *revocazione*).

Sostituzione testamentaria: Rif. normativi: artt. 688-691 c.c.

Nozione: istituto di diritto successorio che si verifica allorquando il testatore, prevedendo il caso che il chiamato non possa o non voglia accettare l'eredità o il legato, designi al suo posto un secondo successibile.

Disciplina: il fondamento dell'istituto risiede nella tutela della volontà del testatore di disporre liberamente delle sue sostanze per il tempo in cui avrà cessato di vivere.

Il sostituto, fino a quando la sua chiamata non sia operante, è titolare soltanto di un'aspettativa di (→) *delazione*, che gli attribuisce il potere di chiedere, in caso di cattiva amministrazione dell'istituito che ancora non abbia accettato, la nomina di un curatore dell'(→) *eredità giacente*. Il sostituto subentra nella posizione che avrebbe avuto l'istituito se avesse accettato, con tutti gli obblighi (purché non di carattere personale) ad essa inerenti.

La sostituzione, essendo espressione della volontà del testatore, prevale sulla (→) *rappresentazione* e sull'(→) *accrescimento*.

Sostituzione fedecommissoria: Rif. normativi: artt. 692-699 c.c.

Nozione: istituto di diritto successorio che si verifica allorquando il testatore impone all'erede o al legatario (cd. *istituito*) l'obbligo di conservare i beni, affinché alla sua morte tali beni possano automaticamente passare ad altra persona (cd. *sostituto*) indicata dal testatore medesimo.

Disciplina: l'istituto della sostituzione fedecommissoria ha una funzione prevalentemente assistenziale, consentendo ai genitori e agli ascendenti in linea retta e al coniuge dell'interdetto di istituire erede quest'ultimo, gravandolo dell'obbligo di restituire alla sua morte tutti i beni, anche quelli costituenti la legittima, alla persona o agli enti che, sotto la vigilanza del tutore, hanno avuto cura di lui.

Sottoscrizione autenticata: Rif. normativi: art. 2703 c.c.

Nozione: l'autenticazione consiste nell'attestazione, da parte di un notaio o da un altro pubblico ufficiale, che la sottoscrizione è stata apposta in sua presenza, previo accertamento dell'identità della persona che sottoscrive.

Sottrazione di beni ereditari: Rif. normativi: art. 527 c.c.

Nozione: ipotesi nella quale si realizza l'(→) *accettazione* presunta dell'eredità.

Disciplina: il chiamato all'eredità che si rende responsabile della sottrazione dei beni o li nasconde decade dalla facoltà di rinunziare all'eredità e viene considerato erede puro e semplice.

Specificazione: Rif. normativi: artt. 922, 940 c.c.

Nozione: modo di acquisto a titolo originario della proprietà, che si verifica quando si crea una nuova cosa con materia appartenente ad altri (es.: con legno altrui ci si costruisce una barca).

Disciplina: la proprietà della cosa così ottenuta spetta a colui che ha compiuto il lavoro (cd. *specificatore*), previo pagamento del valore della materia; spetta, invece, al proprietario della materia, soltanto se il valore di essa è di molto superiore al valore della mano d'opera (previo pagamento del prezzo di quest'ultima).

Specificazione nelle obbligazioni generiche: Rif. normativi: artt. 1178, 1378 c.c.

Nozione: con la specificazione (o *individuazione*) si identificano i beni che costituiscono oggetto dell'alienazione di cose generiche, a cui consegue il trasferimento del diritto di proprietà. Trattandosi di cose che devono essere trasportate da un luogo all'altro, l'individuazione può avvenire anche a mezzo della consegna al vettore o allo spedizioniere.

Disciplina: prima dell'individuazione, l'alienazione di cose generiche ha soltanto effetti obbligatori e l'effetto traslativo è rimandato alla specificazione, che costituisce un atto dovuto dell'alienante.

Spedizione (contratto di): Rif. normativi: artt. 1737 ss. c.c.

Nozione: il contratto di spedizione è un (→) *mandato* senza rappresentanza con cui una parte (*spedizioniere*) assume l'obbligo di concludere, in nome proprio e per conto del mandante, un contratto di (→) *trasporto* e di compiere tutte le operazioni accessorie.

Disciplina: lo spedizioniere deve osservare tutte le istruzioni del mittente, curare la custodia dei beni affidatigli, assicurare, se convenuto, le cose spedite.

Lo spedizioniere ha diritto a una (→) *provvigione* che, in mancanza di convenzione, è determinata in base alle tariffe professionali o, in mancanza, secondo gli usi del luogo in cui avviene il contratto di provvigione. Fino all'avvenuta conclusione del contratto di trasporto da parte dello spedizioniere, il mittente può revocare l'ordine di spedizione, rimborsando però allo spedizioniere le spese sostenute e corrispondendogli equo compenso per l'attività prestata.

Differenze con figure affini: lo spedizioniere è una figura diversa dal semplice (→) *vettore,* con il quale conclude il contratto di trasporto; egli può tuttavia assumere in proprio l'esecuzione del trasporto, risultando in tal modo, al contempo, vettore e spedizioniere (cd. *entrata dello spedizioniere nel contratto*).

Spendita del nome: (→) *rappresentanza.*

Spoglio (azione di): (→) *reintegrazione (azione di).*

Sponsali: Rif. normativi: artt. 79-81 c.c.

Nozione: promessa di matrimonio tra i nubendi, non impegnativa giuridicamente, in quanto non obbliga a contrarre matrimonio, né a eseguire ciò che si sia eventualmente convenuto per il caso di non adempimento.

Disciplina: la legge, prendendo in considerazione la situazione di chi ha sostenuto spese e assunto obblighi a causa della promessa, pone a carico del promittente alcune conseguenze di carattere patrimoniale:

- se la promessa è fatta per atto pubblico o per scrittura privata da una persona maggiore di età o dal minore ammesso a contrarre matrimonio, o risulta dalla richiesta delle pubblicazioni, il promittente che rifiuti di eseguire la promessa senza giusto motivo, o che con la propria colpa ha dato giusto motivo al rifiuto dell'altro, è obbligato a risarcire il danno cagionato all'altra parte per le spese fatte e le obbligazioni contratte a causa della promessa;
- il promittente può chiedere la restituzione dei doni fatti a causa della promessa di matrimonio, se il matrimonio non è stato contratto.

Sponsorizzazione (contratto di): Nozione: contratto attraverso il quale un'impresa (*sponsor*), al fine di pubblicizzare il proprio nome o la propria immagine o determinati prodotti, finanzia singoli atleti o squadre ottenendone, quale corrispettivo, l'assunzione di un obbligo di reclamizzazione. Il fulcro dell'operazione è rappresentato dallo sfruttamento dell'immagine altrui ai fini pubblicitari.

Differenze con figure affini: carattere diverso ha, invece, la cd. *sponsorizzazione interna*, che ricorre allorché al soggetto sponsorizzato vengano attribuiti gratuitamente, ad esempio, dei capi d'abbigliamento che deve reclamizzare. Quest'operazione, pertanto, si risolve in una (→) *donazione* cui è apposto un (→) *modo*, rappresentato dall'obbligazione dello sponsorizzato.

Stampa (libertà di): Nozione: l'art. 21 Cost. sancisce in materia i seguenti principi:

- esclusione di ogni forma di autorizzazione preventiva: chi intende pubblicare un libro o uno stampato non deve chiedere alcun consenso preventivo per poterlo diffondere;
- esclusione di ogni forma di censura successiva alla redazione dello stampato, ma antecedente alla sua pubblicazione;
- l'unico strumento repressivo ammesso è il sequestro, che deve essere disposto per atto motivato dell'autorità giudiziaria, nei casi di delitti a mezzo stampa o nel caso di violazione di norme che la legge sulla stampa prescrive per individuare i responsabili;
- possibilità di stabilire con legge dei controlli sui mezzi di finanziamento della stampa periodica;
- la previsione della facoltà del legislatore di adottare controlli preventivi e mezzi repressivi contro stampati, spettacoli e manifestazioni che offendano il buon costume.

Stato: Nozione: comunità d'individui (popolo), stanziata su un determinato territorio e organizzata secondo un ordinamento giuridico indipendente ed effettivo. Lo Stato è, quindi, un ordinamento:

- **politico**, vale a dire diretto a fini generali, in quanto nessuno degli interessi che possono emergere in un gruppo sociale gli è potenzialmente estraneo, anche se in un determinato contesto storico esso perseguirà alcune finalità piuttosto che altre;
- **giuridico**, in quanto il sistema delle norme che regolano la condotta dei consociati e degli stessi pubblici poteri ne costituisce elemento essenziale e indefettibile;
- **originario**, in quanto trova in se stesso il fondamento della sua validità e della sua legittimazione, non derivando dalla volontà di un ordinamento superiore;
- **indipendente**, in quanto non riconosce alcuna autorità superiore che ne possa condizionare l'attività e si pone in posizione di *parità* con gli altri ordinamenti dello stesso tipo;
- **sovrano**, in quanto detiene la *suprema potestà d'impero*, che s'impone in tutto il territorio e nei confronti di tutti coloro che ad esso appartengono.

Stato patrimoniale: (→) *bilancio.*

Status: Nozione: posizione complessiva di un soggetto nell'ambito della collettività o in un corpo sociale minore, caratterizzata da una particolare sfera di capacità, diritti, doveri. Si parla così di *status* di cittadino o di straniero, riguardo allo stato di cittadinanza; di *status* di figlio naturale o legittimo, di celibe, vedovo, o coniugato, con riguardo allo stato di famiglia.

Differenze con figure affini: sono situazioni giuridiche soggettive attive: (→) *diritto soggettivo,* (→) *potestà,* (→) *facoltà,* (→) *aspettativa* e status.

Statuto societario: Rif. normativi: artt. 2328, 2475, 2518 c.c.

Nozione: documento, redatto nella forma dell'(→) *atto pubblico* che contiene le norme che regolano la vita della (→) *società.* Lo statuto generalmente accede all'atto costitutivo: essi possono essere sia uniti in un unico documento, sia formalmente separati; lo statuto rappresenta la parte normativa dell'atto costitutivo.

Disciplina: lo statuto impegna all'osservanza non soltanto gli attuali componenti della società, ma anche i futuri.

Stirpe: Nozione: gruppo dei discendenti da un capostipite.

Disciplina: la stirpe rileva in tema di (→) *rappresentazione,* nella quale la divisione della massa ereditaria si fa per stirpi: in questo caso, la stirpe è il gruppo dei discendenti di ciascun chiamato.

Subappalto: Rif. normativi: artt.1656, 1670 c.c.

Nozione: contratto intercorrente tra l'appaltatore (cd. *subappaltante*) e un terzo (cd. *subappaltatore*), avente per oggetto l'esecuzione dell'opera o del servizio che il subappaltante si è obbligato a realizzare in esecuzione di un contratto d'(→) *appalto.*

Disciplina: condizione d'ammissibilità del subappalto è l'autorizzazione del committente (in assenza d'autorizzazione, il divieto di subappalto si fonda sull'*intuitus personae* che è alla base del contratto d'appalto).

L'appaltatore, per agire in (→) *regresso* nei confronti dei subappaltatori deve, a pena di decadenza, comunicare ad essi la denunzia relativa ai vizi o alle difformità dell'opera, entro sessanta giorni dal ricevimento della stessa.

Subcontratto: Nozione: contratto con il quale una parte reimpiega la posizione che gli deriva da un contratto in corso, riproducendone con un terzo la stessa operazione economica.

Disciplina: il subcontratto determina il sorgere di un rapporto contrattuale nuovo, sia pure avente lo stesso contenuto e la stessa estensione del rapporto originario e da questo dipendente in termini di derivazione e di subordinazione, con l'ulteriore peculiarità che uno dei contraenti è parte di entrambi, assumendo, però, ruoli inversi (ad esempio il locatario, stipulando una sublocazione diviene a sua volta locatore). Il subcontraente rimane comunque obbligato nei confronti del contraente principale, il quale per l'adempimento degli obblighi nascenti dal contratto-base può agire direttamente nei confronti del terzo.

Differenze con figure affini: nella (→) *cessione del contratto* si ha sostituzione di un nuovo soggetto a uno dei contraenti originari mentre tutti i rapporti contrattuali restano invariati, salva la modifica di uno dei titolari. Nel subcontratto, invece, i rapporti tra i contraenti originari continuano a sussistere, ma accanto ad essi si creano nuovi rapporti tra uno dei contraenti originari e un terzo.

Subfornitura: Rif. normativi: L. 192/98.

Nozione: contratto con il quale un imprenditore si impegna a compiere per conto di un'impresa committente lavorazioni su prodotti semilavorati o su materie prime forniti dal committente, ovvero si impegna a fornire all'impresa prodotti o servizi destinati a essere utilizzati nell'ambito dell'attività economica del committente o nella produzione di un bene complesso, in conformità a progetti esecutivi, conoscenze tecniche e tecnologiche, modelli o prototipi forniti dall'impresa committente.

Disciplina: il contratto di subfornitura deve essere stipulato in forma scritta a pena di nullità. In esso devono essere precisati:

- i requisiti del bene o del servizio richiesti dal committente;
- il prezzo pattuito;
- i termini e le modalità di consegna, di collaudo, di pagamento.

Quanto agli obblighi del subfornitore:

- gli è fatto divieto di successivo subaffidamento, senza autorizzazione del committente, per un valore superiore al 50% dell'opera oggetto della fornitura;
- è responsabile del funzionamento e della qualità del prodotto o servizio fornito;
- deve tempestivamente segnalare difetti di materiali o di attrezzi fornitigli dal committente.

È fatto esplicito divieto di abusare della posizione di dipendenza economica in cui possono venirsi a trovare le imprese subfornitrici, così come è fatto divieto di inserire nel contratto clausole che consentano di modificare unilateralmente le condizioni contrattuali o che attribuiscano a una delle parti la facoltà di recesso senza congruo preavviso, quando il contratto sia a esecuzione continuata.

Sublegato: Nozione: fattispecie che ricorre quando il soggetto che è tenuto alla prestazione oggetto del legato è un legatario anziché l'erede. Il sublegatario è, al pari del legatario, un chiamato alla successione a titolo particolare.

Sublocazione: Rif. normativi:
artt. 1594 e 1595 c.c., L. 392/78.

Nozione: contratto mediante il quale colui che figura come locatario in una locazione in corso subloca a un terzo la cosa locatagli, assumendo, a sua volta, la veste di locatore.

Disciplina: negli immobili a uso abitativo il conduttore non può sublocare totalmente l'immobile senza il consenso del locatore, ma può sublocarlo parzialmente, previa comunicazione al locatore.

Circa i rapporti tra proprietario e subconduttore, il locatore, senza pregiudizio dei suoi diritti verso il conduttore, ha azione diretta contro il subconduttore per esigere il prezzo della locazione, di cui questi sia ancora debitore al momento della domanda giudiziale e per costringerlo ad adempiere tutte le altre obbligazioni derivanti dal contratto di sublocazione.

Successione: Rif. normativi: art. 42 Cost., artt. 456 ss. c.c.

Nozione: termine usato per indicare il subingresso da parte di un soggetto in una posizione giuridica appartenente ad altro soggetto. La successione può essere:

- **a titolo universale**: un soggetto subentra in tutti i rapporti patrimoniali attivi e passivi di altro soggetto. Il nostro ordinamento riconosce soltanto due casi di successione universale: quella *mortis causa* e quella derivante dalla (→) *fusione di società.*
  Nell'ambito della successione *mortis causa* si può individuare una successione:
  - legittima, che si verifica allorquando il *de cuius* non abbia disposto dei suoi beni con atto testamentario;
  - testamentaria.

  La successione universale *mortis causa* non si realizza automaticamente, bensì a seguito di un atto d'accettazione compiuto dal chiamato all'eredità; unica ipotesi di successione universale automatica è quella dello Stato, ai sensi dell'art. 586 c.c., nel caso in cui manchino altri successibili;
- **a titolo particolare**: successione che si realizza quando è trasferita soltanto una determinata posizione soggettiva attiva o passiva. Essa può essere *mortis causa* oppure *inter vivos.*
  Oltre agli acquisti dei diritti reali, nella successione a titolo particolare *inter vivos* s'inquadra anche l'istituto della successione nel credito che può derivare da:
  - un atto di disposizione, e allora si parla di (→) *cessione del credito*;
  - un altro fatto (di solito un pagamento) e allora si tratta di una (→) *surrogazione* del terzo nei diritti del creditore.

La successione a titolo particolare *inter vivos* nel debito è realizzabile mediante gli istituti della (→) *delegazione,* dell'(→) *espromissione* e dell'(→) *accollo*: sua caratteristica è che può avvenire soltanto se il creditore vi consenta.

L'acquisto mediante surrogazione è assoggettato a due regole fondamentali:

- l'acquirente non può vantare un diritto più ampio di quello spettante all'alienante;
- l'acquisto del nuovo titolare dipende dall'effettiva esistenza del diritto nel patrimonio del precedente titolare.

Superficie (diritto di): Rif. normativi: artt. 952-956 c.c.

Nozione: diritto a fare e mantenere al di sopra del suolo altrui una costruzione, evitando che la proprietà di questa venga acquisita dal titolare del fondo. Il diritto di superficie costituisce, infatti, una deroga al principio dell'*accessione (→),* in base al quale tutto ciò che sta sopra o sotto il suolo appartiene al proprietario del suolo.

Disciplina: il titolare del diritto di superficie ha la libera disponibilità della costruzione, che altro non è che una proprietà separata: può alienarla e costituire su di essa diritti reali, ma se il diritto è costituito a tempo determinato, la scadenza del termine determina l'estinzione anche di questi diritti.

Surrogatoria (azione): Rif. normativi: art. 2900 c.c.

Nozione: mezzo di conservazione della garanzia patrimoniale che consente al creditore di sostituirsi al debitore nell'esercizio di singoli diritti o azioni, qualora il debitore, trascurando di compiere atti necessari per far valere suoi diritti, determini con tale inerzia una situazione d'incapienza.

Disciplina: presupposti dell'azione sono:

- inerzia del debitore nel realizzare ed esercitare i propri diritti e le proprie azioni verso terzi;
- natura patrimoniale e non personale di tali diritti;
- qualità di creditore di chi agisce in surrogatoria;
- danno (o pericolo di esso) che al creditore può derivare dall'inerzia del debitore.

L'azione surrogatoria consente al creditore di sostituirsi non nella gestione patrimoniale del debitore, ma soltanto nel compimento di singoli atti giuridici, con effetti favorevoli anche per il debitore. Effetto principale dell'azione è quello di porre il creditore nella possibilità di soddisfare le proprie pretese.

Differenze con figure affini: (→) *evocatoria (azione).*

Surrogazione per pagamento: Rif. normativi: artt. 1201-1205 c.c.

Nozione: istituto che realizza una successione a titolo particolare nel lato attivo del rapporto obbligatorio, in deroga al principio di cui all'art. 1180 c.c., in base al quale il pagamento del terzo estingue l'obbligazione.

La surrogazione può aversi:

- per volontà del creditore che, ricevendo il pagamento da un terzo, dichiari espressamente di volerlo far subentrare nei propri diritti verso il debitore (è detta anche *surroga per quietanza*);
- per volontà del debitore che, prendendo a mutuo una somma per pagare il creditore, può surrogare il mutuante nella posizione del creditore pagato (detta anche *surroga per imprestito*);
- per volontà della legge (surrogazione legale), in tutti i casi in cui la legge stessa autorizza il terzo (che paga un debito altrui) a surrogarsi nei diritti del creditore, indipendentemente dalla volontà del creditore e del debitore.

Differenze con figure affini: la surrogazione presuppone che l'obbligazione sia stata adempiuta, la (→) *cessione del credito* presuppone, invece, che l'adempimento non si sia ancora verificato.

Surrogazione reale: Rif. normativi: art. 2742 c.c.

Nozione: se la cosa soggetta a (→) *privilegio,* (→) *pegno* o (→) *ipoteca* perisce o è deteriorata, il creditore perde la possibilità di esercitare il diritto di prelazione. Se però il debitore era assicurato contro i danni, l'impresa di assicurazione non può pagare l'indennità al debitore, ma deve pagarla ai creditori privilegiati, pignoratizi o ipotecari secondo l'ordine di preferenza che a ciascuno di loro spetta.

Svalutazione monetaria: Rif. normativi: art. 1277 c.c.

Nozione: deprezzamento della moneta, ossia diminuzione della sua capacità d'acquisto rispetto a valori predeterminati, espressi in oro o in valuta estera.

Disciplina: in materia di risarcimento del danno per inadempimento d'obbligazioni pecuniarie, il lavoratore subordinato può pretendere l'automatica rivalutazione della somma dovutagli, mentre ogni altro creditore deve fornire la prova, sia pure attraverso presunzioni fondate sulle condizioni e qualità personali, che il denaro sarebbe stato utilizzato in modo da evitare in tutto o in parte le conseguenze negative dell'inflazione.

T

Tabella millesimale: Rif. normativi: art. 1123 c.c., artt. 68, 69 disp.att.c.c.

Nozione: documento allegato al (→) *regolamento di condominio*, mediante il quale si determinano i valori delle singole unità immobiliari secondo il criterio dei millesimi e, di conseguenza, l'entità delle quote condominiali di ciascuno.

Disciplina: in base alla tabella millesimale si provvede a distribuire tra i condomini il carico delle spese condominiali e si determina il "peso" di ciascun condomino nelle delibere assembleari.

La costituzione della tabella millesimale, così come la sua modificazione, richiede il consenso unanime di tutti i condomini.

***Tantundem eiusdem generis* [quantità equivalente di cose dello stesso genere]: Nozione:** espressione del diritto romano usata per indicare la generica sostituibilità dei (→) *beni* fungibili.

Tasso di interesse: (→) *interessi.*

Telegramma: Rif. normativi: art. 2705 c.c.

Nozione: il telegramma è equiparato alla (→) *scrittura privata* dal punto di vista dell'efficacia probatoria, purché l'originale consegnato all'ufficio telegrafico (la cd. *minuta* o *dispaccio*) sia sottoscritto dal mittente ovvero sia stato consegnato o fatto consegnare dal mittente, anche senza sottoscriverlo.

Disciplina: la riproduzione del telegramma consegnata al destinatario si presume conforme all'originale fino a prova contraria.

Termine: Rif. normativi: artt. 1183-1187, 1457 c.c.

Nozione: avvenimento futuro e certo dal quale (termine iniziale) o fino al quale (termine finale) debbono prodursi gli effetti del negozio. Dal termine di *efficacia* del negozio differisce quello di *adempimento,* che riguarda il momento in cui un'obbligazione deve essere eseguita.

Disciplina: la verifica del termine, iniziale o finale, non ha mai effetto retroattivo.

Si dice **termine essenziale** quello che fissa il momento dopo il quale il creditore non ha più interesse a ottenere la prestazione. L'essenzialità può essere espressamente pattuita ovvero può desumersi dalla natura o dall'oggetto del contratto. Decorso inutilmente il termine essenziale, il contratto si risolve senza che sia necessaria alcuna dichiarazione della parte non inadempiente (come invece è necessario nel caso di clausola risolutiva espressa).

La **decadenza dal beneficio del termine** è un mezzo di tutela preventiva del credito che si realizza consentendo al creditore di poter esigere la prestazione prima della scadenza del termine, quando il debitore, durante la pendenza di esso è divenuto insolvente, ha diminuito, per fatto proprio, le garanzie che aveva dato, oppure non ha dato le garanzie che aveva promesso.

Differenze con figure affini: il termine differisce dalla (→) *condizione* per il carattere di certezza del verificarsi dell'avvenimento. Il termine, insieme alla condizione e al (→) *modo*, è elemento accidentale del negozio.

Termini: Rif. normativi: art. 951 c.c.

Nozione: segni posti fra due fondi appartenenti a proprietari diversi volti a delimitare le rispettive proprietà.

Disciplina: nel caso in cui i termini mancano o sono divenuti irriconoscibili, ciascun proprietario ha diritto di chiedere la loro apposizione a spese di entrambi (→ *apposizione dei termini*).

Terzo: Rif. normativi: art. 1372 c.c.

Nozione: soggetto estraneo al rapporto giuridico intercorrente fra due o più persone.

Differenze con figure affini: al concetto di terzo si contrappone il concetto di parte, con cui si intende chi partecipa a un (→) *rapporto giuridico.*

Tesoro: Rif. normativi: art. 932 c.c.

Nozione: qualunque cosa mobile di pregio, nascosta o sotterrata, di cui nessuno può provare di essere proprietario.

Disciplina: la cd. *invenzione del tesoro* consiste nel ritrovamento di un tesoro. Quest'ultimo appartiene al proprietario del fondo in cui si trova, se rinvenuto da costui; per metà al proprietario del fondo e per metà al ritrovatore, se viene ritrovato per caso da altro soggetto.

Testamento: Rif. normativi: artt. 587-623 c.c.

Nozione: atto *mortis causa* col quale taluno dispone, per il tempo in cui avrà cessato di vivere, di tutte le proprie sostanze o di parte di esse. Il testamento può essere:

- **olografo**: redatto, datato e sottoscritto personalmente dal testatore;
- **pubblico**: redatto con le richieste formalità da un notaio alla presenza di testimoni. Deve essere sottoscritto dal testatore, dai testimoni e dal notaio e deve esser datato. Ha natura di (→) *atto pubblico;*
- **segreto**: questa forma di testamento cumula i vantaggi del testamento olografo e del testamento pubblico, perché, da un lato, consente al testatore di tenere segreto il contenuto delle sue disposizioni, dall'altra assicura l'intangibilità dell'atto e la certezza della data. Esso, infatti, consiste nella consegna solenne di una scheda contenente le disposizioni testamentarie al notaio, che la riceve e la conserva tra i suoi atti. Il notaio deve redigere l'atto di ricevimento, che deve essere sottoscritto dal testatore, dai testimoni e dal notaio.

Disciplina: si tratta di un (→) *negozio giuridico* unilaterale, non recettizio, revocabile e formale.

Sono capaci di testare tutti coloro che non sono dichiarati incapaci dalla legge: nel caso di (→) *incapacità* il testamento può essere impugnato da chiunque vi abbia interesse nel termine di prescrizione di cinque anni dal giorno in cui è stata data esecuzione alle disposizioni testamentarie.

Nel testamento sono presenti:

- disposizioni di carattere patrimoniale: istituzione di (→) *erede* e attribuzione di (→) *legato*;
- disposizioni di carattere non patrimoniale: designazione di (→) *tutore*, (→) *riconoscimento di figlio naturale,* (→) *riabilitazione* dell'indegno, nomina dell'esecutore testamentario.

Il testamento è atto per definizione revocabile e non si può rinunziare alla facoltà di revocare o mutare le disposizioni testamentarie. La revoca può essere:

- **espressa**: si realizza mediante una dichiarazione contenuta in un nuovo testamento o in un atto pubblico, con cui il testatore cancella, in tutto o in parte, la disposizione anteriore;
- **tacita**: si ha allorché un nuovo testamento, anche se non è volto a eliminare in modo esplicito i precedenti, annulla soltanto le disposizioni con esso incompatibili;
- **presunta**: si verifica quando il testamento olografo viene distrutto, lacerato o cancellato, in tutto o in parte, a meno che si dimostri che tali eventi siano da imputare a persone diverse dal testatore, oppure che il testatore non aveva l'intenzione di revocarlo.

Il **testamento congiuntivo** è il testamento fatto da due o più persone in un medesimo atto, in modo che non possano essere identificate le disposizioni che provengono dai singoli testatori. È vietato dal nostro ordinamento.

Il **testamento reciproco** è quello in forza del quale due soggetti si istituiscono, nel medesimo testamento, reciprocamente erede o legatario l'uno dell'altro: anche questa forma di testamento è vietata perché in contrasto con l'autonomia e la personalità del testamento.

Testo unico: Rif. normativi: art. 76 Cost., L. 50/99.

Nozione: testo normativo che raccoglie disposizioni di molteplici testi normativi succedutisi nel tempo, accomunati dal fatto di disciplinare la stessa materia.

Timore reverenziale: Rif. normativi: art. 1437 c.c.

Nozione: timore che il soggetto nutre, a prescindere da specifiche minacce esterne, nei confronti di una persona importante per la sua posizione nell'ambiente della famiglia, del lavoro o anche nell'ambiente sociale.

Disciplina: il solo timore reverenziale non è causa d'annullamento del contratto, considerando insufficiente la semplice soggezione psicologica a determinare il consenso contrattuale.

Differenze con figure affini: (→) *violenza.*

Tipicità: Nozione: carattere dei negozi giuridici forniti di una propria denominazione (e sono perciò detti *nominati*) e di una specifica, autonoma disciplina.

Titolarità: Nozione: relazione di appartenenza di una (→) *situazione giuridica soggettiva* a un (→) *soggetto di diritto.*

Disciplina: la *titolarità* di un diritto è da tenere distinta dall'*esercizio* dello stesso: ad esempio, il soggetto incapace d'agire, pur essendo titolare di un complesso di rapporti attivi e passivi, è sostituito nell'attività giuridica dal rappresentante legale; il soggetto capace d'agire può essere privato della legittimazione all'esercizio dei propri diritti, per esempio in caso di fallimento.

Titoli di credito: Rif. normativi:
artt. 1992-2027 c.c.

Nozione: documenti nei quali è incorporata la (→) *promessa unilaterale* di effettuare una prestazione a favore di chi presenterà il titolo al debitore, legittimandosi in base alla legge di circolazione del titolo stesso. I principali titoli di credito sono: (→) *cambiale,* (→) *assegno* bancario e circolare, (→) *azione di società.*

Disciplina: la funzione dei titoli di credito è quella di rendere più celere e sicuro il trasferimento del credito, svincolandolo dalle regole della (→) *cessione del credito.*

I titoli di credito presentano le seguenti **peculiarità**:

- rappresentano, di regola, un diritto di credito a una prestazione pecuniaria, ma possono incorporare anche un diritto di credito alla consegna di merci o un diritto reale di garanzia;
- attuano con la massima speditezza il trasferimento del diritto, in quanto trasferendo il documento si attribuisce ad altri il diritto in esso incorporato;
- nella loro materialità i documenti (che incorporano un diritto di credito) sono un bene mobile al quale si applica la regola del "possesso vale titolo" di cui all'art. 1153 c.c.;
- il diritto che si acquista è originario, autonomo ed è determinato dal tenore letterale del titolo.

Ne conseguono i seguenti **caratteri** del credito:

- *incorporazione* del diritto nel titolo, nel senso che il diritto è immedesimato nel titolo;
- *letteralità*, ossia il contenuto del diritto è quello che risulta dal tenore letterale del titolo;
- *autonomia*, il diritto acquistato non è lo stesso di quello del creditore cedente, ma è un diritto originario.

I titoli di credito possono classificarsi in base al **rapporto fondamentale** (il rapporto sottostante che ha portato alla loro creazione) in:

- *titoli causali*, nei quali è indicato il rapporto sottostante l'emissione del titolo, alla cui sorte viene legato l'adempimento dei titoli anche di fronte ai terzi. Sono titoli di credito causali: l'azione e l'obbligazione di società; la fede di credito; i titoli rappresentativi di merci;
- *titoli astratti*, in cui il rapporto fondamentale sottostante non è enunciato ed è, perciò, irrilevante nei confronti dei terzi possessori in buona fede di essi. Sono titoli di credito astratti: la cambiale e l'assegno circolare.

I titoli di credito si distinguono anche, in base al loro **regime di circolazione**, in:

- *titoli nominativi*: intestati a una determinata persona. Il trasferimento avviene mediante l'annotazione del nome dell'acquirente sul titolo e nel registro dell'emittente o con il rilascio di un nuovo documento intestato al nuovo titolare;
- *titoli all'ordine*: intestati anch'essi a un titolare; l'intestazione, però, risulta unicamente dal titolo e l'emittente non è tenuto a registrarla. Il trasferimento avviene mediante consegna del titolo accompagnata da (→) *girata;*
- *titoli al portatore*: non intestati ad alcun titolare. Per il trasferimento è sufficiente la semplice consegna del titolo.

Titoli del debito pubblico: Nozione: titoli rappresentativi di debiti contratti dallo Stato. Si dividono in due grandi categorie:

- titoli del debito consolidato, che rappresentano prestiti che lo Stato non si è obbligato a rimborsare a una scadenza prestabilita, ma per i quali si è impegnato a pagare gli interessi sul capitale versato fino a che il prestito sarà tenuto in vita;

- titoli del debito redimibile, che rappresentano prestiti che lo Stato si è impegnato a rimborsare entro scadenze prestabilite. Si differenziano soprattutto in base alla scadenza (a breve, a medio e a lungo termine).

***Traditio* [consegna]:** **Nozione:** termine romanistico che indica la consegna di un bene a un soggetto, che ne acquista il (→) *possesso*.

Si distinguono:

- *traditio effettiva*, quando viene materialmente trasferito il possesso della cosa;
- *traditio simbolica* (o *ficta*), quando c'è soltanto un trasferimento ideale del possesso (es.: consegna delle chiavi di un edificio);
- forme di *traditio consensuale*, che incidono non sull'elemento materiale del possesso, ma sull'*animus*; si distingue ulteriormente, nell'ambito di queste categorie, tra: *traditio brevi manu*, che comporta l'evoluzione della detenzione in possesso (es.: l'inquilino che acquista la casa che già deteneva); *constitutum possessorium*, che comporta la degradazione del possesso in detenzione (es.: il proprietario vende la casa, mantenendone la detenzione come inquilino).

Transazione: **Rif. normativi:** artt. 1965-1976 c.c.

Nozione: contratto con il quale le parti prevengono l'insorgere di una lite o pongono fine a una lite già sorta facendosi reciproche concessioni.

Disciplina: mediante le reciproche concessioni si può incidere sul rapporto controverso, oppure su di uno diverso.

La transazione non può riguardare diritti sottratti alla disponibilità delle parti (es.: diritti di *status*, di capacità, di famiglia).

Ipotesi di annullabilità del contratto di transazione sono:

- la temerarietà della pretesa, di cui la parte è cosciente; in questo caso la domanda relativa va proposta dall'altra parte;
- la nullità del titolo relativamente al quale la transazione è stata conclusa; la domanda relativa può essere fatta soltanto da chi ignorava le cause di nullità del titolo;
- la falsità dei documenti su cui, in tutto o in parte, si è fondata la transazione;
- il passaggio in giudicato, non noto ad almeno una delle parti, della sentenza che ha deciso la lite oggetto della transazione;
- la scoperta posteriore di documenti, non conosciuti da una parte perché occultati dall'altra, se la transazione riguarda il complesso degli affari intercorrenti tra le parti.

La transazione è nulla se si riferisce a un contratto illecito, anche se le parti hanno trattato della nullità di questo.

La legge richiede per la transazione la forma scritta ai fini probatori.

Differenze con figure affini: la (→) *novazione* è il contratto con cui i soggetti di un rapporto obbligatorio sostituiscono un nuovo rapporto a quello originario.

Trapianti di organi: **Rif. normativi:** art. 5 c.c., L. 235/57, L. 458/67, D.P.R. 409/77, L. 301/93, L. 578/93, D.M. 582/94, D.P.R. 694/94, L. 91/99, L. 483/99.

Nozione: prelievo di organi da viventi o da un cadavere, per innestarli in un soggetto vivente.

Disciplina: il codice civile prevede limitazioni alla possibilità di trapianti di organi: gli atti di disposizione del proprio corpo sono consentiti soltanto quando non determinano una diminuzione permanente dell'integrità fisica del donatore.

A tale regola generale fanno eccezione i trapianti del rene fra viventi, ma soltanto se i donanti siano genitori, figli o fratelli del beneficiato; ciò a meno che questi non abbia consanguinei o nessuno di essi sia idoneo o disponibile, in quanto in tali casi la donazione è ammessa anche da parte di altro parente o di persona non legata da vincoli di parentela col paziente.

Il consenso prestato dal donatore può essere in qualsiasi momento revocato e non fa sorgere in capo al soggetto interessato alcun diritto.

Per quanto attiene al **trapianti di organi da cadavere a vivente**, la legge lo consente per finalità terapeutiche in via generale, escludendone l'ammissibilità soltanto per l'encefalo e le ghiandole dell'apparato genitale.

La L. 91/99 ha introdotto l'istituto del silenzio-assenso: si dispone, in tal modo, che l'assenza di esplicita espressione di volontà contraria da parte di un soggetto sia equivalente a un assenso tacito alla donazione di organi, tessuti e cellule, dopo la morte.

Trascrizione: Rif. normativi: artt. 2643-2696 c.c., L. 30/97.

Nozione: mezzo di (→) *pubblicità* relativo ai beni immobili e mobili registrati, che assicura la conoscibilità delle vicende relative a tali beni. L'obbligo della trascrizione è stato esteso dalla L. 30/97 al (→) *preliminare* avente a oggetto la conclusione di taluno dei contratti di cui ai nn. 1), 2), 3) e 4) dell'art. 2643 c.c.

Disciplina: in materia di trascrizione vige il *principio di continuità*: se un atto di acquisto è soggetto a trascrizione, le successive trascrizioni a carico dell'acquirente non producono effetto, se non è stato trascritto l'atto anteriore d'acquisto.

Funzioni della trascrizione:

- soluzione del conflitto tra più acquirenti: colui che per primo ha fatto trascrivere nei pubblici registri il trasferimento è preferito rispetto a colui che non ha trascritto o ha trascritto successivamente il suo titolo d'acquisto (cd. *pubblicità dichiarativa*);
- in alcune ipotesi la trascrizione vale a rendere inopponibili ai terzi gli effetti che, altrimenti, deriverebbero a loro danno dalla caducazione dell'atto (cd. *pubblicità sanante*). Un esempio può essere l'acquisto del terzo in buona fede, che ha trascritto il proprio titolo d'acquisto, non è travolto dall'annullamento che colpisce il titolo del suo avente causa, se la domanda di annullamento del negozio è stata trascritta dopo che è decorso un quinquennio dalla trascrizione del negozio stesso (2652 n. 6 c.c.);
- in alcuni casi la trascrizione ha *efficacia costitutiva*, essendo elemento costitutivo della fattispecie. Per esempio, affinché si verifichi l'usucapione abbreviata nel caso di acquisto da chi non è proprietario, è necessaria la buona fede e la trascrizione del titolo d'acquisto astrattamente idoneo a trasferire la proprietà (1159 c.c.).

Differenze con figure affini: (→) *pubblicità*.

Trasferimento di azienda: Rif. normativi: artt. 2112, 2556-2560, c.c., art. 47 L. 428/90, L. 310/93, D.Lgs. 18/01.

Nozione: passaggio dell'azienda da un imprenditore a un altro.

Disciplina: il trasferimento può avvenire per atto *inter vivos* (es.: vendita, concessione in usufrutto, affitto dell'azienda) o per atto *mortis causa*.

I contratti che hanno per oggetto il trasferimento della proprietà o il godimento dell'azienda, in caso d'imprese soggette a registrazione, devono essere redatti per atto pubblico o per scrittura privata autenticata. Dovranno poi essere depositati per l'iscrizione nel registro delle imprese, entro 30 giorni, a cura del notaio rogante o autenticante.

Il contratto con cui si trasferisce un'azienda comporta:

- la successione dell'acquirente nei crediti relativi all'azienda ceduta, anche in mancanza di notifica al debitore;
- l'(→) *accollo* dei debiti che risultano dai libri contabili obbligatori a carico dell'acquirente, che ne risponderà in solido con l'alienante;
- la successione nei contratti stipulati per l'esercizio dell'azienda. Il terzo può recedere dal contratto, ma soltanto se esiste una giusta causa;
- il divieto temporaneo di concorrenza a carico del cedente, che deve astenersi dall'iniziare una nuova impresa che sia idonea a sviare la clientela dell'azienda ceduta. La durata di tale divieto di concorrenza non può essere superiore ai cinque anni.

Trasformazione di società: Rif. normativi: artt. 2498-2500 c.c.

Nozione: fenomeno mediante il quale una società già esistente cambia il tipo sociale cui apparteneva per assumerne uno diverso.

Disciplina: la trasformazione non produce l'estinzione della società, ma implica la continuazione del precedente soggetto giuridico, che resta titolare di tutti i diritti e obblighi che ad esso facevano capo antecedentemente alla trasformazione. Alla società trasformata viene ad applicarsi l'intera disciplina giuridica propria della nuova forma prescelta.

La delibera di trasformazione in un tipo di società con personalità giuridica deve risultare da atto pubblico.

Trattandosi di modifica dell'atto costitutivo, nelle società di capitali la trasformazione è deliberata dall'assemblea straordinaria, mentre nelle società di persone è deliberata con il consenso unanime dei soci: debbono sussistere, altresì, tutti gli elementi essenziali e le condizioni prescritte per il nuovo tipo di società.

La trasformazione non libera i soci, che avevano responsabilità illimitata, dalla responsabilità per le obbligazioni contratte dalla società anteriormente all'iscrizione della delibera di trasformazione nel registro delle imprese.

La trasformazione è sempre consentita nell'ambito delle società lucrative. Resta preclusa, invece, la trasformazione di una società cooperativa in una lucrativa.

Trasporto (contratto di): Rif. normativi: artt. 1678-1702 c.c.

Nozione: contratto consensuale mediante il quale una parte (*vettore*) si obbliga, verso corrispettivo, a trasferire persone o cose da un luogo all'altro.

Disciplina: si distingue tra:

- **trasporto di persone**: il vettore assume non soltanto l'obbligo di trasportare la persona, con la conseguente responsabilità per il ritardo e l'inadempimento, ma anche quello di assicurare durante il viaggio l'incolumità del viaggiatore.

  La responsabilità del vettore per i sinistri che colpiscono la persona del viaggiatore durante il viaggio e per la perdita o l'avaria del bagaglio ha carattere contrattuale: perciò non spetta al passeggero provare la colpa del vettore, ma questa è presunta e incombe, quindi, al vettore l'onere di dimostrare di aver adottato tutte le cautele idonee a evitare il danno. I principi sulla responsabilità del vettore si applicano anche al *trasporto gratuito*. Esso, infatti, crea un vincolo giuridico, in quanto il vettore, nonostante l'assenza di corrispettivo, ha pur sempre un interesse giuridicamente rilevante a eseguire la prestazione. Nel *trasporto amichevole*, invece, manca qualsiasi vincolo giuridico, poiché il rapporto rientra nella sfera dell'amicizia o della cortesia. La responsabilità del vettore è pertanto di natura extracontrattuale, con la conseguenza che incombe al viaggiatore danneggiato l'onere di provare la colpa del vettore.

  Sono nulle le clausole che escludono la responsabilità del vettore per dolo o colpa grave e non può essere limitata la responsabilità per i sinistri che colpiscono il viaggiatore; tali norme, infatti, sono di ordine pubblico e, pertanto, inderogabili;
- **trasporto di cose**: all'obbligazione di trasportare si accompagna anche l'obbligo di custodia. Sotto il profilo della responsabilità, il vettore è tenuto, ai fini dell'esonero, a fornire la prova positiva che la perdita o l'avaria delle cose consegnategli per il trasporto è derivata da caso fortuito, dalla natura o dai vizi delle cose stesse o del loro imballaggio o dal fatto del mittente o da quello del destinatario.

Il **trasporto sui pubblici servizi di linea** è un servizio pubblico che viene esercitato, per concessione amministrativa, spesso in regime di monopolio. Il legislatore ha sancito due obblighi fondamentali in materia:

- l'obbligo legale a contrarre: il concessionario è tenuto ad accettare tutte le richieste di trasporto, purché compatibili con i mezzi ordinari dell'impresa;
- la parità di trattamento: il concessionario deve stipulare il contratto secondo le condizioni generali stabilite e rese note al pubblico, senza arbitrarie preferenze o precedenze.

Trattative: Rif. normativi: artt. 1337 e 1338 c.c.

Nozione: negoziati che precedono la conclusione di un contratto, aventi carattere meramente preparatorio e strumentale e, pertanto, non vincolante.

Disciplina: in base all'obbligo di (→) *buona fede* il recesso ingiustificato dalle trattative quando si sia indotta l'altra parte, con un comportamento doloso o colposo, a confidare sulla conclusione del contratto, è fonte di (→) *responsabilità* precontrattuale. Tale responsabilità obbliga colui che ha interrotto le trattative a risarcire il danno nei limiti dell'interesse negativo, che si sostanzia nelle spese sostenute e nella perdita di occasioni di concludere il contratto con terzi.

Tutela: Rif. normativi: artt. 343-389, 424, 426 c.c.

Nozione: istituto volto alla protezione di persone ritenute non idonee a tutelare i propri interessi. Esso comporta l'attribuzione di un insieme di poteri e doveri a un soggetto (*tutore*), per provvedere alle necessità dei minori non sottoposti alla potestà dei genitori e degli interdetti (→ *interdizione*).

Disciplina: la tutela si configura come un ufficio di diritto privato, gratuito e irrinunciabile. Il tutore è nominato dal giudice tutelare con decreto.

Insieme al tutore, viene nominato un (→) *protutore* con funzioni *ordinarie* di collaborazione col tutore e di controllo della sua amministrazione, e con funzioni *straordinarie* di promozione della nomina di un nuovo tutore nell'ipotesi in cui il tutore sia venuto meno e di rappresentanza dell'incapace in caso di conflitto di interessi tra l'incapace e il tutore.

Per quanto concerne l'amministrazione dei beni dell'incapace, il tutore deve procedere all'inventario dei beni dell'incapace, tenere regolare contabilità della sua amministrazione, rendendone conto annualmente al giudice tutelare; al termine della tutela deve presentare il conto finale dell'amministrazione al giudice tutelare per l'approvazione. In relazione ai vari tipi di atti che possono essere compiuti dal tutore bisogna distinguere:

a) il tutore compie da solo gli atti d'ordinaria amministrazione del patrimonio e quelli necessari per il mantenimento dell'incapace;
b) compie gli atti di cui all'art. 374 c.c. con l'autorizzazione del giudice tutelare;
c) compie gli atti di cui all'art. 375 c.c. con l'autorizzazione del Tribunale, sentito il giudice tutelare.

Differenze con figure affini: (→) *curatela.*

Tutela aquiliana del credito: Rif. normativi: art. 2043 c.c.

Nozione: è configurabile un danno ingiusto, risarcibile *ex* art. 2043 c.c., in caso di lesione di un diritto relativo, nelle due forme:

a) il terzo determina l'estinzione del rapporto obbligatorio (es.: uccisione del debitore di una prestazione infungibile);
b) il terzo commette un'interferenza illecita nel rapporto obbligatorio, come nel caso di induzione all'inadempimento o di concorso nell'inadempimento altrui.

Tutela dei diritti: Rif. normativi: artt. 2907-2933 c.c.

Nozione: sotto tale dizione sono ricompresi alcuni istituti accomunati dalle finalità conservative e di tutela che li connotano. Tali istituti si distinguono in due categorie:

- strumenti di tutela di carattere stragiudiziale: (→) *trascrizione,* (→) *prelazione,* (→) *prescrizione* e (→) *decadenza*;
- strumenti che necessitano un'iniziativa giudiziale: (→) *surrogatoria,* (→) *revocatoria,* (→) *sequestro conservativo* ed espropriazione forzata.

Tutore: Rif. normativi: artt. 345-356 c.c.

Nozione: colui che è stato investito dell'ufficio privato della (→) *tutela.*

Differenze con figure affini: (→) *protutore.*

U

Uguaglianza: Rif. normativi: art. 3 Cost.

Nozione: l'art. 3 della Costituzione definisce i due aspetti dell'uguaglianza:

- **uguaglianza formale** *davanti alla legge*, nel senso che nessuno può ergersi al di sopra della legge facendo valere presunte differenze di dignità sociale. L'uguaglianza viene a identificarsi con il divieto di eccezioni collegate a differenze di dignità sociale. L'uguaglianza formale è riconosciuta anche *nella legge*, nel senso che il legislatore non può emanare leggi che contengano discriminazioni fondate su distinzioni di sesso, razza, lingua, religione, opinioni politiche, condizioni personali e sociali;
- **uguaglianza sostanziale**: dal momento che il principio d'uguaglianza non ha alcun valore se ostacoli di carattere economico-sociale pongono i cittadini in posizione di disuguaglianza originaria, la Costituzione affida alla Repubblica il compito di intervenire per rimuovere siffatti ostacoli, affinché tutti i cittadini siano posti inizialmente su di un piano di sostanziale parità.

***Ultra dimidium* [oltre la metà]: Rif. normativi:** art. 1448 c.c.

Nozione: espressione usata per indicare la sproporzione tra le due prestazioni di un contratto, rilevante ai fini dell'esercizio dell'azione generale di (→) *rescissione per lesione*.

***Ultra vires hereditatis* [oltre l'attivo ereditario]: Rif. normativi:** artt. 490, 588 c.c.

Nozione: formula qualificante l'estensione della responsabilità dell'erede.

Disciplina: l'erede è responsabile verso i legatari e i creditori del defunto anche oltre l'attivo del patrimonio ereditario, in quanto, per effetto dell'acquisto dell'eredità, si verifica la cd. *confusione* tra il patrimonio del defunto e quello dell'erede.

L'erede può sottrarsi alla responsabilità *ultra vires*, accettando l'eredità con (→) *beneficio d'inventario*: in questo caso risponderà dei debiti e dei pesi ereditari nei limiti dei beni ereditari esistenti.

Universalità di mobili: Rif. normativi: art. 816 c.c.

Nozione: complesso di cose mobili che appartengono alla stessa persona e hanno una destinazione unitaria (es.: i libri di una biblioteca, i quadri di una pinacoteca).

Disciplina: le singole cose che compongono l'universalità non perdono, per effetto dell'unitarietà della destinazione, la loro autonomia, per cui possono formare oggetto di separati atti e rapporti giuridici.

Per certi fini le universalità sono regolate come cose immobili; ad esempio, esse non possono acquistarsi mediante il possesso in buona fede e sono tutelabili, in via possessoria, mediante l'esercizio dell'azione di (→) *manutenzione*.

Le **universalità di diritto** (cd. *universitas iuris*) sono costituite da una pluralità di rapporti giuridici considerati come complesso unitario dalla legge, senza la necessità di un'aggregazione materiale tra i suoi eterogenei elementi. Nelle universalità di diritto è la legge che considera e regola unitariamente una serie di rapporti giuridici; esempio più importante di tale universalità è l'(→) *eredità*.

Usi: Rif. normativi: artt. 1, 8, 9 disp. prel. c.c., 1084, 1340, 1368, 1374, 2078, 2178, 2240, 2924 c.c.

Nozione: si distinguono:

- **usi normativi**, o norme consuetudinarie, che si formano quando la generalità dei consociati tiene un certo comportamento e lo ripete in modo costante, fino a che si forma la convinzione che si tratti di un comportamento giuridicamente doveroso. Tali norme sono vincolanti nelle materie non regolate da leggi e regolamenti e purché non contrarie ad altra legge;
- **usi negoziali**, sono pratiche generalizzate degli affari che hanno un'applicazione costante e generalizzata in un dato luogo o settore d'affari. Gli usi negoziali o clausole d'uso s'intendono inseriti nel contenuto del contratto salvo che risulti che essi non siano stati voluti dalle parti;

- **usi interpretativi,** costituiscono un criterio sussidiario d'(→) *interpretazione* del contratto. L'art. 1368 c.c., infatti, per l'interpretazione delle clausole ambigue richiama gli usi, ovvero ciò che si pratica nel luogo in cui il contratto è stato concluso o, se una delle parti è un imprenditore, nel luogo in cui è la sede dell'impresa.

Differenze con figure affini: (→) *consuetudine.*

Uso (diritto d'): Rif. normativi: artt. 1021, 1023-1026 c.c.

Nozione: diritto reale di godimento che attribuisce al suo titolare il potere di servirsi di un bene e, se esso è fruttifero, di raccoglierne i frutti, ma soltanto limitatamente a quanto occorre ai bisogni suoi e della sua famiglia.

Disciplina: il diritto d'uso ha carattere personalissimo e non può essere ceduto o dato in locazione senza il consenso del nudo proprietario.

È disciplinato dalle norme che regolano l'(→) *usufrutto* in quanto compatibili.

Differenze con figure affini: (→) *abitazione.*

Usucapione: Rif. normativi: artt. 1158-1167 c.c.

Nozione: modo d'acquisto di diritti a titolo originario, in virtù del quale il possesso protratto per un certo tempo produce l'acquisto della proprietà o dei diritti reali di godimento.

Disciplina: le ragioni che giustificano l'usucapione sono l'esigenza di rendere certa e stabile la proprietà e l'esigenza di favorire colui che si occupa di un bene, rendendolo produttivo, rispetto al proprietario inerte.

Requisiti dell'usucapione sono: 1) il possesso, che deve essere continuo; non interrotto, non violento né clandestino; 2) il tempo, in relazione al quale si distingue:

- **usucapione ordinaria** che si compie in:
  - *venti anni*: per l'acquisto della proprietà dei beni immobili, delle universalità di mobili e degli altri diritti reali di godimento; a tal fine è indifferente che il possessore sia in buona ovvero in mala fede;
  - *dieci anni*: per l'acquisto della proprietà dei beni mobili registrati e degli altri diritti reali di godimento sui beni medesimi;
  - *quindici anni*: per l'acquisto della proprietà di fondi rustici con annessi fabbricati situati in comuni classificati montani dalla legge, o non montani, se hanno un reddito non superiore ai limiti fissati dalla legge;
- **usucapione abbreviata**, per la quale, oltre ai due requisiti del possesso e della durata occorrono anche:
  - la *buona fede* e cioè l'ignoranza di ledere, col proprio possesso, l'altrui diritto; la buona fede deve esistere nel soggetto soltanto al momento dell'acquisto del possesso;
  - un *titolo valido e astrattamente idoneo* a trasferire il diritto, ma inefficace, in pratica, per non essere il dante causa proprietario o titolare del diritto reale (cd. *acquisto a non domino*);
  - la *trascrizione del titolo*, qualora si tratti di immobili o di beni registrati (in tal caso il tempo necessario per usucapire decorre dalla trascrizione).

  Il termine per il compimento dell'usucapione abbreviata si compie in:
  - *dieci anni*, decorrenti dalla data della trascrizione, per i beni immobili;
  - *dieci anni,* per le universalità di mobili;
  - *tre anni,* decorrenti dalla data della trascrizione, per i beni mobili registrati;
- **usucapione di beni mobili**: essa acquista rilievo soltanto se manca il titolo o la buona fede: altrimenti ai sensi dell'art. 1153 c.c., la proprietà si acquista istantaneamente. È necessario pertanto distinguere:
  - se v'è titolo astrattamente idoneo e la buona fede, l'acquisto è immediato e non per usucapione;
  - se manca il titolo, l'usucapione si realizza dopo dieci anni se il possesso è stato acquistato in buona fede e dopo venti anni se il possessore è in mala fede.

Usufrutto: **Rif. normativi:** artt. 981 ss. c.c.

Nozione: diritto reale di godimento su cosa altrui, che consiste nel diritto riconosciuto all'usufruttuario di godere e usare della cosa altrui, traendo da essa tutte le utilità che può dare, compresi i frutti che essa produce, con l'obbligo di non mutarne la destinazione economica.

Disciplina: all'usufruttuario non competono soltanto specifiche forme d'utilizzazione del bene, come avviene negli altri diritti reali di godimento, ma tutte le forme d'utilizzazione che non sono escluse dal titolo. Pertanto l'usufrutto è un diritto reale di godimento a contenuto generale, subordinato soltanto ai limiti della temporaneità e dell'obbligo di rispettare la destinazione economica del bene.

La situazione del proprietario del bene gravato da usufrutto, al quale è sottratto il potere di usare il bene e di farne propri i frutti, è comunemente detta (→) *nuda proprietà.*

Oggetto dell'usufrutto può essere qualunque specie di bene (mobile o immobile, crediti, azienda).

L'usufrutto, a differenza degli altri diritti reali, è caratterizzato dalla temporaneità: esso non può eccedere in nessun caso la vita dell'usufruttuario, se si tratta di persona fisica, o i trenta anni, se si tratta di persona giuridica.

L'usufrutto può acquistarsi per legge, per contratto, per testamento o per usucapione.

L'usufruttuario ha diritto di conseguire il possesso della cosa e il diritto di far suoi i frutti (naturali e civili) della cosa per tutta la durata dell'usufrutto.

L'obbligo fondamentale dell'usufruttuario è quello di restituire la cosa al termine dell'usufrutto.

A tale fine l'usufruttuario deve:

1. fare a sue spese l'inventario dei beni e prestare idonea cauzione per prendere possesso della cosa;
2. nell'esercizio del suo diritto usare la diligenza del buon padre di famiglia;
3. sostenere le spese e gli oneri relativi alla custodia, all'amministrazione e alla manutenzione ordinaria del bene;
4. pagare le imposte, i canoni, le rendite fondiarie e gli altri pesi annuali che gravano sulla cosa;
5. denunciare al proprietario le usurpazioni commesse da terzi sul fondo.

V

Vacatio legis: Rif. normativi: art. 73 Cost., art. 10 disp. prel. c.c.

Nozione: periodo di tempo che intercorre tra la pubblicazione della legge sulla Gazzetta Ufficiale e la sua entrata in vigore.

Disciplina: la *vacatio legis* è normalmente di 15 giorni: trascorso tale periodo, la legge diviene obbligatoria e vale il principio generale per cui l'ignoranza della legge non scusa.

Vaglia cambiario: (→) *pagherò cambiario.*

Valore (debito di): (→) *obbligazione.*

Valore nominale: Nozione: nei titoli a reddito fisso, è il valore di emissione; nelle azioni, è la quota del capitale sociale che ciascuna di esse rappresenta.

Valori mobiliari: Nozione: documenti che rappresentano:

- diritti in società, associazioni, enti (pubblici o privati) di qualsiasi tipo;
- crediti;
- diritti relativi a beni materiali o proprietà immobiliari.

In generale sono valori mobiliari tutti i titoli di credito emessi in serie.

Valuta (debito di): (→) *obbligazione.*

Valuta (rapporto di): Rif. normativi: art. 1268 c.c.

Nozione: rapporto che lega il delegante al delegatario (→ *delegazione*). Si dice rapporto di valuta anche quello che intercorre fra traente e prenditore della (→) *cambiale.*

Vendita: (→) *compravendita.*

Vendita a distanza: Rif. normativi: D.Lgs. 50/92, D.Lgs.185/99.

Nozione: si parla di contratto negoziato fuori dai locali commerciali nel caso in cui una persona fisica, agendo al di fuori della sua attività professionale, si procura beni o servizi da un fornitore professionista che opera al di fuori dai locali istituzionalmente preposti alla distribuzione dei propri prodotti.

Disciplina: per le vendite a distanza è previsto un regime di particolare favore per il consumatore, il quale consiste in:

- obblighi informativi posti a carico del fornitore, in virtù dei quali il consumatore ha il diritto a essere adeguatamente e preliminarmente informato su tutti gli aspetti di rilievo del contratto e sulle facoltà e poteri che gli spettano;
- diritto di recesso, è esercitabile incondizionatamente dal consumatore senza subire perdite di sorta, entro dieci giorni dalla stipulazione del contratto. Questo diritto è irrinunciabile, cosicché è nulla qualsiasi pattuizione in contrario.

Salvo diverso accordo tra le parti, il fornitore deve eseguire l'ordinazione entro trenta giorni a decorrere dal giorno successivo a quello in cui il consumatore ha trasmesso l'ordinazione. In caso di mancata esecuzione dell'ordinazione da parte del fornitore, entro lo stesso termine deve informare per iscritto il consumatore e deve provvedere al rimborso delle somme eventualmente già corrisposte per il pagamento della fornitura.

Per ogni eventuale controversia è inderogabile la competenza del giudice del luogo di residenza del consumatore.

Vettore: (→) *trasporto (contratto di).*

Violenza: Rif. normativi: artt. 1434-1438 c.c.

Nozione: si distingue tra:

- violenza **fisica**: il soggetto è materialmente costretto a compiere l'atto, senza averne la volontà. Un negozio concluso in queste condizioni è nullo (o addirittura inesistente) in quanto manca, oltre alla volontà (che è inesistente, non soltanto viziata), la stessa dichiarazione, che è imputabile all'autore della violenza, e non già al soggetto che ne diviene lo strumento;
- violenza **morale:** il soggetto è determinato a compiere un negozio sotto la minaccia di un male ingiusto e notevole.

Disciplina: la violenza morale è un (→) *vizio della volontà* che provoca l'(→) *annullabilità* del contratto.

Il male minacciato, per avere rilevanza, deve essere:

- **notevole**, ossia così grave da fare impressione su una persona sensata, e cioè ragionevolmente equilibrata. Nel valutare tale idoneità deve tenersi conto della condizione della persona, dell'età e del sesso;

- **ingiusto**: l'ingiustizia, di solito, attiene al mezzo utilizzato per la minaccia. L'ingiustizia non ricorre nel caso della minaccia di far valere un proprio diritto. Ma, se il titolare del diritto si serve della minaccia per conseguire non ciò che gli spetta, ma la stipulazione di un contratto che la controparte potrebbe non avere interesse a concludere, allora la minaccia acquista carattere di ingiustizia. Per esempio, il creditore minaccia l'espropriazione dei beni del debitore per ottenere la vendita di un terreno o la rinunzia a partecipare a una gara per un appalto;
- **diretto** alla persona o ai beni dello stesso contraente oppure alla persona o ai beni del coniuge del contraente o di un discendente o ascendente di lui.

Differenze con figure affini: (→) *timore reverenziale.*

Vitalizio: (→) *rendita (contratto di).*

Vizi (garanzia per): Rif. normativi: artt. 1490-1496, 1667-1668 c.c.

Nozione: imperfezioni o alterazioni della cosa, dovute alla sua produzione o alla sua conservazione.

Disciplina: la garanzia può essere fatta valere in giudizio attraverso due azioni: l'azione (→) *redibitoria*, rivolta a ottenere la risoluzione del contratto e il rimborso del prezzo e l'azione (→) *estimatoria*, rivolta a ottenere la riduzione o il parziale rimborso del prezzo.

La garanzia non è dovuta se, al momento del contratto, la parte conosceva i vizi della cosa e se i vizi erano facilmente riconoscibili.

Differenze con figure affini: (→) *compravendita,* (→) *appalto.* Per una sintesi, (→) tabella seguente.

Garanzia per vizi

Compravendita			Appalto	
Vizi che rendono la cosa non idonea all'uso o che ne diminuiscono in modo apprezzabile il valore	Assenza delle qualità promesse o di quelle essenziali per l'uso a cui la cosa è destinata	Cosa radicalmente diversa da quella prevista nel contratto	Vizi o difformità dell'opera	Vizi o difformità che rendono la cosa non idonea all'uso
↓	↓	↓	↓	↓
risoluzione del contratto + risarcimento *oppure* riduzione del prezzo + risarcimento	risoluzione del contratto + risarcimento	adempimento del contratto + risarcimento *oppure* risoluzione del contratto + risarcimento	eliminazione delle difformità o dei vizi + risarcimento *oppure* riduzione del prezzo + risarcimento	risoluzione del contratto + risarcimento
• onere della denuncia dei vizi entro 8 giorni dalla scoperta; • l'azione si prescrive in un anno			• onere della denuncia dei vizi entro 60 giorni dalla scoperta; • l'azione si prescrive in due anni	

Vizi della volontà: Rif. normativi: artt. 1427-1440 c.c.

Nozione: elementi perturbatori che incidono su uno degli elementi essenziali del contratto, la volontà, determinandone una formazione anomala.

Disciplina: il codice civile individua tassativamente i vizi della volontà rilevanti per il diritto: (→) *errore*, (→) *violenza* e (→) *dolo*, indicando per ognuno di essi i requisiti di rilevanza.

Il contratto concluso in presenza di un vizio della volontà è annullabile.

Vocazione: Rif. normativi: art. 457 c.c.

Nozione: fenomeno della chiamata all'(→) *eredità.*

Differenze con figure affini: la vocazione deve distinguersi dalla (→) *delazione* che consiste nell'offerta del patrimonio ereditario a un soggetto che ha, conseguentemente, il diritto di accettare.

La vocazione e la delazione possono anche non coincidere temporalmente, come ad esempio nel caso di istituzione di erede sottoposta a condizione sospensiva.

Voto (diritto al): Rif. normativi: art. 48 Cost.

Nozione: diritto di tutti i cittadini di eleggere i propri rappresentanti in seno al Parlamento o negli altri organi rappresentativi dello Stato (Regioni, Province, Comuni, Circoscrizioni).

L'art. 48 Cost. detta alcuni principi in materia di diritto al voto, che possono così sintetizzarsi:

- **universalità**: sono elettori tutti i cittadini, uomini e donne, che hanno raggiunto la maggiore età;
- **personalità**: non è ammissibile il voto per procura;
- **eguaglianza**: il voto plurimo non è ammesso e il suffragio di ogni elettore non può avere valori quantitativi diversi;
- **libertà e segretezza**: tali principi sono complementari, perché la segretezza garantisce la libertà del voto.
  Una sola eccezione è permessa al requisito della segretezza, relativa a quanti siano limitati, da motivi fisici, nell'esercizio in materiale autonomia del proprio diritto (es.: i ciechi); questi, per poter votare, hanno bisogno di un accompagnatore di fiducia (art. 29 L. 104/92);
- **non obbligatorietà**: l'esercizio del voto costituisce soltanto dovere civico.

La L.Cost. 1/00 ha reso effettivo l'esercizio del diritto di voto dei cittadini italiani residenti all'estero, istituendo una Circoscrizione Estero per l'elezione delle Camere. Inoltre sono stati riservati 18 rappresentanti agli italiani all'estero, i quali eleggono 12 deputati e 6 senatori. Tali membri delle assemblee devono essere ricompresi nel numero dei componenti delle Camere (630 e 315).

Voto (diritto di): Rif. normativi: artt. 2351, 2357, 2485-2486, 2532-2534 c.c., D.Lgs. 58/98.

Nozione: il diritto di voto del socio fa parte della categoria dei diritti di amministrazione.

Disciplina: nelle s.p.a. il diritto di voto spetta a ogni socio, salve alcune limitazioni. Infatti esso è inibito:

- ai titolari di azioni di risparmio;
- ai titolari di azioni a voto limitato, i quali votano soltanto le deliberazioni prese in assemblea straordinaria;
- al socio in mora nel versamento dei conferimenti;
- al socio che ha un interesse in conflitto con quello della società, nelle relative deliberazioni;
- ai soci detentori delle partecipazioni qualificate, i quali non hanno adempiuto all'obbligo di promuovere le offerte pubbliche di acquisto o di comunicazione previste dalle medesime norme;
- al socio-amministratore nelle deliberazioni concernenti la sua responsabilità;
- al socio sulle cui azioni è costituito un diritto di pegno o di usufrutto: nel qual caso il diritto di voto spetta al creditore pignoratizio o all'usufruttuario, salvo patto contrario;
- al possessore di azioni di godimento, salvo diversa disposizione.

Ogni socio può, salvo disposizione contraria dell'atto costitutivo, delegare a un'altra persona il diritto di esercitare il proprio diritto di voto in assemblea.

W

Warrant: Nozione: cedola che dà diritto a sottoscrivere, a un prezzo già prefissato, entro un determinato tempo, un certo numero d'azioni o obbligazioni.

Disciplina: il *warrant* è di solito legato a una specifica esigenza finanziaria futura (es.: aumento di capitale). Esso offre al detentore la possibilità, in un arco piuttosto lungo di tempo, di convertire le obbligazioni in azioni, trasformando così il detentore da mero finanziatore, a socio a tutti gli effetti.

Il *warrant* ha una portata autonoma rispetto al titolo obbligazionario: pertanto l'obbligazionista può cedere il *warrant* detenendo la sola obbligazione, ovvero avvalersi del diritto di conversione in azione mantenendo, al contempo, la titolarità dell'obbligazione.

Z

Zona di esclusiva: Rif. normativi: art. 1743 c.c.

Nozione: il diritto di operare in una zona di esclusiva è un elemento caratteristico del contratto di *agenzia (→).*

Disciplina: il preponente, salvo espresso patto contrario, non può valersi contemporaneamente di più agenti nella stessa zona e per lo stesso ramo di attività; d'altro canto, l'agente non può assumere l'incarico di trattare nella stessa zona e per lo stesso ramo affari di più imprese in concorrenza tra loro.

La violazione di tale obbligo può dar luogo non soltanto a (→) *responsabilità* contrattuale, ma anche ad atti di (→) *concorrenza sleale.*